# Slovenská republi

GW00580034

## Slovak Republic | Slowakische Republik | Republique slovaque
## Repubblica slovacca | Repúblíca Eslovaquia | Republika Słowacka
## Slovakiske Republik | Slovačka Republika | Slowaakse Republiek | Szlovák Köztársaság

### (SK) Obsah

| | |
|---|---|
| Dialnice a hlavné diaľkové cesty | II–III |
| Informácie | IV |
| Klad mapových listov a územnosprávne rozdelenie | V |
| Vysvetlivky 1:200 000 | VI–VIII |
| Mapa 1:200 000 | 1–38 |
| Mapa CZ 1:800 000 | 39–46 |
| Tabuľka vzdialeností | 47 |
| Mapy centier miest | 48–61 |
| Register sídiel s poštovými smerovacími číslami | 62–72 |
| Mapa Európa 1:4 500 000 | 1–16 |

### (GB) Contents

| | |
|---|---|
| Motorways and trunk roads | II–III |
| Information | IV |
| Key map and administrative units | V |
| Legend 1:200 000 | VI–VIII |
| Maps 1:200 000 | 1–38 |
| Maps CZ 1:800 000 | 39–46 |
| Table of distances | 47 |
| City maps | 48–61 |
| Index of place names with postal codes | 62–72 |
| Maps of Europe 1:4 500 000 | 1–16 |

### (D) Inhaltsverzeichnis

| | |
|---|---|
| Autobahnen und Fernstraßen | II–III |
| Informationen | IV |
| Kartenübersicht und Verwaltungsgliederung | V |
| Zeichenerklärung 1:200 000 | VI–VIII |
| Kartografie 1:200000 | 1–38 |
| Kartografie CZ 1:800 000 | 39–46 |
| Entfernungstabelle | 47 |
| Citypläne | 48–61 |
| Ortsnamenverzeichnis mit Postleitzahlen | 62–72 |
| Europakarte 1:4 500 000 | 1–16 |

### (F) Sommaire

| | |
|---|---|
| Autoroutes et routes de grande liaison | II–III |
| Informations | IV |
| Carte d'assemblage et circonscription administrative | V |
| Légende 1:200 000 | VI–VIII |
| Cartes 1:200 000 | 1–38 |
| Cartes CZ 1:800 000 | 39–46 |
| Table des distances | 47 |
| Plans des centres-villes | 48–61 |
| Index des localités avec codes postaux | 62–72 |
| Cartes d´Europe 1:4 500 000 | 1–16 |

### (I) Indice

| | |
|---|---|
| Autostrade e strade di grande comunicazione | II–III |
| Informazioni | IV |
| Quadro d'unione e circondario amministrativo | V |
| Segni convenzionali 1:200 000 | VI–VIII |
| Carte 1:200 000 | 1–38 |
| Carte CZ 1:800 000 | 39–46 |
| Tabella delle distanze | 47 |
| Piante dei centri urbani | 48–61 |
| Elenco dei nomi di località e codici postali | 62–72 |
| Carte Europa 1:4 500 000 | 1–16 |

### (E) Índice

| | |
|---|---|
| Autopistas y rutas de larga distancia | II–III |
| Informaciónes | IV |
| Mapa índice y unidades administrativas | V |
| Signos convencionales 1:200 000 | VI–VIII |
| Mapas 1:200 000 | 1–38 |
| Mapas CZ 1:800 000 | 39–46 |
| Tabla de distancias | 47 |
| Planos del centro de las ciudades | 48–61 |
| Índice de topónimos con códigos postales | 62–72 |
| Mapas Europa 1:4 500 000 | 1–16 |

### (CZ) Obsah

| | |
|---|---|
| Dálnice a hlavní dálkové silnice | II–III |
| Informace | IV |
| Klad mapových listů a administrativní rozdělení | V |
| Vysvětlivky 1:200 000 | VI–VIII |
| Mapa 1:200 000 | 1–38 |
| Mapa CZ 1:800 000 | 39–46 |
| Tabuľka vzdáleností | 47 |
| Plány středů měst | 48–61 |
| Rejstřík sídel s poštovními směrovacími čísly | 62–72 |
| Mapa Evropa 1:4 500 000 | 1–16 |

### (PL) Spis treści

| | |
|---|---|
| Autostrady i drogi dalekiego zasięgu | II–III |
| Informacje | IV |
| Skorowidz arkuszy i podział administracyjny | V |
| Objaśnienia znaków 1:200 000 | VI–VIII |
| Mapy 1:200 000 | 1–38 |
| Mapy CZ 1:800 000 | 39–46 |
| Tabela odległości | 47 |
| Plany centrów miast | 48–61 |
| Skorowidz miejscowości z kodami pocztowymi | 62–72 |
| Mapy Europa 1:4 500 000 | 1–16 |

### (DK) Inholdsfortegnelse

| | |
|---|---|
| Motorveje og hovedveje | II–III |
| Informationer | IV |
| Oversigtskort og forvaltningsindelling | V |
| Tegnforklaring 1:200 000 | VI–VIII |
| Kort 1:200 000 | 1–38 |
| Kort CZ 1:800 000 | 39–46 |
| Afstandstabel | 47 |
| Byplaner | 48–61 |
| Stednavnsfortegnelse met postnumrene | 62–72 |
| Kort Europa 1:4 500 000 | 1–16 |

### (HR) Sadržaj

| | |
|---|---|
| Avtoceste i magistralne ceste | II–III |
| Informacije | IV |
| Pregled karte in teritorijani ustroj | V |
| Tumač znakova 1:200 000 | VI–VIII |
| Karte 1:200 000 | 1–38 |
| Karte CZ 1:800 000 | 39–46 |
| Tabela udaljenosti | 47 |
| Planovi središta gradova | 48–61 |
| Popis naselij i poštanski brojevi | 62–72 |
| Karte Europa 1:4 500 000 | 1–16 |

### (NL) Inhoud

| | |
|---|---|
| Autosnelwegen en belangrijke verbindingswegen | II–III |
| Informatie | IV |
| Overzichtskaart en administratieve indeling | V |
| Legenda 1:200 000 | VI–VIII |
| Kaarten 1:200000 | 1–38 |
| Kaarten CZ 1:800 000 | 39–46 |
| Afstandstabel | 47 |
| Stadcentrumkaarten | 48–61 |
| Register van plaatsnamen met postcodes | 62–72 |
| Kaarten van Europa 1:4 500 000 | 1–16 |

### (H) Tartalomjegyzék

| | |
|---|---|
| Autópálya és távolsági forgami utak | II–III |
| Információ | IV |
| Attekintő terpék és közigazgatási egységek | V |
| Jelmagyarázat 1:200 000 | VI–VIII |
| Térképek 1:200 000 | 1–38 |
| Térképek CZ 1:800 000 | 39–46 |
| Távolságmutató | 47 |
| Citytérképek | 48–61 |
| Helységnévjegyzék iranyitószámal | 62–72 |
| Térképek Európa 1:4 500 000 | 1–16 |

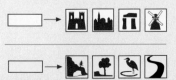

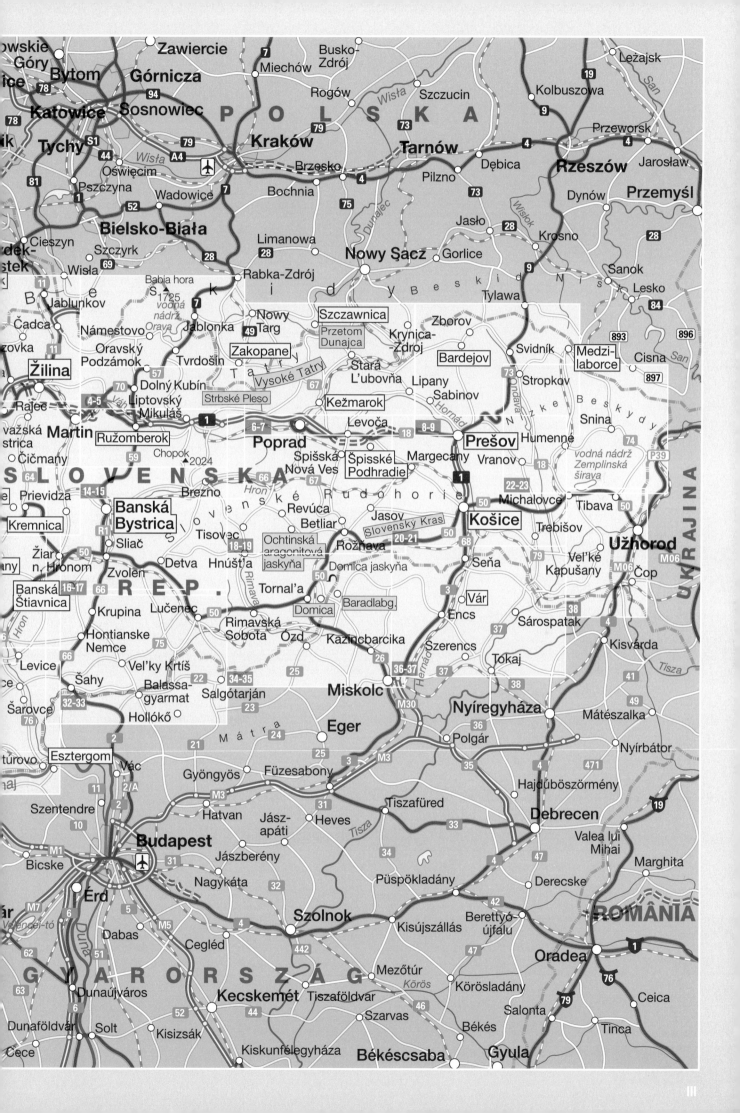

| | SK | CZ |
|---|---|---|
|  | Slovenská agentúra pre cestovný ruch<br>048 4136-146<br>www.slovakiatourism.sk | Česká centrála cestovního ruchu<br>221 580 111<br>www.czechtourism.cz |
|  | +421 | +420 |
|  | 1 Euro (EUR) =<br>100 Cent | 1 Koruna Česká (CZK) =<br>100 haléřů |
|  | 112 | 112 |
|  | 112 | 112 |
|  | 112 | 112 |
|  | ✓ | ✗ |
|  | 18124<br>SATC<br>Slovenský autoturist klub | 1230<br>ÚAMK<br>Ústřední Automotoklub ČR |
|  | 0,0 ‰ | 0,0 ‰ |
|  | ✓ | ✓ |
|  | ✓ | ✓ |
|  | ✓<br>Diaľničná nálepka | ✓<br>Dialniční nálepka |

|  km/h | 🏙 | 🌲 | ⚠ | 🛣 | | 🏙 | 🌲 | ⚠ | 🛣 |
|---|---|---|---|---|---|---|---|---|---|
|  | 50 | 90 | 130 | 130 | | 50 | 90 | 130 | 130 |
|  | 50 | 90 | 90 | 90 | | 50 | 80 | 80 | 80 |
|  | 50 | 90 | 110 | 110 | | 50 | 90 | 100 | 100 |
|  | 50 | 80 | 80 | 80 | | 50 | 80 | 80 | 80 |

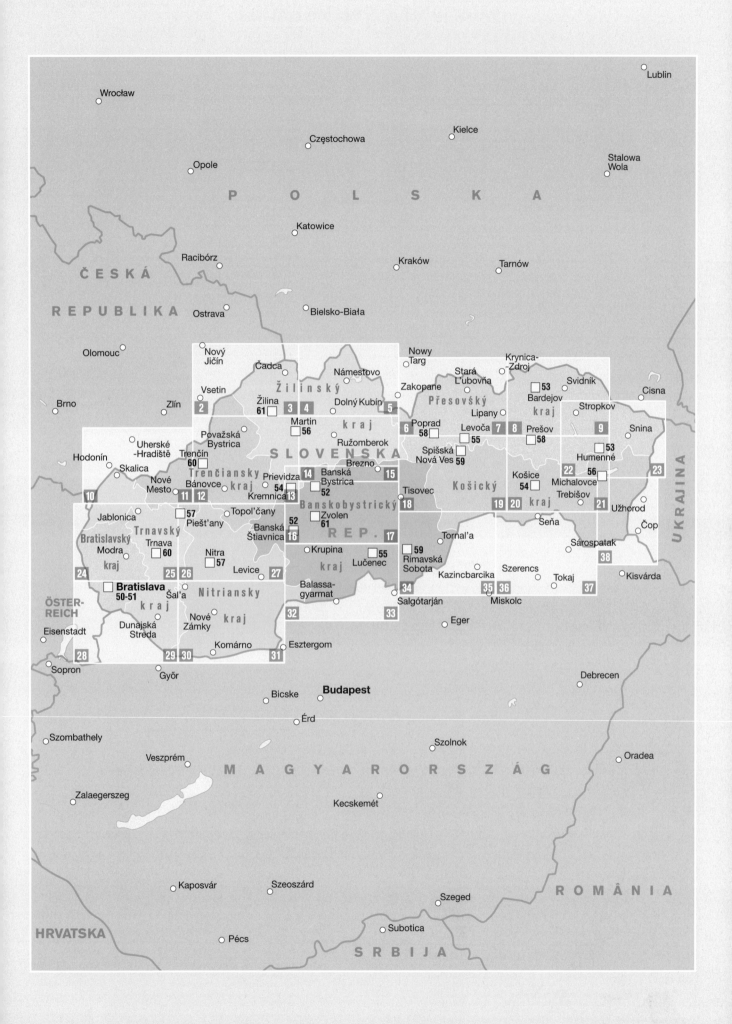

## DOPRAVA (SK) · TRAFFIC (GB) — VERKEHR (D) · CIRCULATION (F)

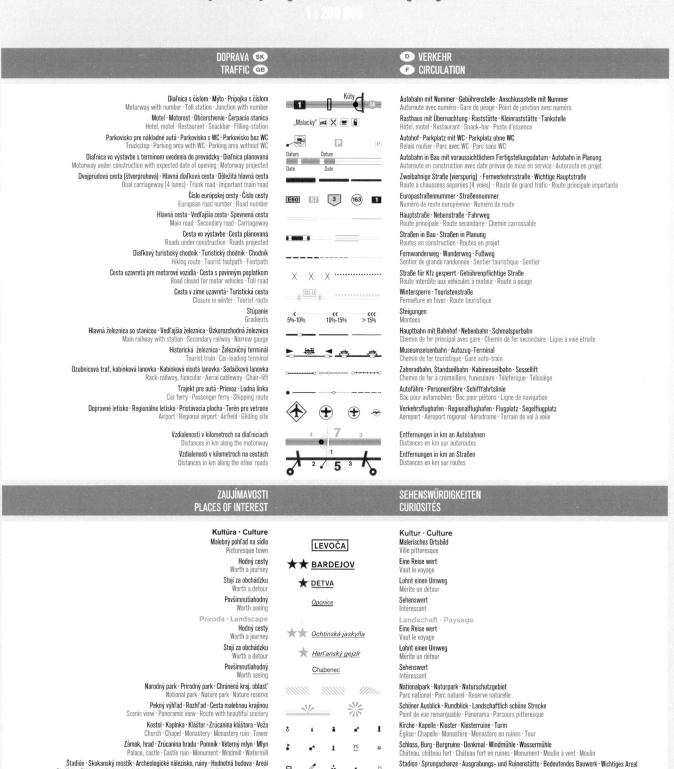

**Diaľnica s číslom · Mýto · Prípojka s číslom**
Motorway with number · Toll station · Junction with number
**Autobahn mit Nummer · Gebührenstelle · Anschlussstelle mit Nummer**
Autoroute avec numéro · Gare de péage · Point de jonction avec numéro

**Motel · Motorest · Občerstvenie · Čerpacia stanica**
Hotel, motel · Restaurant · Snackbar · Filling-station
**Rasthaus mit Übernachtung · Raststätte · Kleinraststätte · Tankstelle**
Hôtel, motel · Restaurant · Snack-bar · Poste d'essence

**Parkovisko pre nákladné autá · Parkovisko s WC · Parkovisko bez WC**
Truckstop · Parking area with WC · Parking area without WC
**Autohof · Parkplatz mit WC · Parkplatz ohne WC**
Relais routier · Parc avec WC · Parc sans WC

**Diaľnica vo výstavbe s termínom uvedenia do prevádzky · Diaľnica plánovaná**
Motorway under construction with expected date of opening · Motorway projected
**Autobahn in Bau mit voraussichtlichem Fertigstellungsdatum · Autobahn in Planung**
Autoroute en construction avec date prévue de mise en service · Autoroute en projet

**Dvojprúdová cesta (štvorpruhová) · Hlavná diaľková cesta · Dôležitá hlavná cesta**
Dual carriageway (4 lanes) · Trunk road · Important main road
**Zweibahnige Straße (vierspurig) · Fernverkehrsstraße · Wichtige Hauptstraße**
Route à chaussées séparées (4 voies) · Route de grand trafic · Route principale importante

**Číslo európskej cesty · Číslo cesty**
European road number · Road number
**Europastraßennummer · Straßennummer**
Numéro de route européenne · Numéro de route

**Hlavná cesta · Vedľajšia cesta · Spevnená cesta**
Main road · Secondary road · Carriageway
**Hauptstraße · Nebenstraße · Fahrweg**
Route principale · Route secondaire · Chemin carrossable

**Cesta vo výstavbe · Cesta plánovaná**
Roads under construction · Roads projected
**Straßen in Bau · Straßen in Planung**
Routes en construction · Routes en projet

**Diaľkový turistický chodník · Turistický chodník · Chodník**
Hiking route · Tourist footpath · Footpath
**Fernwanderweg · Wanderweg · Fußweg**
Sentier de grande randonnée · Sentier touristique · Sentier

**Cesta uzavretá pre motorové vozidlá · Cesta s povinným poplatkom**
Road closed for motor vehicles · Toll road
**Straße für Kfz gesperrt · Gebührenpflichtige Straße**
Route interdite aux véhicules à moteur · Route à péage

**Cesta v zime uzavretá · Turistická cesta**
Closure in winter · Tourist route
**Wintersperre · Touristenstraße**
Fermeture en hiver · Route touristique

**Stúpanie**
Gradients
5%–10% 10%–15% > 15%
**Steigungen**
Montées

**Hlavná železnica so stanicou · Vedľajšia železnica · Úzkorozchodná železnica**
Main railway with station · Secondary railway · Narrow gauge
**Hauptbahn mit Bahnhof · Nebenbahn · Schmalspurbahn**
Chemin de fer principal avec gare · Chemin de fer secondaire · Ligne à voie étroite

**Historická železnica · Železničný terminál**
Tourist train · Car-loading terminal
**Museumseisenbahn · Autozug-Terminal**
Chemin de fer touristique · Gare auto-train

**Ozubnicová trať, kabínková lanovka · Kabínková visutá lanovka · Sedačková lanovka**
Rack-railway, funicular · Aerial cableway · Chair-lift
**Zahnradbahn, Standseilbahn · Kabinenseilbahn · Sessellift**
Chemin de fer à crémaillère, funiculaire · Téléphérique · Télésiège

**Trajekt pre autá · Prievoz · Lodná linka**
Car ferry · Passenger ferry · Shipping route
**Autofähre · Personenfähre · Schifffahrtslinie**
Bac pour automobiles · Bac pour piétons · Ligne de navigation

**Dopravné letisko · Regionálne letisko · Pristávacia plocha · Terén pre vetrone**
Airport · Regional airport · Airfield · Gliding site
**Verkehrsflughafen · Regionalflughafen · Flugplatz · Segelflugplatz**
Aéroport · Aéroport régional · Aérodrome · Terrain de vol à voile

**Vzdialenosti v kilometroch na diaľniciach**
Distances in km along the motorway
**Entfernungen in km an Autobahnen**
Distances en km sur autoroutes

**Vzdialenosti v kilometroch na cestách**
Distances in km along the other roads
**Entfernungen in km an Straßen**
Distances en km sur routes

## ZAUJÍMAVOSTI · PLACES OF INTEREST — SEHENSWÜRDIGKEITEN · CURIOSITÉS

**Kultúra · Culture** — **Kultur · Culture**

**Malebný pohľad na sídlo** — Picturesque town — LEVOČA — **Malerisches Ortsbild** — Ville pittoresque

**Hodný cesty** — Worth a journey — ★★ BARDEJOV — **Eine Reise wert** — Vaut le voyage

**Stojí za obchádzku** — Worth a detour — ★ DETVA — **Lohnt einen Umweg** — Mérite un détour

**Povšimnutiahodný** — Worth seeing — Oponice — **Sehenswert** — Intéressant

**Príroda · Landscape** — **Landschaft · Paysage**

**Hodný cesty** — Worth a journey — ★★ Ochtinská jaskyňa — **Eine Reise wert** — Vaut le voyage

**Stojí za obchádzku** — Worth a detour — ★ Herľanský gejzír — **Lohnt einen Umweg** — Mérite un détour

**Povšimnutiahodný** — Worth seeing — Chabenec — **Sehenswert** — Intéressant

**Národný park · Prírodný park · Chránená kraj. oblasť**
National park · Nature park · Nature reserve
**Nationalpark · Naturpark · Naturschutzgebiet**
Parc national · Parc naturel · Réserve naturelle

**Pekný výhľad · Rozhľad · Cesta malebnou krajinou**
Scenic view · Panoramic view · Route with beautiful scenery
**Schöner Ausblick · Rundblick · Landschaftlich schöne Strecke**
Point de vue remarquable · Panorama · Parcours pittoresque

**Kostol · Kaplnka · Kláštor · Zrúcanina kláštora · Veža**
Church · Chapel · Monastery · Monastery ruin · Tower
**Kirche · Kapelle · Kloster · Klosterruine · Turm**
Église · Chapelle · Monastère · Monastère en ruines · Tour

**Zámok, hrad · Zrúcanina hradu · Pomník · Veterný mlyn · Mlyn**
Palace, castle · Castle ruin · Monument · Windmill · Watermill
**Schloss, Burg · Burgruine · Denkmal · Windmühle · Wassermühle**
Château, château fort · Château fort en ruines · Monument · Moulin à vent · Moulin

**Štadión · Skokanský mostík · Archeologické nálezisko, ruiny · Hodnotná budova · Areál**
Stadium · Ski jump · Archaeological excavation, ruins · Important building · Important area
**Stadion · Sprungschanze · Ausgrabungs- und Ruinenstätte · Bedeutendes Bauwerk · Wichtiges Areal**
Stade · Tremplin · Site archéologique et ruines · Édifice important · Aire importante

**Vodopád · Jaskyňa · Iný prírodný objekt**
Waterfall · Cave · Other natural object
**Wasserfall · Höhle · Sonstiges landschaftliches Objekt**
Cascade · Grotte · Autre élément du paysage

## INÉ ZNAČKY · OTHER INFORMATION — SONSTIGES · AUTRES INDICATIONS

**Kemping · Mládežnícka ubytovňa · Hotel, ubytovňa, horská chata · Golfové ihrisko · Kúpalisko**
Camping site · Youth hostel · Hotel, inn, refuge · Golf-course · Swimming pool
**Campingplatz · Jugendherberge · Hotel, Gasthaus, Berghütte · Golfplatz · Schwimmbad**
Terrain de camping · Auberge de jeunesse · Hôtel, auberge, refuge · Terrain de golf · Piscine

**Rozhlasový alebo televízny stožiar · Elektráreň · Splav · Vojenský cintorín · Baňa**
Radio or TV tower · Power station · Lock · Military cemetery · Mine
**Funk-, Fernsehturm · Kraftwerk · Schleuse · Soldatenfriedhof · Bergwerk**
Tour radio, tour de télévision · Usine électrique · Écluse · Cimetière militaire · Mine

**Sídlo automotoklubov s celoštátnou pôsobn.**
Offices of the automobile associations
ÚAMK NAMK MAK ÖAMTC ARBÖ
**Geschäftsstellen der Automobilclubs**
Bureaux des automobile-clubs

**Štátna hranica · Hlavné mesto**
National boundary · Capital
BRATISLAVA
**Staatsgrenze · Hauptstadt**
Frontière d'État · Capitale

**Hranica kraja · Sídlo správneho úradu**
Boundary of county · Seat of the administration
NITRA
**Bezirksgrenze · Verwaltungssitz**
Limite de district · Siège de l'administration

**Hranica okresu · Sídlo správneho úradu**
Boundary of district · Seat of the administration
PRIEVIDZA
**Kreisgrenze · Verwaltungssitz**
Limite d'arrondissement · Siège de l'administration

**Medzinárodný hraničný priechod · Hraničný priechod s obmedzením · Zakázaná oblasť**
International check-point · Check-point with restrictions · Prohibited area
**Grenzkontrollstelle international · Grenzkontrollstelle mit Beschränkung · Sperrgebiet**
Point de contrôle international · Point de contrôle avec restrictions · Zone interdite

VI

# Legenda | Signos convencionales | Vysvětlivky | Objaśnienia znaków
## 1 : 200 000

---

### COMUNICAZIONI (I) / TRÁFICO (E) — DOPRAVA (CZ) / KOMUNIKACJA (PL)

**Autostrada con numero · Barriera · Svincolo numerato**
Autopista con número · Peaje · Acceso con número
— Kúty —
**Dálnice s číslem · Místo výběru poplatků · Přípojka s číslem**
Autostrada z numerem · Płatna rogatka · Węzeł z numerem

**Hotel, motel · Ristorante · Bar · Area di servizio**
Motel · Restaurante · Bar · Estación de servicio
— „Malacky" —
**Motel · Motorest · Občerstvení · Čerpací stanice**
Hotel, motel · Restauracja · Bufet · Stacja benzynowa

**Parco automobilistico · Parcheggio con WC · Parcheggio senza WC**
Área de servicio y descanso · Aparcamiento con retrete · Aparcamiento sin retrete
Data · Datum / Fecha · Data
**Parkoviště pro TIR · Parkoviště s WC · Parkoviště bez WC**
Postój ciężarówek noclegi dla kierowców · Parking i WC · Parking bez WC

**Autostrada in costruzione con data d'apertura prevista · Autostrada in progetto**
Autopista en construcción con fecha de apertura al tráfico · Autopista en proyecto
**Dálnice ve stavbě s termínem uvedení do provozu · Dálnice plánovaná**
Autostrada w budowie z datą oddania do użytku · Autostrada projektowana

**Strada a due carreggiate separate · Strada di gr. comunicazione · Strada principale importante**
Autovía, carretera de doble vía (4 pistas) · Ruta de larga distancia · Carretera principal importante
**Dvouproudá silnice (čtyřproudová) · Dálková silnice · Důležitá hlavní silnice**
Droga dwukierunkowa (czteropasowa) · Droga dalekobieżna · Ważna droga główna

**Numero di strada europea · Numero di strada**
Número de carretera europea · Número de carretera
E60 · 57 · 3 · (163) · 1
**Číslo evropské silnice · Číslo silnice**
Numer drogi europejskiej · Numer drogi

**Strada principale · Strada secondaria · Sentiero carraibile**
Carretera principal · Carretera secundaria · Camino
**Hlavní silnice · Vedlejší silnice · Zpevněná cesta**
Droga główna · Droga drugorzędna · Droga bita

**Strade in costruzione · Strade in progetto**
Carreteras en construcción · Carreteras en proyecto
**Silnice ve stavbě · Silnice plánovaná**
Drogi w budowie · Drogi projektowane

**Sentiero escursionistico importante · Sentiero escursionistico · Sentiero**
Ruta para excursiones a larga distancia · Camino de pedestrismo · Senda
**Dálková turistická stezka · Turistická stezka · Stezka**
Trasa wędrowania dalekiego zasięgu · Szlak wędrowny · Droga dla pieszych

**Strada vietata ai veicoli a motore · Strada a pedaggio**
Carretera cerrada para automóviles · Carretera de peaje
X X X ···············
**Silnice uzavřená pro motorová vozidla · Silnice s placením mýtného**
Droga zamknięta dla ruchu samochodowego · Droga przejezdna za opłatą

**Chiusura invernale · Strada turistica**
Cerrado en invierno · Ruta turistica
XII–II
**Silnice uzavřená v zimě · Turistická silnice**
Droga zamknięta zimą · Droga turystyczna

**Pendenze**
Pendientes
< 5%-10% · << 10%-15% · <<< > 15%
**Stoupání**
Strome podjazdy

**Ferrovia principale con stazione · Ferrovia secondaria · Ferrovia a scartamento ridotto**
Ferrocarril principal con estación · Ferrocarril secundario · Ferrocarril de via estrecha
**Hlavní železnice se stanicí · Místní železnice · Úzkorozchodná železnice**
Kolej główna z dworcem · Kolej drugorzędna · Kolejka wąskotorowa

**Treno turistico · Terminal auto al seguito**
Tren turistico · Terminal autoexpreso
**Historická železnice · Terminál autovlaků**
Kolej zabytkowa · Stacja przeładunkowa dla samochodu

**Ferrovia a cremagliera, funicolare · Funivia · Seggiovia**
Ferrocarril de cremallera, funicular · Teleférico · Telesilla
**Ozubnicová dráha, kabinová lanovka · Kabinová visutá lanovka · Sedačková lanovka**
Kolej zębata, kolej linowa szynowa · Kolej linowa (wagonik) · Wyciąg krzesełkowy

**Traghetto per auto · Traghetto per persone · Linea di navigazione**
Transbordador para automóviles · Transbordador para viajeros · Ruta marítima
**Trajekt pro auta · Přívoz · Trasa lodní dopravy**
Prom samochodowy · Prom pasażerski · Linia żeglugowa

**Aeroporto · Aeroporto regionale · Aerodromo · Campo per alianti**
Aeropuerto · Aeropuerto regional · Aeródromo · Campo de aviación sin motor
**Dopravní letiště · Regionální letiště · Přistávací plocha · Terén pro větroně**
Port lotniczy · Lotnisko regionalne · Lotnisko · Teren dla szybowców

**Distanze autostradali in km**
Distancias en la autopista en kilometros
4 · 7 · 3
**Vzdálenosti v kilometrech na dálnicích**
Odległości w kilometrach na autostradach

**Distanze stradali in km**
Distancias en carreteras en kilometros
1 · 2 · 5 · 3
**Vzdálenosti v kilometrech na silnicích**
Odległości w kilometrach na innych drogach

---

### INTERESSE TURISTICO / PUNTOS DE INTERÉS — JINÉ ZNAČKY / INTERESUJĄCE OBIEKTY

**Cultura · Cultura** — **Kultura · Kúltura**

**Città pittoresca**
Población pintoresca
LEVOČA
**Malebný pohled na sídlo**
Malownicza miejscowość

**Merita un viaggio**
Merece ser visitado
★★ BARDEJOV
**Stojí za cestu**
Warte podróży

**Merita una deviazione**
Merece hacer un rodeo
★ DETVA
**Stojí za zajížďku**
Opłaca się nadłożyć drogi

**Interessante da vedere**
Digno de verse
Oponice
**Povšimnutihodný**
Warto zobaczyć

**Paesaggio · Paisaje** — **Příroda · Krajobraz**

**Merita un viaggio**
Merece ser visitado
★★ Ochtinská jaskyňa
**Stojí za cestu**
Warte podróży

**Merita una deviazione**
Merece hacer un rodeo
★ Herľanský gejzír
**Stojí za zajížďku**
Opłaca się nadłożyć drogi

**Interessante da vedere**
Digno de verse
Chabenec
**Povšimnutihodný**
Warto zobaczyć

**Parco nazionale · Parco naturale · Riserva naturale**
Parque nacional · Parque natural · Reserva natural
**Národní park · Přírodní park · Chráněná kraj. oblast**
Park narodowy · Park krajobrazowy · Rezerwat przyrody

**Belvedere · Panorama · Percorso pittoresco**
Vista pintoresca · Vista panorámica · Ruta pintoresca
**Pěkný výhled · Rozhled · Úsek silnice s pěknou scenérii**
Ładny widok · Widok panoramiczny · Piękna droga widokowa

**Chiesa · Cappella · Monastero · Rovine di monastero · Torre**
Iglesia · Capilla · Monasterio · Ruina de monasterio · Torre
**Kostel · Kaple · Klášter · Zřícenina kláštera · Věž**
Kościół · Kaplica · Klasztor · Ruiny klasztoru · Wieża

**Castello, fortezza · Rovine di fortezza · Monumento · Mulino a vento · Mulino**
Palacio, castillo · Monumento · Molino de viento · Molino de agua
**Zámek, hrad · Zřícenina hradu · Pomník · Větrný mlýn · Mlýn**
Pałac, zamek · Ruiny zamku · Pomnik · Wiatrak · Młyn

**Stadio · Trampolino · Scavo, rovine · Edificio importante · Area interessante**
Estadio · Trampolin · Escavación o ruinas historicas · Edificio de interés · Área interesante
**Stadion · Skokanský můstek · Archeologické naleziště, ruiny · Hodnotná budova · Areál**
Stadion · Skocznia · Wykopalisko, ruina · Budowla · Areał

**Cascata · Grotta · Altro elemento paesaggistico**
Caterata · Cueva · Otro objeto del paisaje
**Vodopád · Jeskyně · Jiný přírodní objekt**
Wodospad · Jaskinia · Inny obiekt krajobrazowy

---

### ALTRI SEGNI / OTROS DATOS — JINÉ ZNAČKY / INNE INFORMACJE

**Campeggio · Ostello della gioventù · Albergo, osteria, rifugio · Campo da golf · Piscina**
Camping · Albergue juvenil · Hotel, hosteria, refugio · Campo de golf · Piscina
**Kempink · Mládežnická noclehárna · Hotel, hostinec, horská bouda · Golfové hřiště · Plovárna**
Kemping · Schroniska młodzieżowe · Hotel, gospoda, schronisko górskie · Pole golfowe · Pływalnia

**Torre radio o televisiva · Centrale elettrica · Cateratta · Cimitero militare · Miniera**
Torre de radio o televisión · Central eléctrica · Esclusa · Cementerio militar · Mina
**Rozhlasová, televizní věž · Elektrárna · Splav · Vojenský hřbitov · Důl**
Wieża stacji radiowej, telewizyjnej · Elektrownia · Śluza · Cmentarz wojskowy · Kopalnia

**Automobil club**
Oficinas de los automóvil clubs
ÚAMK · NAMK · MAK · ÖAMTC · ARBÖ
**Sídlo automotoklubů s celostátní působn.**
Biura klubów automobilowych

**Confine di Stato · Capitale di Stato**
Frontera nacional · Capital
BRATISLAVA
**Státní hranice · Hlavní město**
Granica państwa · Stolica

**Confine di distretto · Sede amministrativa**
Limite de departamento · Centro administrativo
NITRA
**Hranice kraje · Sídlo správního úřadu**
Granica obwodu · Siedziba administracji

**Confine di circondario · Sede amministrativa**
Limite de arrondissement · Centro administrativo
PRIEVIDZA
**Hranice okresu · Sídlo správního úřadu**
Granica powiatu · Siedziba administracji

**Punto di controllo internazionale · Punto di controllo con restrizioni · Zona vietata**
Control internacional · Control con restricciones · Zona prohibida
**Mezinárodní hraniční přechod · Hraniční přechod se zvláštními předpisy · Zakázaný prostor**
Przejście graniczne międzynarodowe · Przejście graniczne z ograniczeniami · Obszar zamknięty

## TRAFIK (DK) / POMETNICE (HR) — VERKEER (NL) / KÖZLEKEDÉS (H)

Kúty

„Malacky"

Motorvej med nummer · Afgift · Tilslutning med nummer
Autocesta sa brojem · Pristojba · Prilaz sa brojem
— Autosnelweg met nummer · Tolkantoor · Aansluiting met nummer
Autópálya számmal · Fizetési állás · Csomópont számmal

Rasteplads med overnatning · Rasteplads · Cafeteria, forfriskninger · Tankanlæg
Odmoriste s prenocištem · Restoran · Bife · Benzinska crpka
— Motel · Restaurant · Snackbar · Tankstation
Motel · Vendéglő · Büfé · Benzinkút

Motorvejsstation · Parkeringsplads med WC · Parkeringsplads uden WC
Truckstop · Parkiralište s WC · Parkiralište bez WC
— Truckstop · Parkeerplaats met WC · Parkeerplaats zonder WC
Autópihenő · Parkolóhely vécével · Parkolóhely vécé nélkül

Dato / Datum / Datum / Dátum

Motorvej under opførelse med dato for indvielse · Motorvej under planlægning
Autocesta u izgradnji sa datumom otvoranja · Autocesta u planu
— Autosnelweg in aanleg met geplande openingsdatum · Autosnelweg in ontwerp
Autópálya építés keszites határozat idő · Autópálya tervezés alatt

Vej med to vejbaner (4 spor) · Fjerntrafikvej · Vigtig hovedvej
Cesta s dva kolnika (4-traćna) · Magistralna cesta · Regionalna cesta
— Weg met gescheiden rijbanen (4 sporen) · Weg voor interlokaal verkeer · Belangrijke hoofdweg
Kétsavos út (négysávos) · Távolsági út · Fontos főútvonal

E60  57  3  163  1

Europavejnummer · Vejnummer
Broj europske ceste · Broj ceste
— Europees wegnummer · Wegnummer
Európa-útszám · Útszám

Hovedvej · Bivej · Mindre vej
Glavna cesta · Lokalna cesta · Provozni put
— Hoofdweg · Secundaire weg · Rijweg
Főútvonal · Mellékút · Közlekedési út

Veje under opførelse · Veje under planlægning
Ceste u izgradnji · Ceste u planu
— Wegen in aanleg · Wegen in ontwerp
Utak építés alatt · Utak tervezés alatt

Fjernvandrevej · Vandrevej · Gangsti
Pješačka staza · Izletnička staza · Staza
— Trekroute · Wandelpad · Voetpad
Túraút · Sétaút · Gyalogút

Vej spærret for motortrafik · Afgiftsrute
Cesta zatvorena za motorni promet · Cesta s plaćanjem pristojbe
— Gesloten voor motorvoertuigen · Tolweg
Gépjárműforgalom elől elzárt út · Dijellenében használható út

XII-II

Vinterlukning · Turistrute
Zabrana prometa zimi · Turistička cesta
— Winterafsluiting · Toeristische route
Télen elzárt útszakasz · Turistaút

5%-10%  10%-15%  > 15%

Stigninger
Usponi
— Stijgingen
Emelkedők

Hovedjernbanelinie med station · Sidebane · Smalsporet bane
Glavna željeznička pruga sa kolodvorom · Lokalna željnička pruga · Uskotračna pruga
— Belangrijke spoorweg met station · Lokale spoorweg · Smalspoor
Fővasútvonal állomással · Mellékvasútvonal · Kisvasut

Veteranjernbane · Autotog-terminal
Istorijska željeznica · Utovar automobila na vlak
— Toeristische stoomtrein · Autotrein-terminal
Történeti vasútvonal · Autórakodó-terminál

Tandhjulsbane, tovbane · Svævebane med kabine · Stolelift
Zupčana željeznica, žičara bez sjedišta · Žičara sa kabinama · Uspiniača
— Tandradbaan, kabelspoorweg · Kabelbaan met cabine · Stoeltjeslift
Fogaskerekű vasút, drótkötélpálya · Kabinos felvonó · Ülőlift

Bilfærge · Færge for fodgangere · Skibsrute
Trajekt za automobile · Trajekt za putnike · Brodska pruga
— Autoveer · Personenveer · Scheepvaartroute
Autószallító komp · Személyszállító komp · Hajózási vonal

Lufthavn · Regional lufthavn · Flyveplads · Svæveflyveplads
Zračna luka · Regionalna zračna luka · Uzleti'te · Površina za jedrilićarenje
— Luchthaven · Regional luchthaven · Vliegveld · Zweefvliegveld
Közlekedési repülőtér · Regionális repülőtér · Egyéb repülőtér · Vitorlázórepülő-terep

4  7  3
1
2  5  3

Afstænder i km på motorvej
Udaljenosti na autocesti u kilometrima
— Afstanden aan autosnelwegen in kilometer
Kilométertávolság az autópályán

Afstænder i km på andre vejen
Udaljenosti na cestama u kilometrima
— Afstanden aan wegen in kilometer
Kilométertávolság utakon

## SEVÆRDIGHEDER / ZANIMLJIVOSTI — BEZIENSWAARDIGHEDEN / LÁTVÁNYOSSÁGOK

**Kultur · Kultura** — **Cultuur · Kúltura**

Malerisk bybillede
Slikovit grad
| LEVOČA |
— Schilderachtig stadsbeeld
Festői környezet

En rejse værd
Vrijedno posjete
★★ **BARDEJOV**
— Een reis waard
Megér egy utazás

En omvej kan betale sig
Vrijedi ići zaobilaznim putem
★ DETVA
— Is een omweg waard
Megér egy kitérőt

Seværdig
Obavezno pogledati
*Oponice*
— Bezienswaardig
Megtekintésre érdemes hely

Landskab · Krajolik — Landschap · Táj

En rejse værd
Vrijedno posjete
★★ *Ochtinská jaskyňa*
— Een reis waard
Megér egy utazás

En omvej kan betale sig
Vrijedi ići zaobilaznim putem
★ *Herl'anský gejzír*
— Is een omweg waard
Megér egy kitérőt

Seværdig
Obavezno pogledati
Chabenec
— Bezienswaardig
Megtekintésre érdemes hely

Nationalpark · Naturpark · Naturreservat
Nacionalni park · Prirodni park · Oblast pod prirodnom zaštitom
— Nationaalpark · Natuurpark · Natuurreservaat
Nemzeti park · Természeti park · Természetvédelmi terület

Smuk udsigt · Vidt udsyn · Landskabelig smuk vejstrækning
Vidikovac · Panorama · Cesta u lijepom krajoliku
— Mooi uitzicht · Panorama · Landschappelijk mooie route
Szép kilátó · Körkilató · Természetileg szép szakasz

Kirke · Kapel · Kloster · Klosterruin · Tårn
Crkva · Kapela · Samostan · Samostanska ruševina · Toranj
— Kerk · Kapel · Klooster · Kloosterruïne · Toren
Templom · Kápolna · Kolostor · Kolostorrom · Torony

Slot, borg · Borgruin · Mindesmærke · Vindmølle · Mølle
Utvrda, stari grad · Gradina · Spomenik · Vjetrenjača · Mlin
— Kasteel, burcht · Burchtruïne · Monument · Windmolen · Watermolen
Kastély, vár · Várrom · Emlékmű · Szélmalom · Vizmalom

Stadion · Skihop · Udgravnings- eller ruinsted · Betydelig bygning · Betydelig areal
Stadion · Skakaonica · Ruševina, arheološki lokalitet · Značajan gradevina · Značajan areal
— Stadion · Springschans · Uitgraving of ruïne · Belangrijk gebouw · Belangrijk areaal
Stadion · Ugrósánc · Régészeti ásatások és romhely · Épitmény · Térség

Vandfald · Hule · Anden landskabelig objekt
Vodopad · Špilja · Ostali objekti u predjelu
— Waterval · Grot · Een ander landschappelijk object
Vízesés · Barlang · Egyéb tajjellegű dolog

## ANDET / OSTALE OZNAKE — OVERIGE INFORMATIE / EGYÉB

Campingplads · Vandrerhjem · Hotel, kro, hytte · Golfbane · Svømmebad
Kamp · Omladinski hotel · Hotel, gostionica, planinarska kuća · Igralište golfa · Bazen
— Kampeerterrein · Jeugdherberg · Hotel, restaurant, schuilhut · Golfterrein · Zwembad
Kemping · Ifjúsági szálló · Szálloda, vendéglő, menedékház · Golfpálya · Uszoda

Telemast · Kraftværk · Sluse · Militærisk kirkegård · Bjergværk
Radio-, televizijski toranj · Elektrana · Gat za brodove · Vojničko groblje · Rudnik
— Radio of T.V. mast · Elektriciteitscentrale · Sluis · Militaire begraafplaats · Mijn
Rádió- vagy tévétorony · Erőmű · Zsilip · Katonatemető · Bánya

ÚAMK  NAMK  MAK  ÖAMTC  ARBÖ

Kontor for automobilclubs
Poslovnice automobilskih klubova
— Kantoren van de automobielclubs
Autóklubok kirendeltségei

**BRATISLAVA**

Statsgrænse · Hovedstad
Državna granica · Glavni grad
— Rijksgrens · Hoofdstad
Allamhatár · Főváros

NITRA

Områdesgrænse · Forvaltningssæde
Granica županije · Sjedište uprave
— Provinciegrens · Zetel van de administratië
Megyehatár · A közigazgatás székhelye

PRIEVIDZA

Kredsgrænse · Forvaltningssæde
Okružna granica · Sjedište uprave
— Kreisgrens · Zetel van de administratië
Járáshatár · A közigazgatás székhelye

International grænsekontrol · Grænsekontrol med indskrænkning · Spærret område
Međunarodni granični prijelaz · Granični prijelaz s ograničenjem · Zabranjeno područje
— Internationaal grenspost · Grenspost met restrictie · Afgesloten gebied
Nemzetközi határátlépő · Korlátozott átjárhatóságú határátkelőhely · Zárt terület

1:200 000 / 1cm = 2km

Photo: Bergsee in Rohace, westliche Hohe Tatra (Profimedia/vario images)

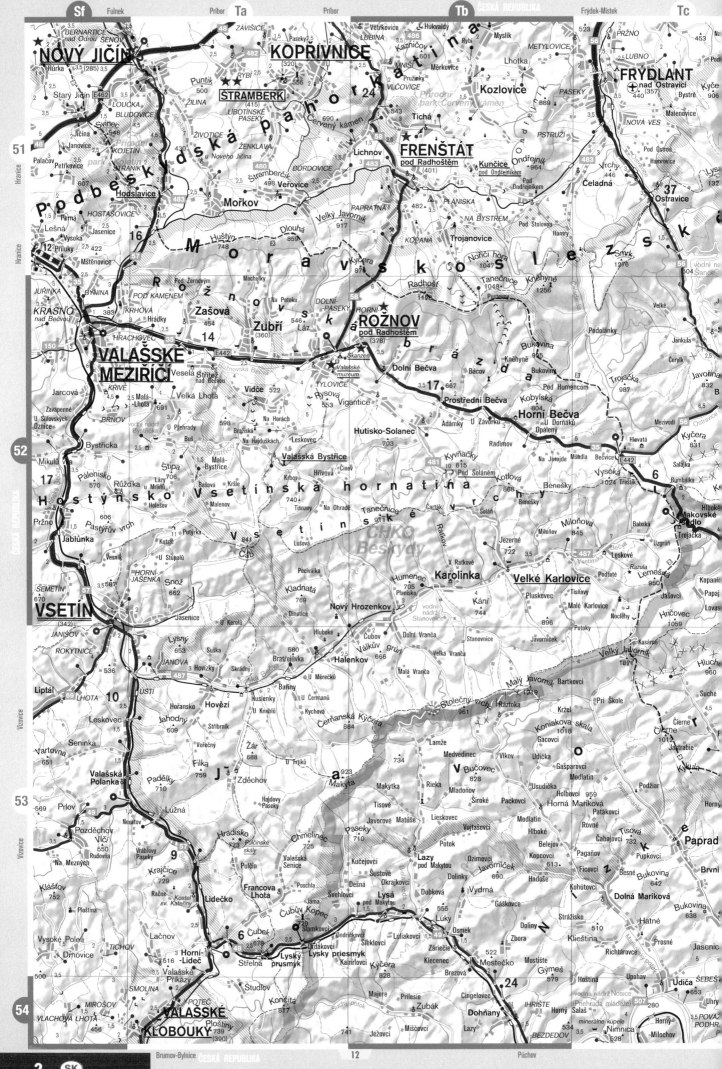

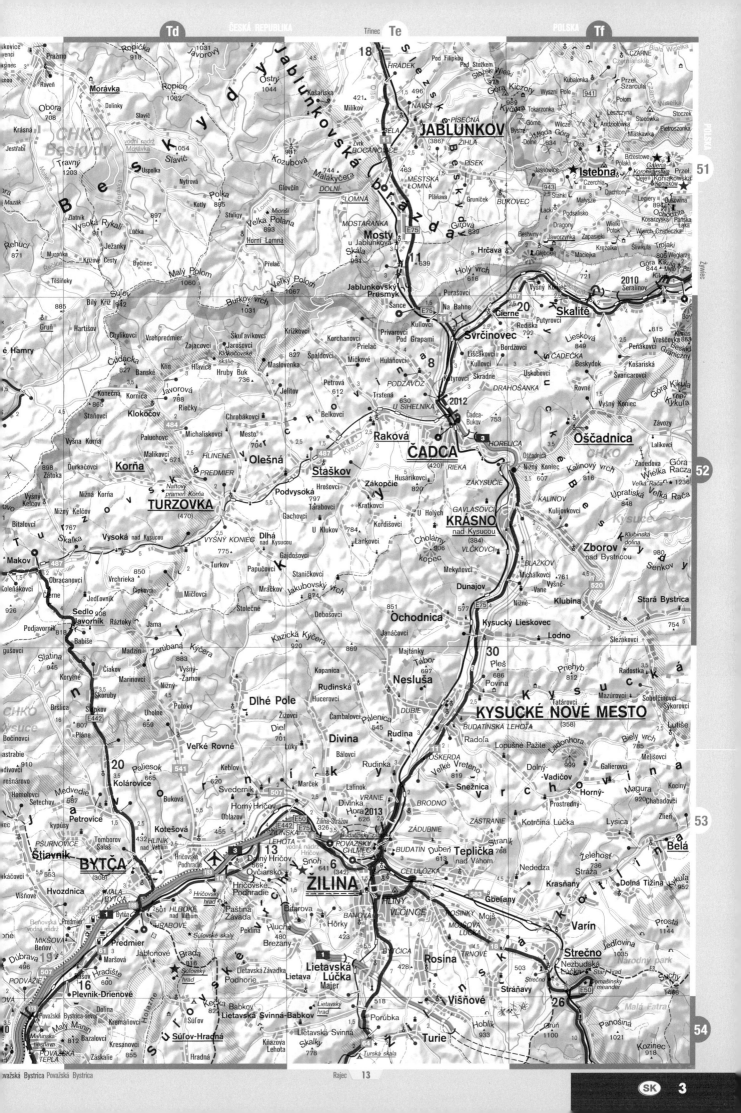

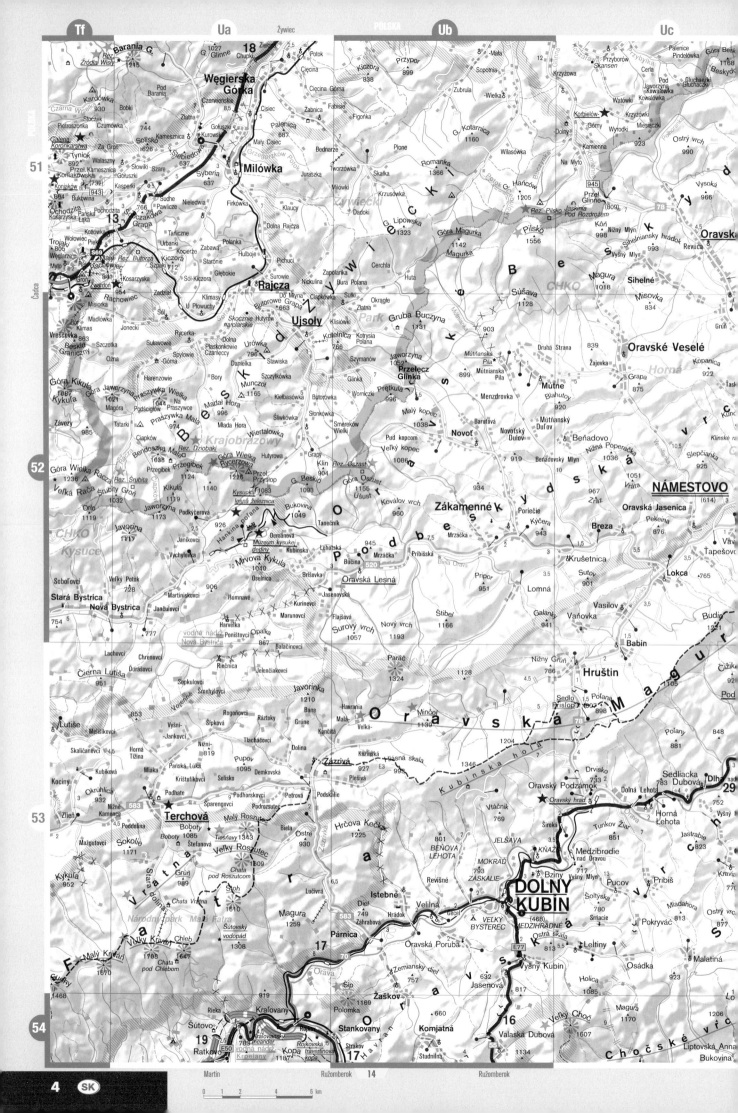

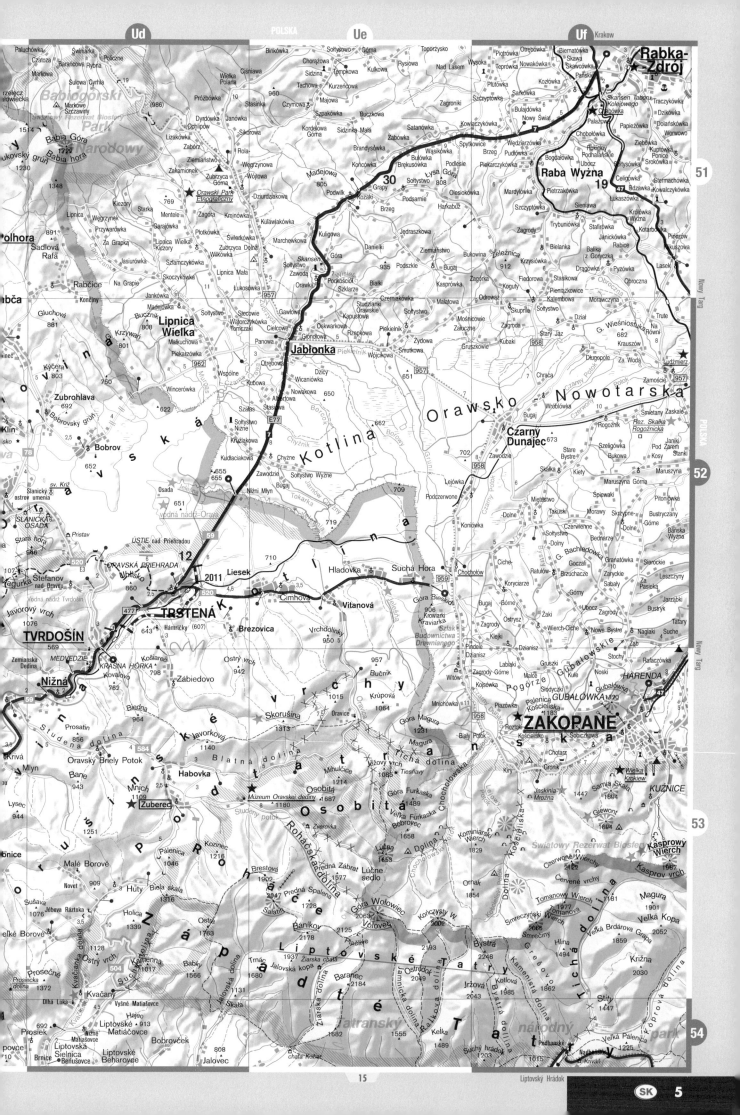

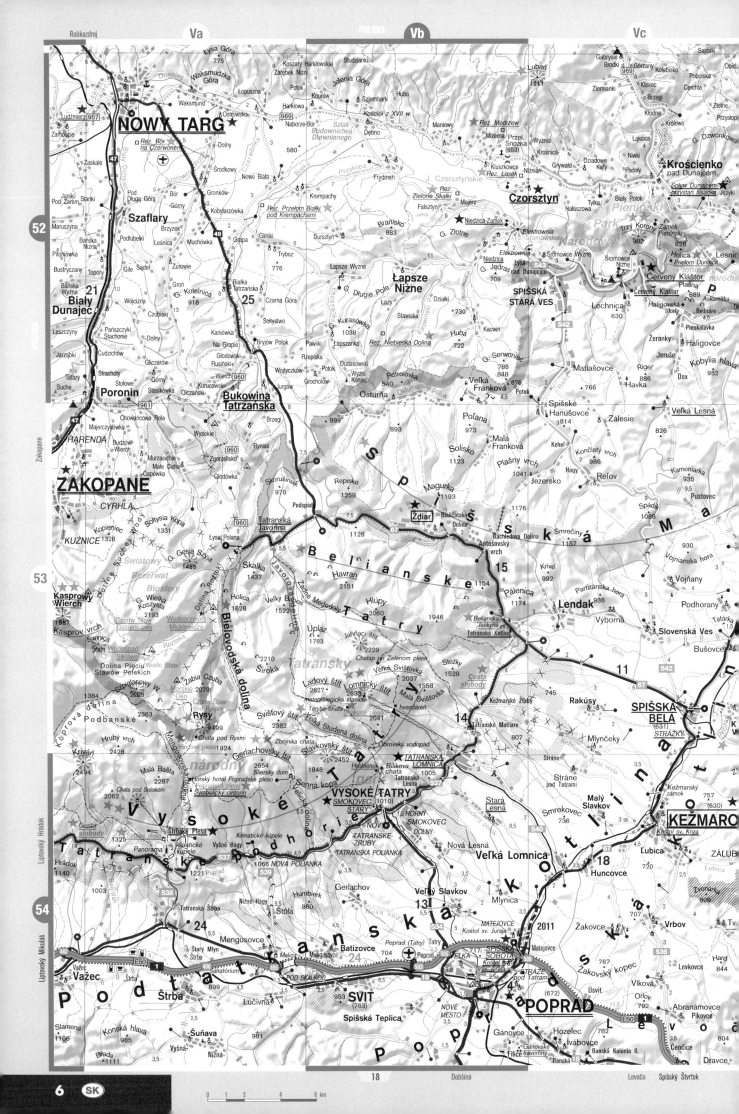

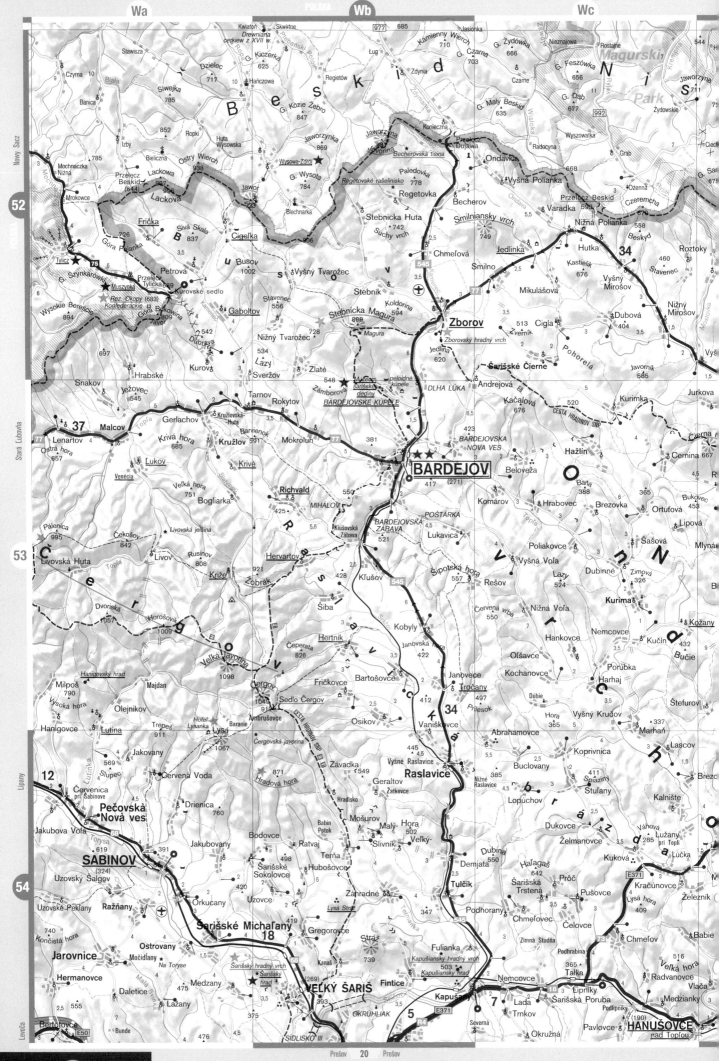

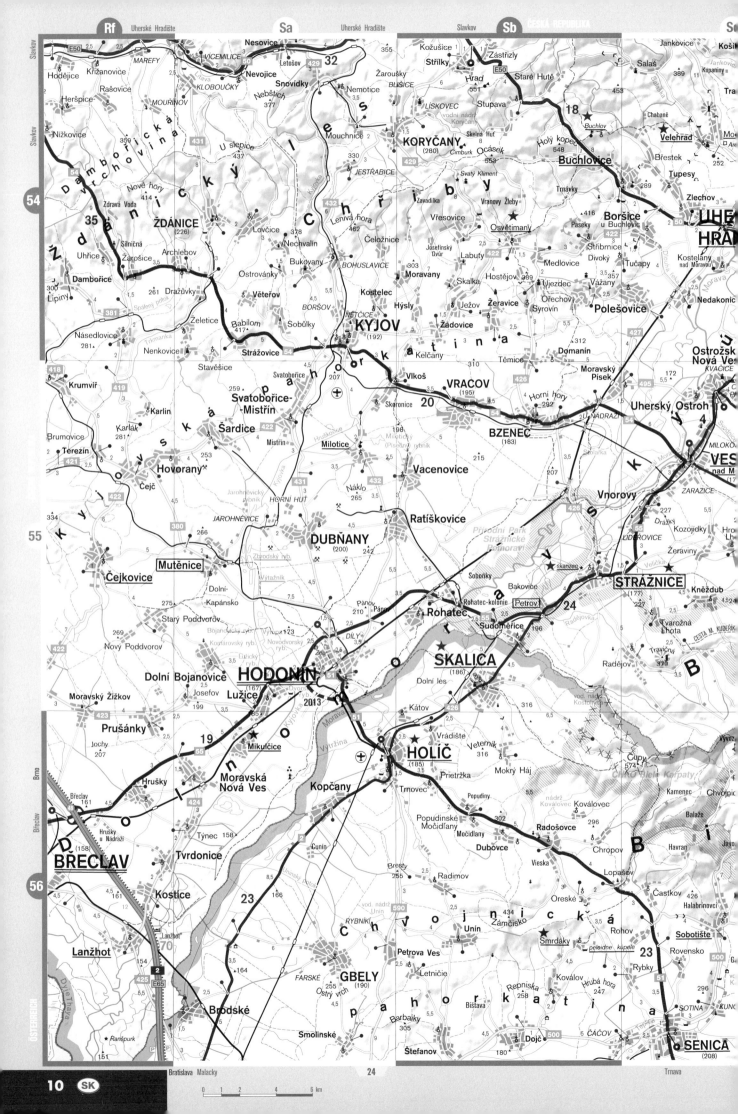

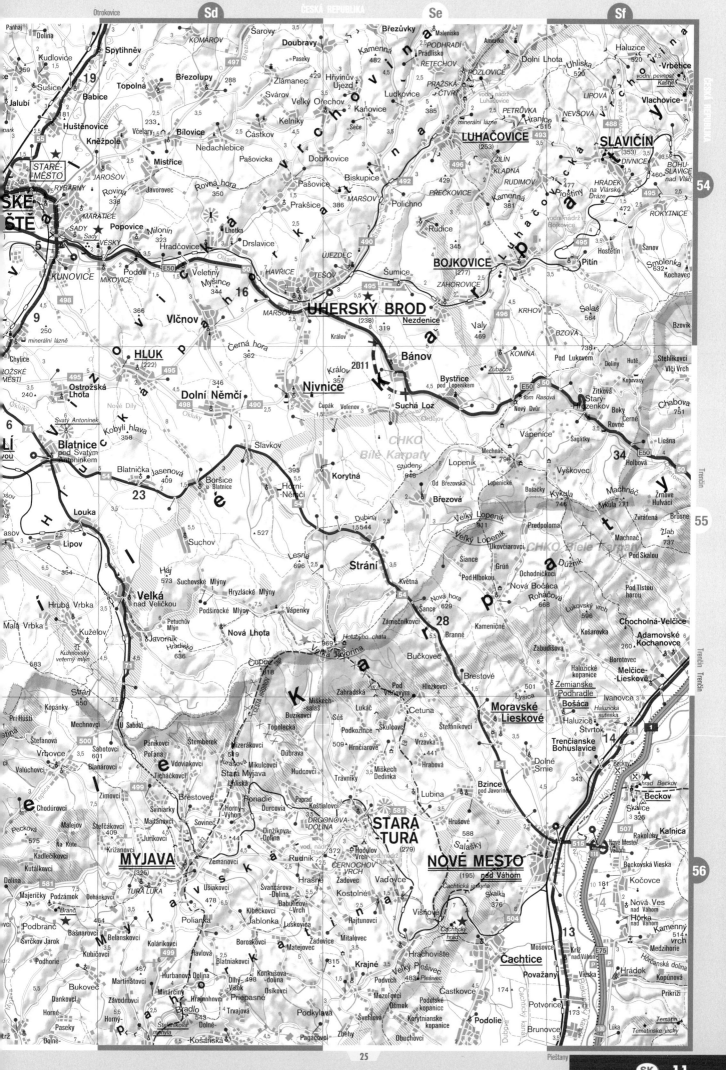

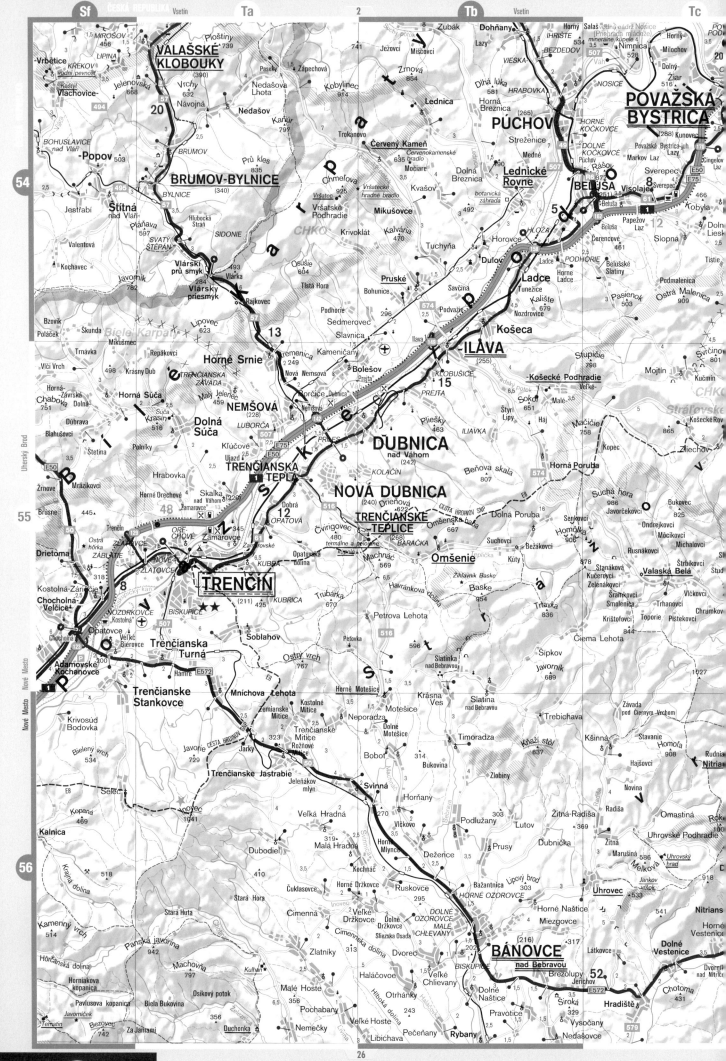

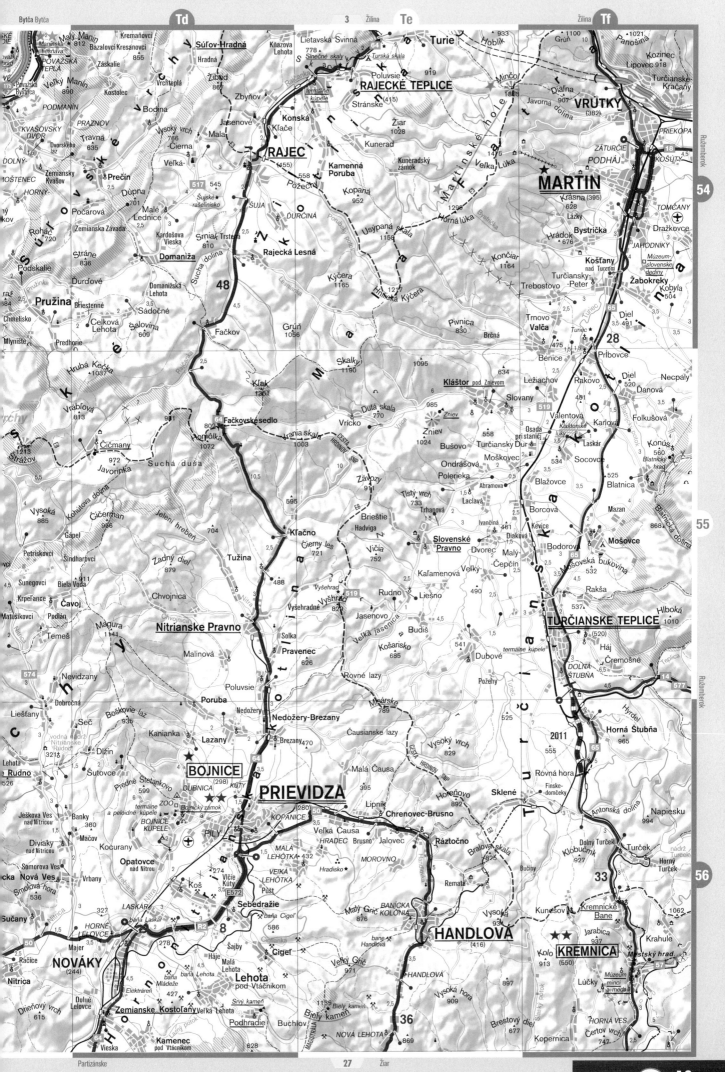

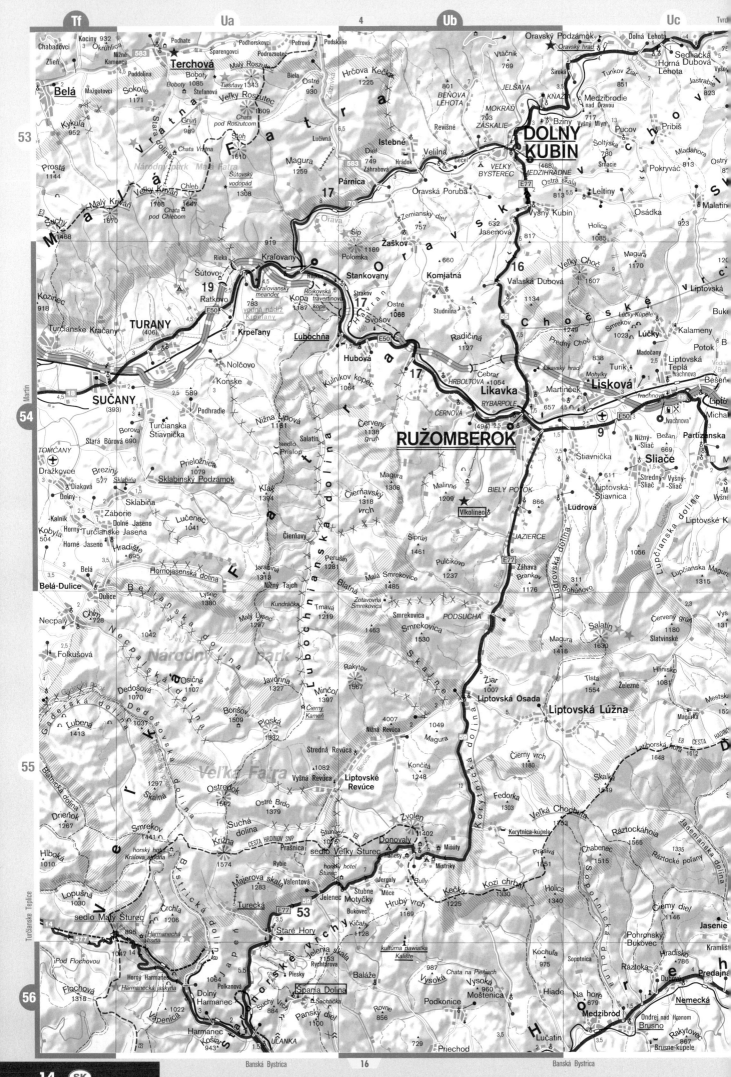

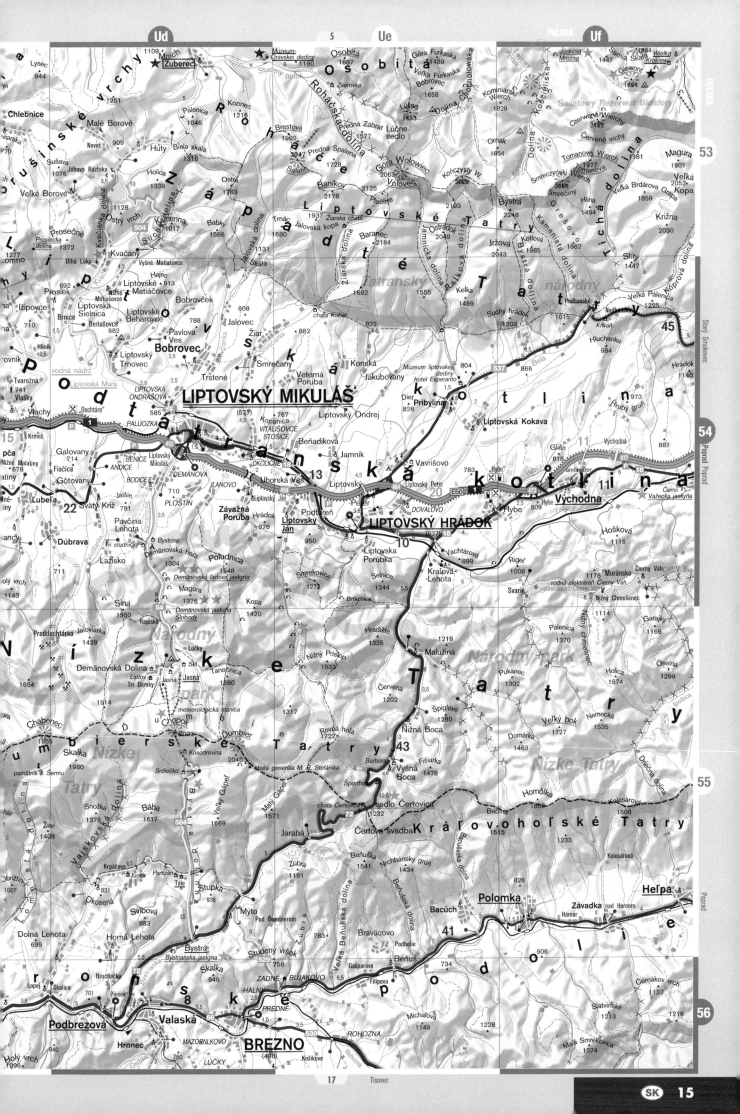

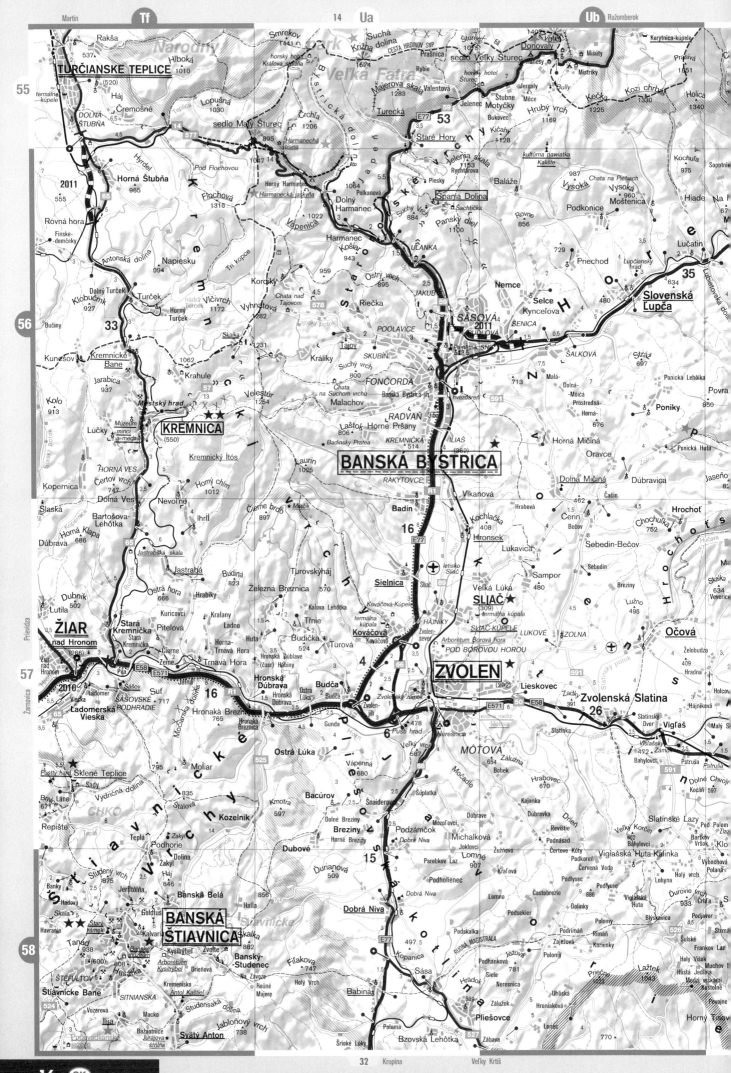

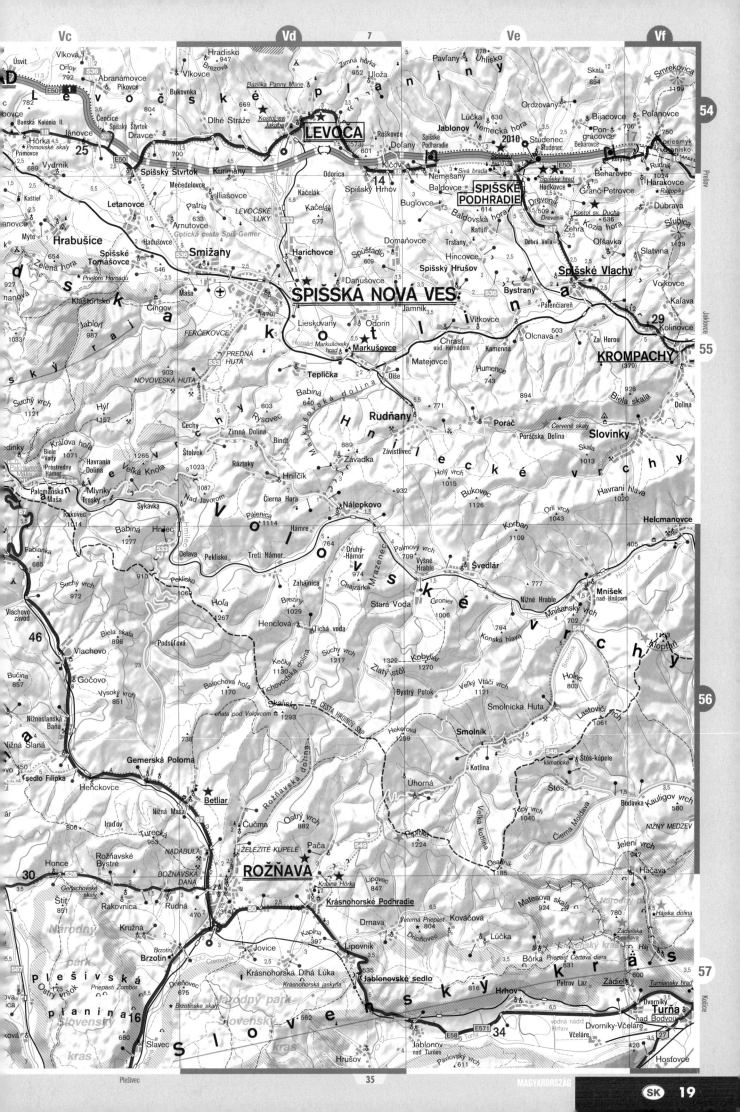

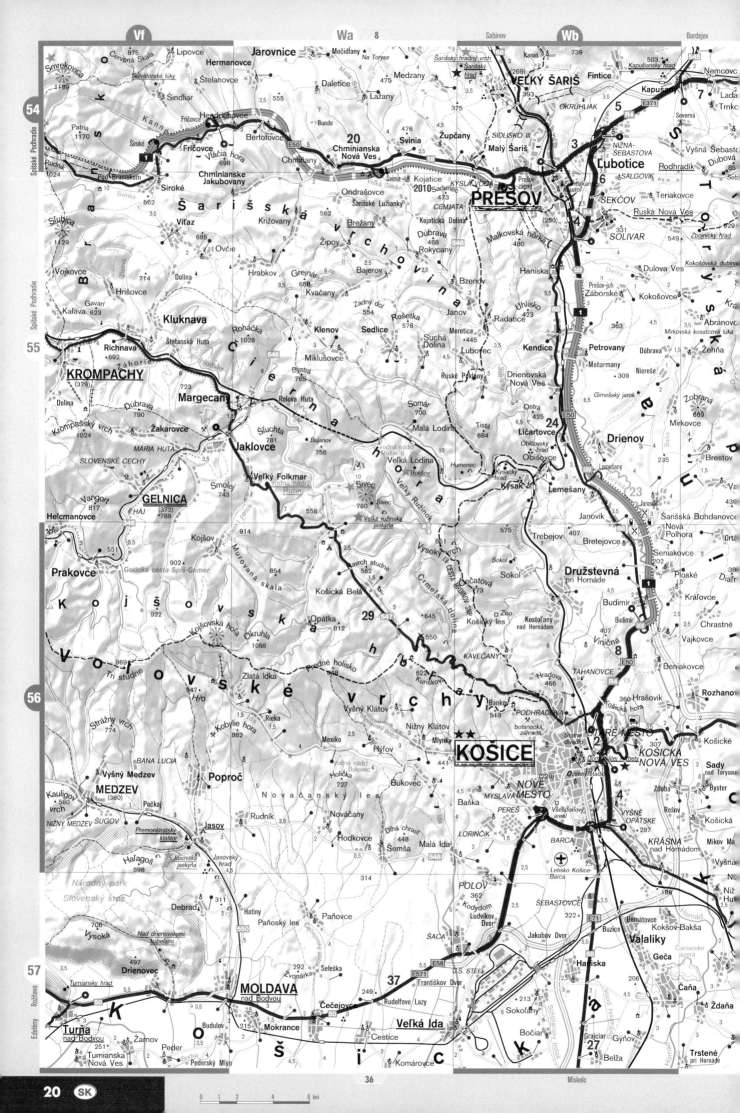

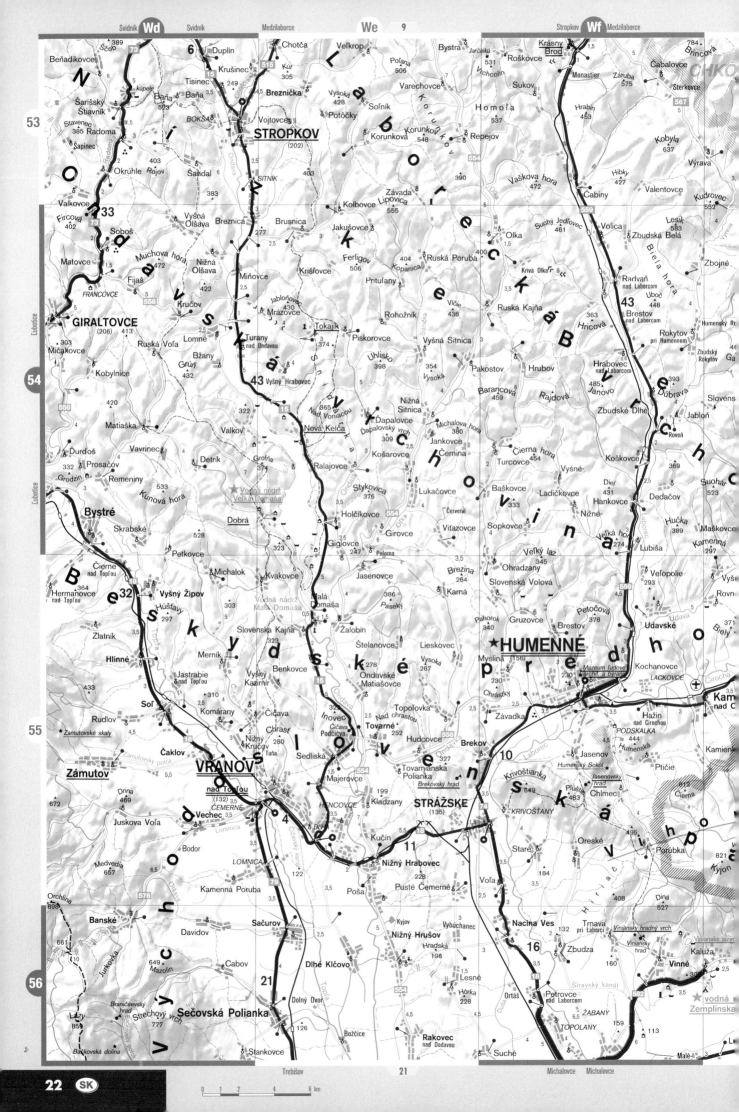

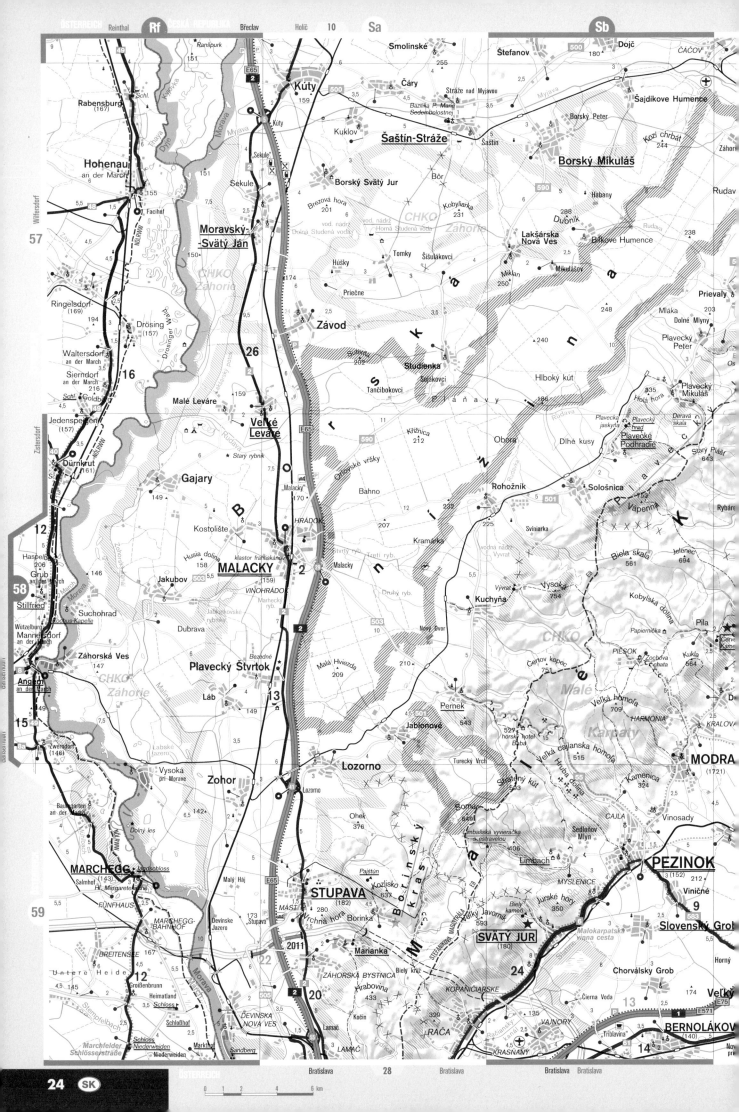

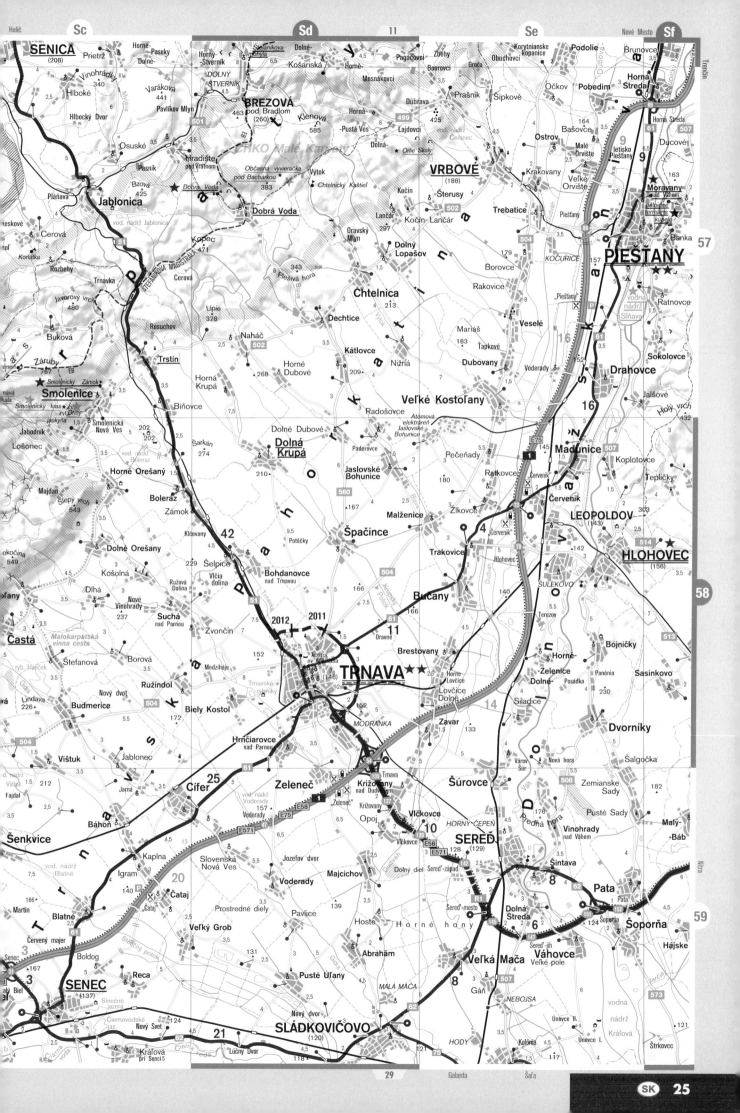

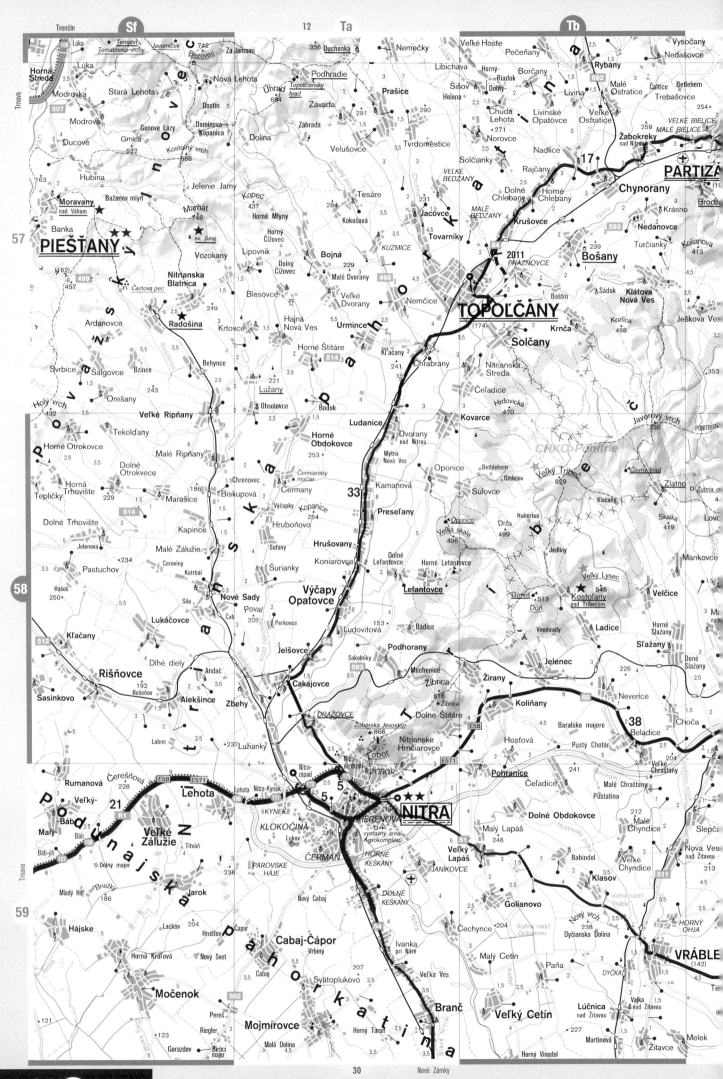

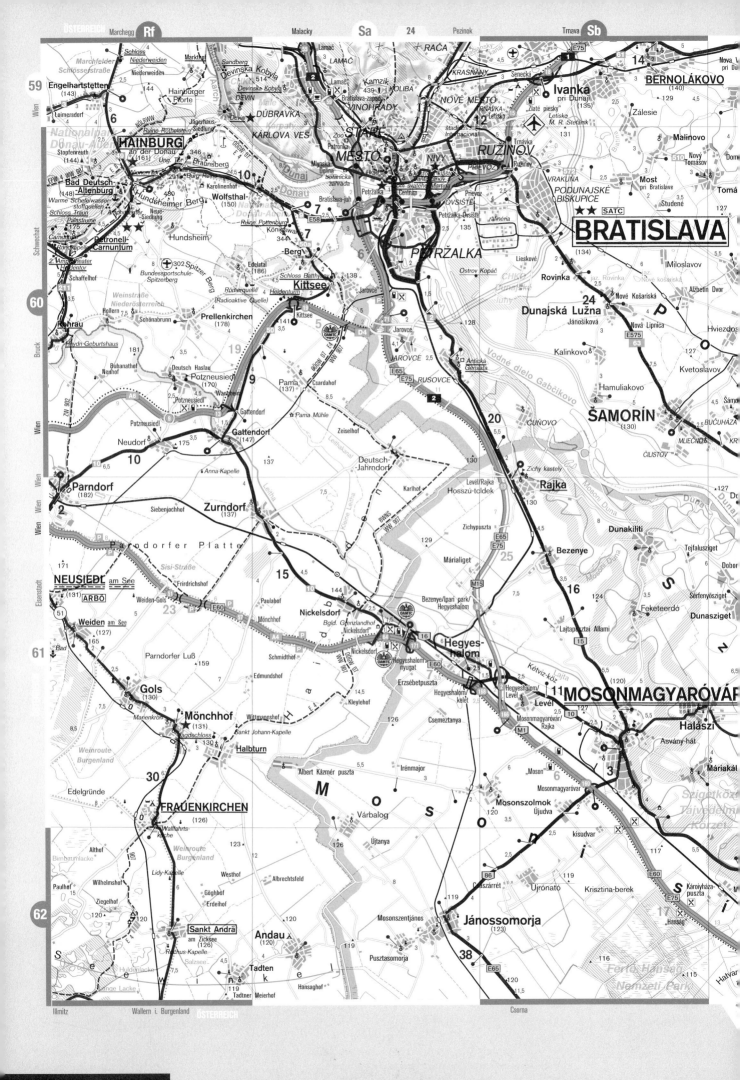

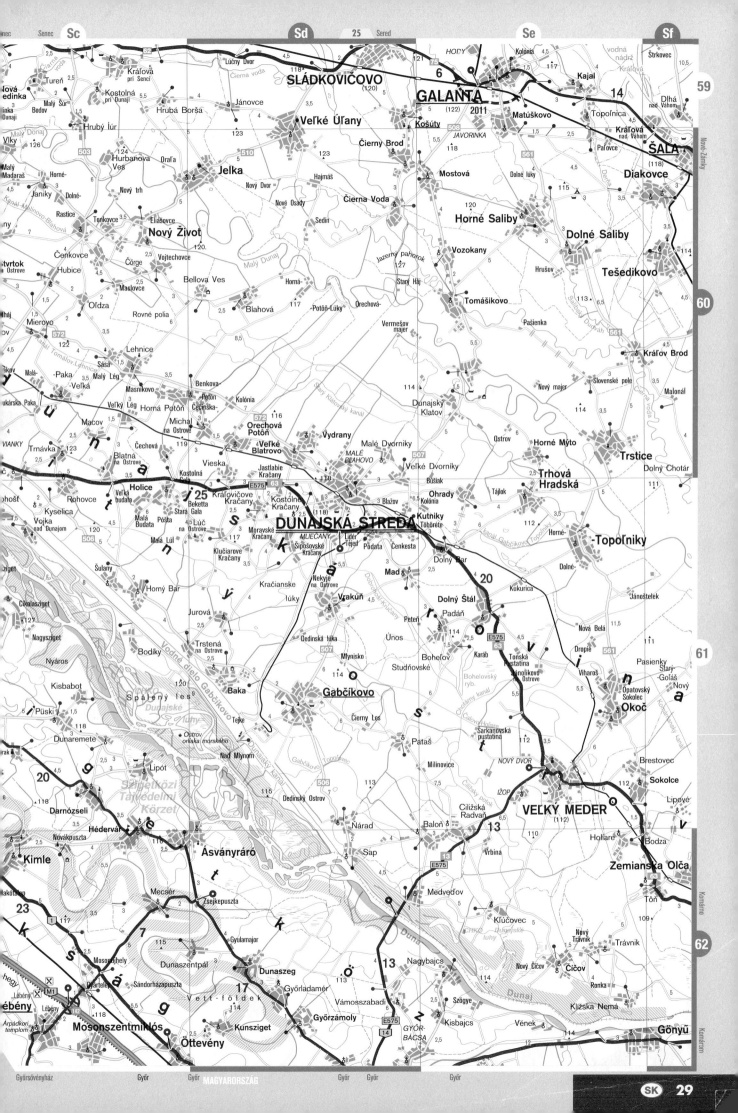

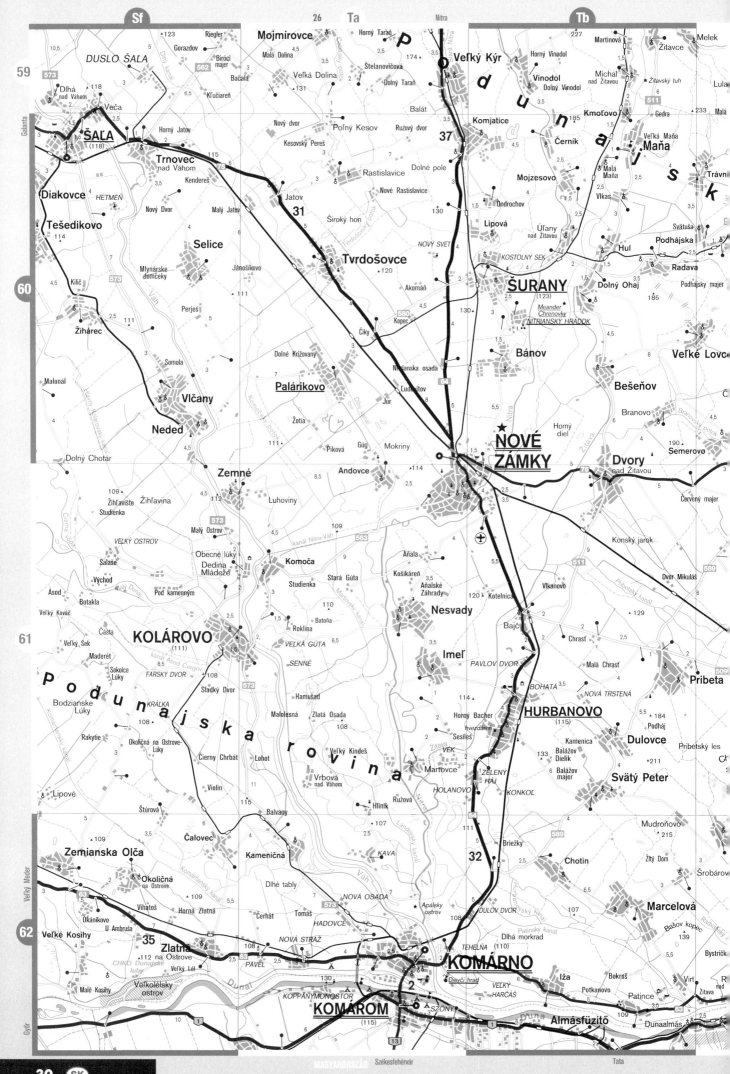

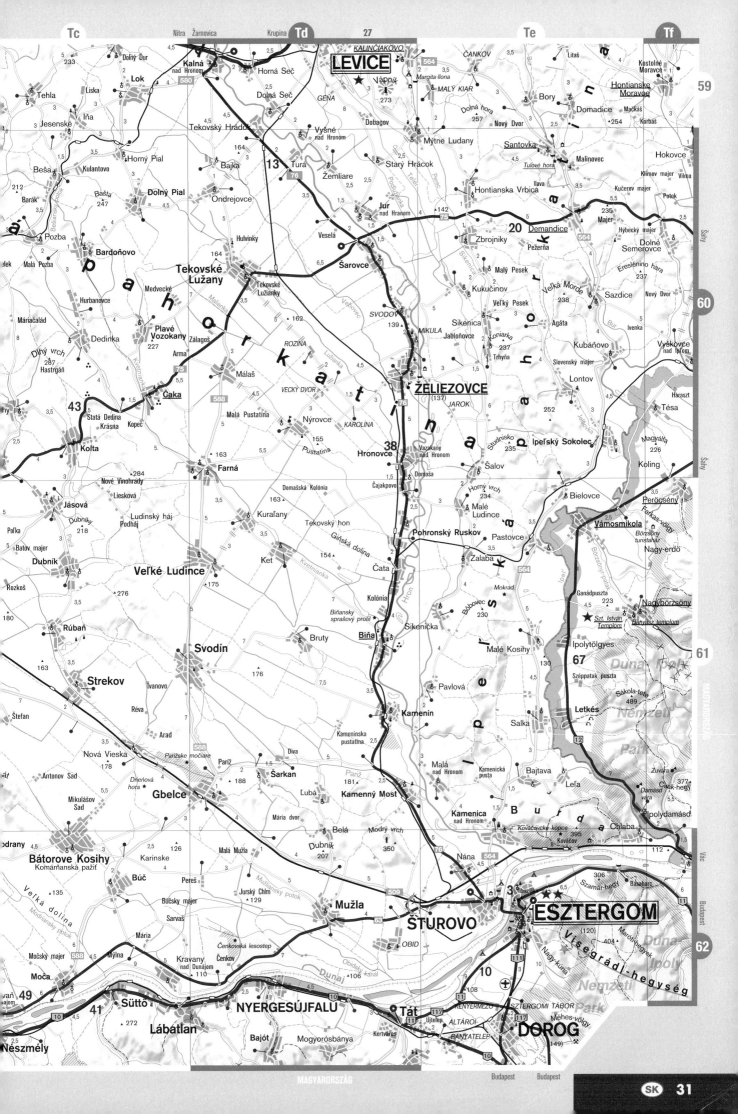

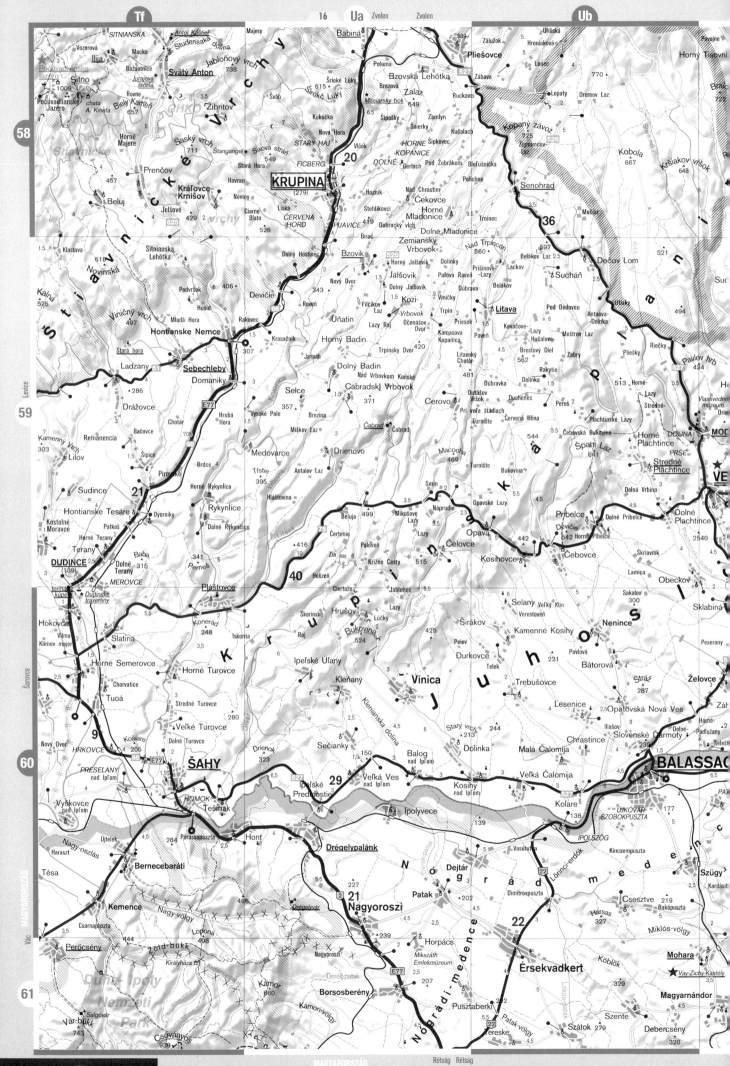

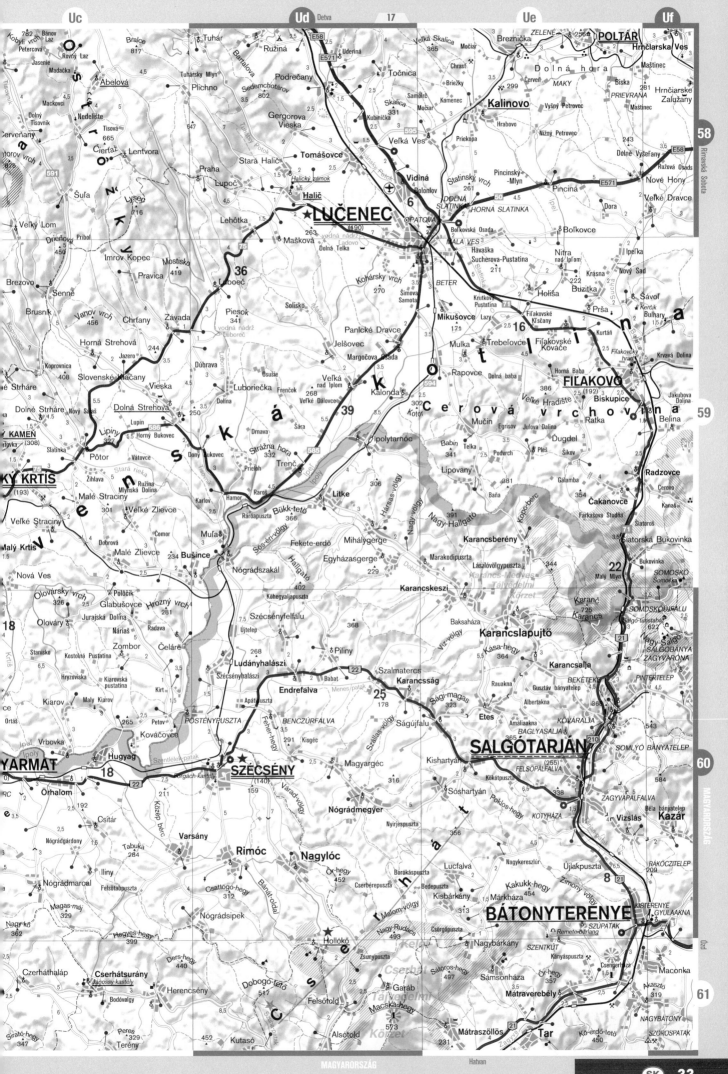

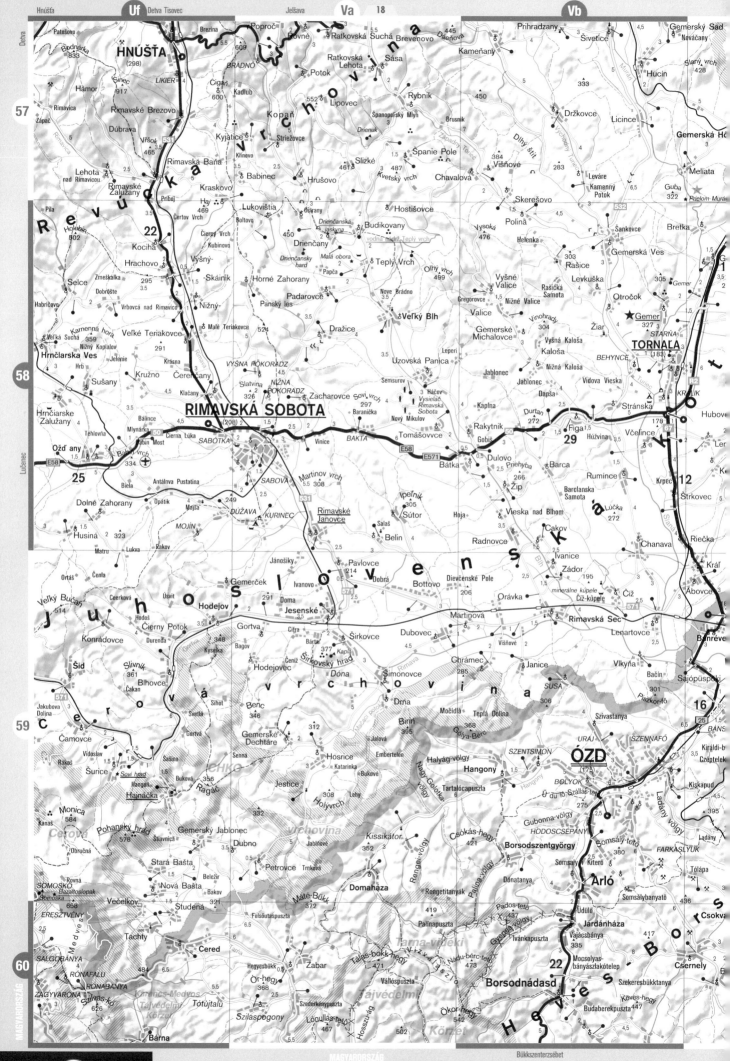

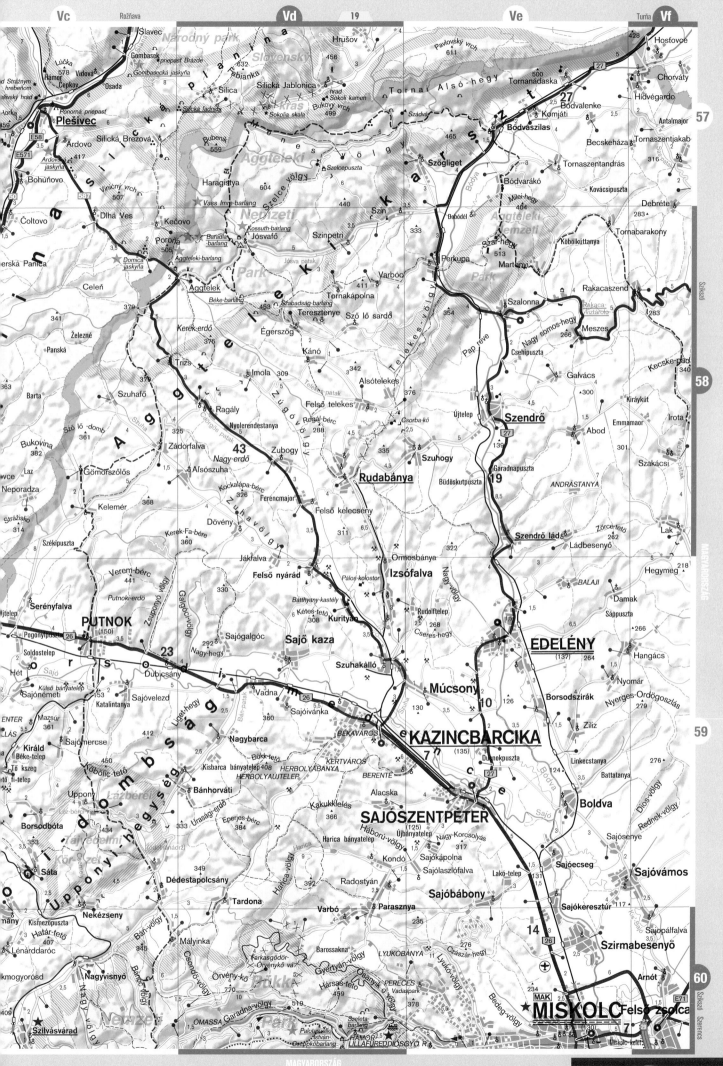

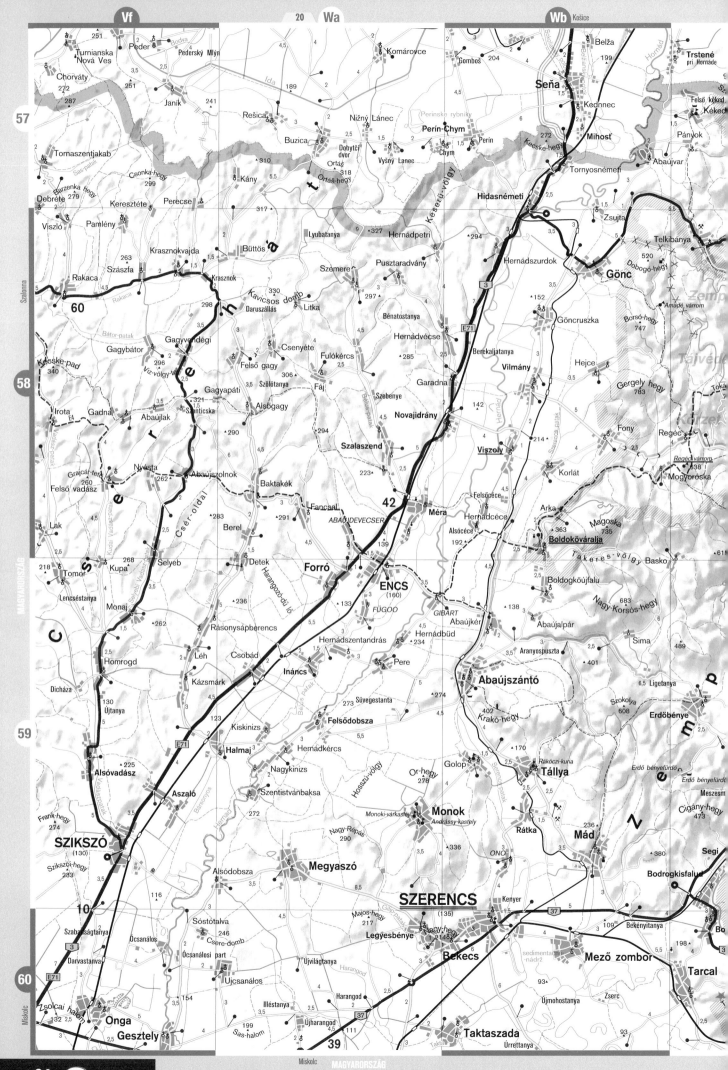

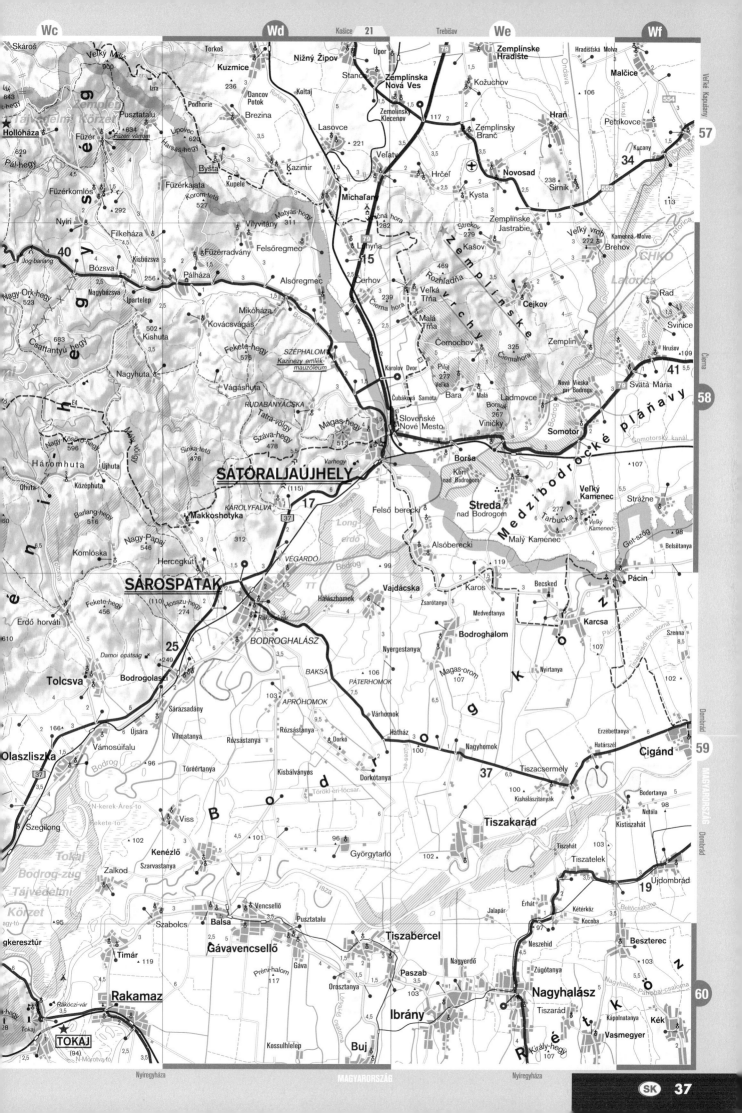

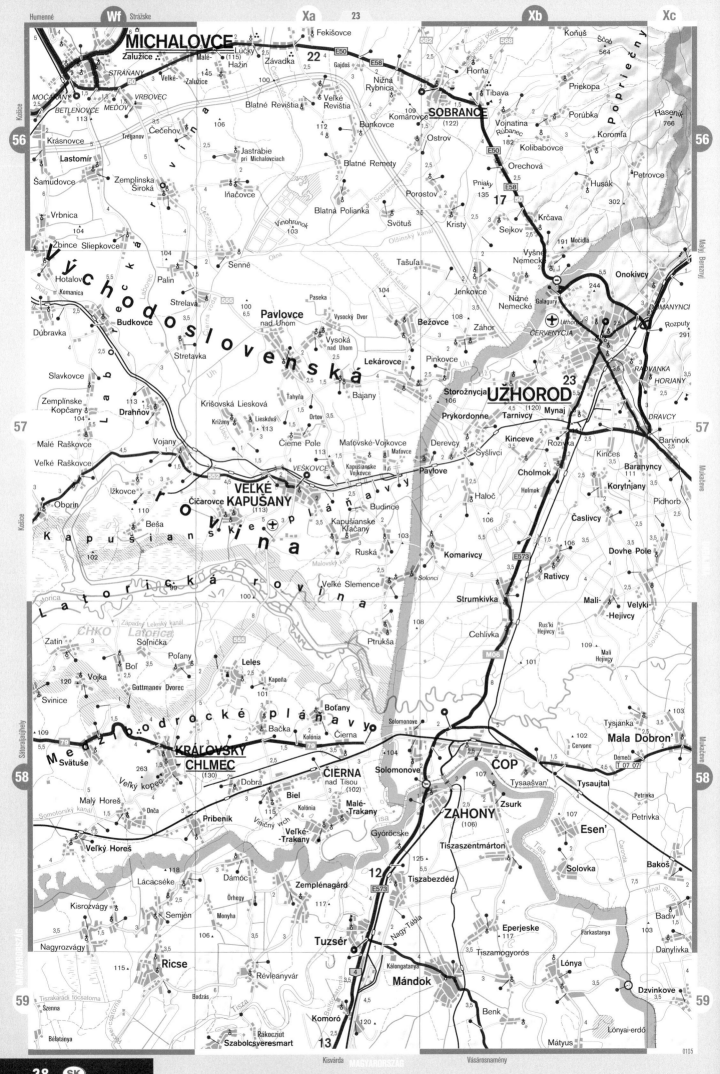

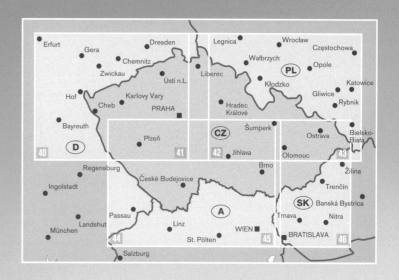

**1:800 000 / 1cm = 8km**

Photo: Prebischtor, Böhmische Schweiz (HB Verlag/Wilkin Spitta)

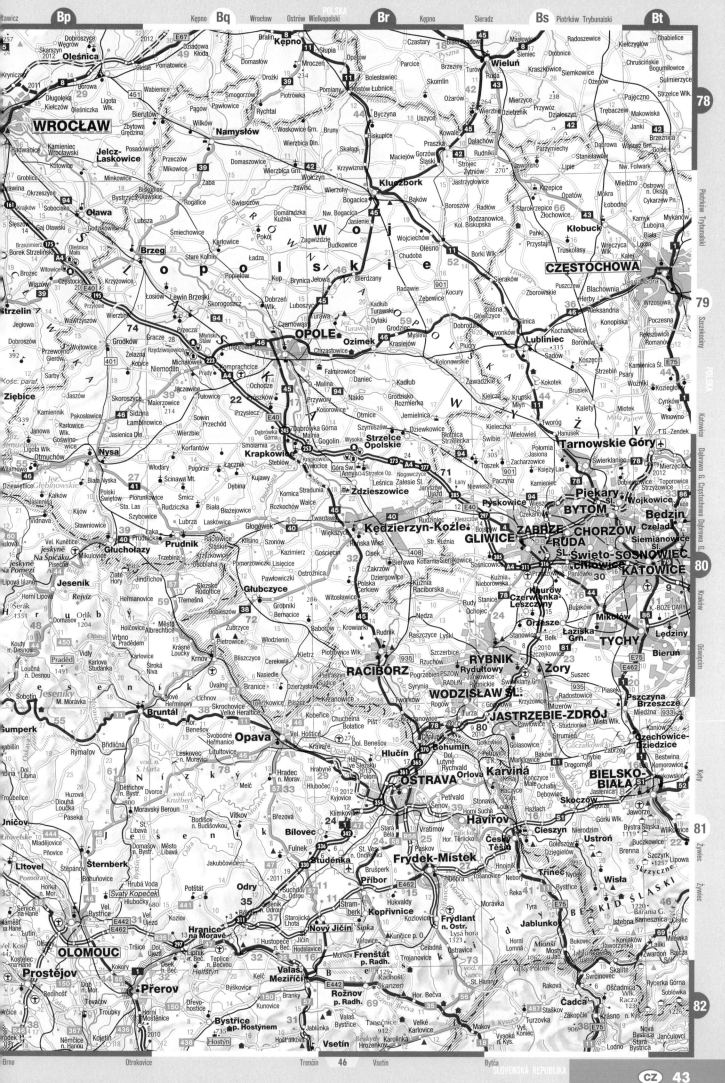

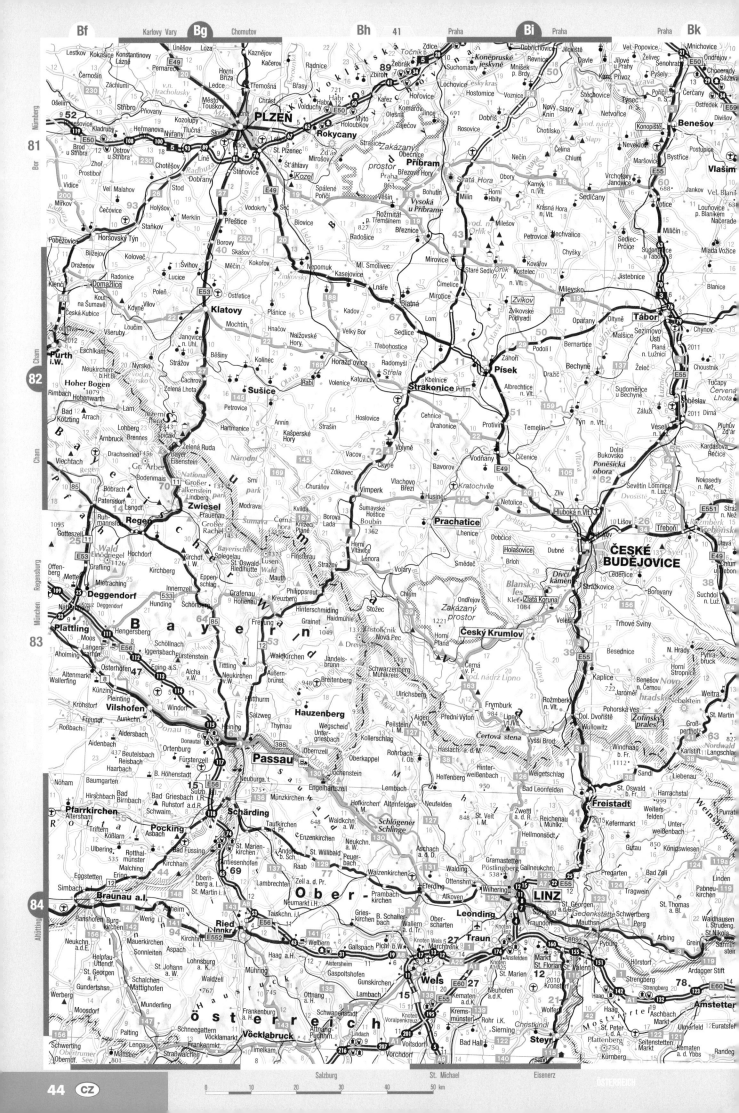

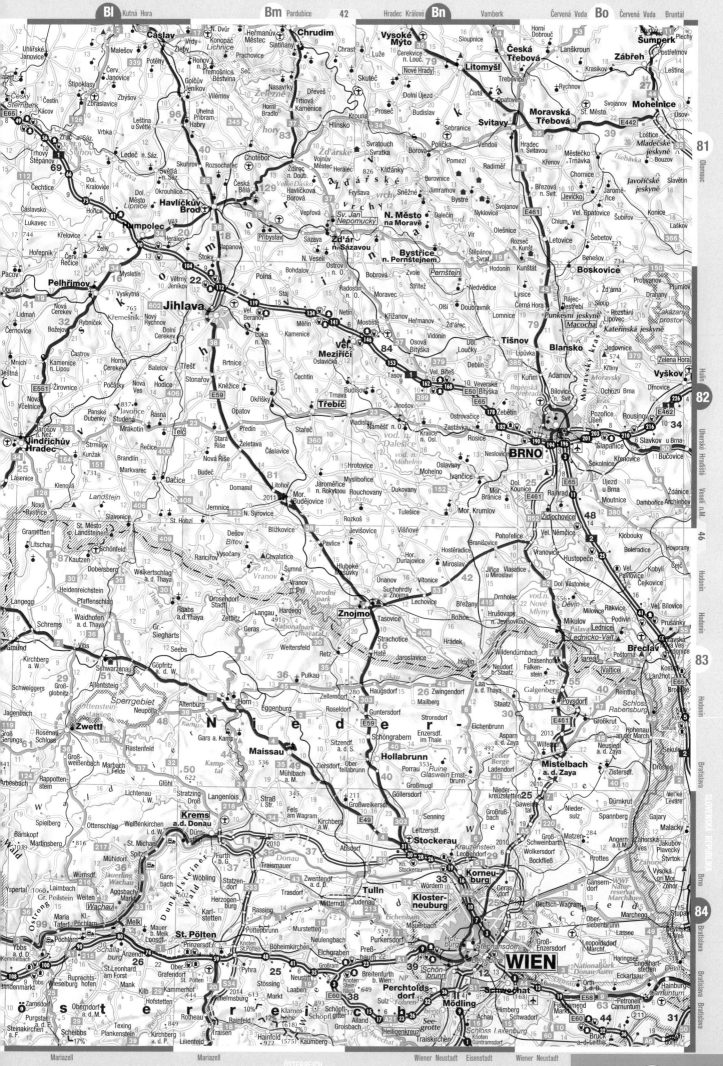

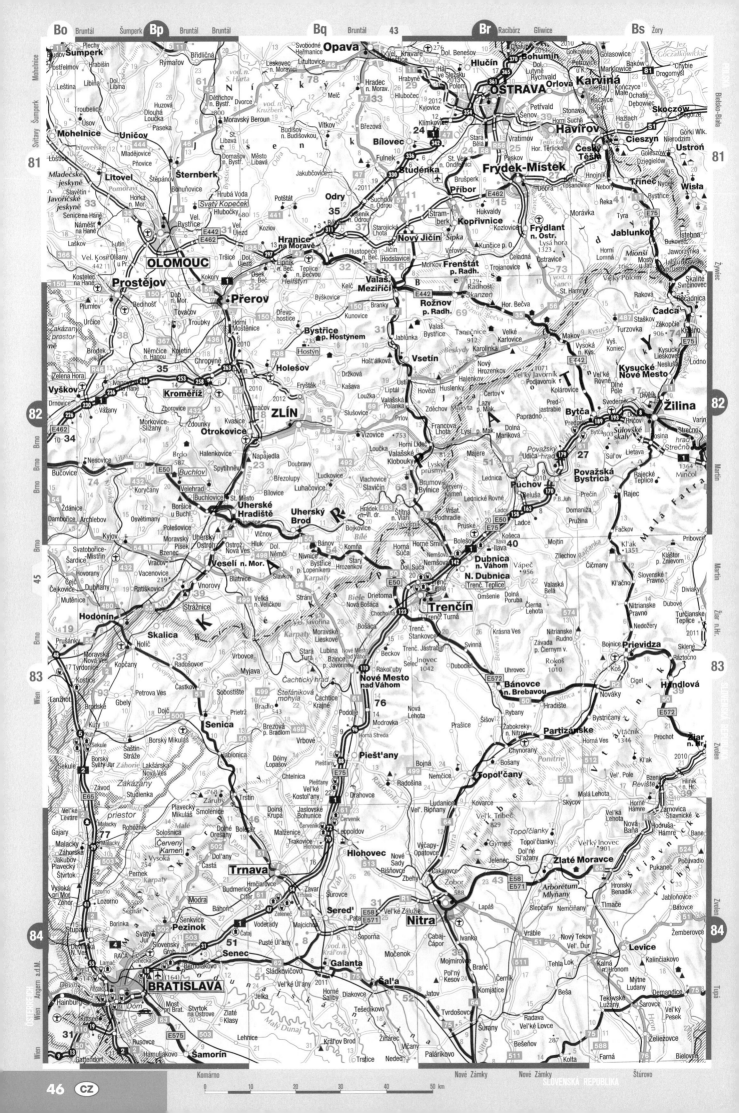

# Tabuľka vzdialeností · Table of distances · Entfernungstabelle · Table des distances
# Tabella delle distanze · Tabla de distancias · Tabulka vzdáleností · Tabela odległósci
# Afstandstabel · Tabela udaljenosti · Afstandstabel · Távolságmutató

| | Banská Bystrica | Bratislava | Brno | České Budějovice | Havlíčkův Brod | Hodonín | Hradec Králové | Cheb | Chomutov | Jihlava | Karlovy Vary | Kladno | Klatovy | Komárno | Košice | Liberec | Lučenec | Mariánské Lázně | Michalovce | Mladá Boleslav | Nitra | Olomouc | Opava | Ostrava | Pardubice | Piešťany | Písek | Plzeň | Poděbrady | Poprad | Praha | Prešov | Příbram | Rožňava | Svitavy | Šumperk | Tábor | Teplice | Trenčín | Trnava | Uherské Hradiště | Ústí nad Labem | Zlín | Znojmo | Žilina | SK CZ |
|---|---|---|---|---|---|---|---|---|---|---|---|---|---|---|---|---|---|---|---|---|---|---|---|---|---|---|---|---|---|---|---|---|---|---|---|---|---|---|---|---|---|---|---|---|---|---|
| Amsterdam | | 206 | 268 | 449 | 367 | 228 | 410 | 640 | 561 | 356 | 598 | 496 | 550 | 170 | 209 | 527 | 76 | 629 | 267 | 480 | 119 | 263 | 265 | 230 | 401 | 149 | 475 | 559 | 444 | 120 | 465 | 206 | 525 | 141 | 335 | 328 | 431 | 559 | 145 | 163 | 195 | 557 | 212 | 330 | 93 | Banská Bystrica |
| Ankara | 3210 | | 129 | 307 | 225 | 89 | 271 | 498 | 419 | 214 | 456 | 354 | 408 | 100 | 399 | 368 | 245 | 487 | 457 | 338 | 87 | 200 | 264 | 257 | 259 | 81 | 333 | 417 | 302 | 326 | 323 | 412 | 383 | 332 | 196 | 262 | 289 | 417 | 120 | 51 | 139 | 415 | 166 | 160 | 200 | Bratislava |
| Athénai | 3070 | 1644 | | 186 | 104 | 61 | 142 | 377 | 298 | 93 | 335 | 233 | 287 | 229 | 461 | 239 | 307 | 366 | 519 | 217 | 178 | 78 | 152 | 165 | 138 | 142 | 212 | 296 | 181 | 363 | 202 | 449 | 262 | 394 | 67 | 133 | 168 | 296 | 137 | 134 | 73 | 294 | 100 | 67 | 216 | Brno |
| Barcelona | 1588 | 3549 | 3409 | | 132 | 239 | 217 | 232 | 535 | 126 | 216 | 166 | 106 | 407 | 642 | 242 | 488 | 201 | 700 | 195 | 394 | 259 | 333 | 346 | 196 | 323 | 52 | 133 | 194 | 544 | 140 | 630 | 101 | 575 | 210 | 276 | 57 | 234 | 318 | 358 | 254 | 232 | 281 | 146 | 397 | České Budějovice |
| Beograd | 1831 | 1379 | 1239 | 2170 | | 157 | 85 | 289 | 210 | 25 | 247 | 145 | 199 | 325 | 560 | 160 | 406 | 278 | 618 | 113 | 312 | 155 | 209 | 264 | 64 | 241 | 124 | 208 | 77 | 446 | 114 | 532 | 148 | 493 | 78 | 144 | 80 | 208 | 236 | 276 | 172 | 206 | 199 | 100 | 299 | Havlíčkův Brod |
| Berlin | 685 | 2696 | 2556 | 1829 | 1317 | | 203 | 430 | 351 | 146 | 388 | 286 | 340 | 178 | 421 | 300 | 267 | 419 | 479 | 270 | 117 | 112 | 169 | 175 | 191 | 79 | 265 | 349 | 234 | 325 | 255 | 411 | 315 | 354 | 128 | 177 | 221 | 349 | 98 | 73 | 44 | 347 | 71 | 108 | 178 | Hodonín |
| Bratislava | 1242 | 1967 | 1817 | 1902 | 588 | 671 | | 287 | 208 | 110 | 245 | 143 | 248 | 371 | 603 | 97 | 449 | 276 | 661 | 81 | 358 | 149 | 205 | 240 | 21 | 284 | 217 | 206 | 58 | 440 | 112 | 526 | 172 | 536 | 75 | 113 | 165 | 206 | 279 | 322 | 215 | 166 | 212 | 185 | 293 | Hradec Králové |
| Bruxelles | 198 | 3165 | 3025 | 1409 | 1786 | 789 | 1295 | | 98 | 298 | 42 | 156 | 130 | 598 | 833 | 247 | 679 | 32 | 891 | 230 | 585 | 450 | 524 | 537 | 279 | 514 | 180 | 101 | 229 | 735 | 175 | 821 | 161 | 766 | 352 | 398 | 213 | 145 | 509 | 549 | 445 | 164 | 472 | 373 | 588 | Cheb |
| Bucuresti | 2328 | 1168 | 1299 | 2883 | 713 | 1771 | 1079 | 2283 | | 219 | 56 | 74 | 144 | 519 | 754 | 149 | 600 | 112 | 812 | 132 | 506 | 371 | 445 | 458 | 200 | 435 | 183 | 102 | 150 | 656 | 96 | 742 | 156 | 687 | 273 | 319 | 179 | 47 | 430 | 470 | 356 | 66 | 393 | 294 | 509 | Chomutov |
| Budapest | 1442 | 1774 | 1634 | 2102 | 395 | 922 | 193 | 1397 | 886 | | 256 | 154 | 193 | 314 | 549 | 185 | 395 | 256 | 607 | 138 | 301 | 166 | 240 | 253 | 89 | 230 | 118 | 186 | 102 | 451 | 123 | 537 | 142 | 482 | 103 | 169 | 74 | 217 | 225 | 265 | 161 | 215 | 188 | 75 | 304 | Jihlava |
| Dublin | 878 | 4073 | 3933 | 2112 | 2694 | 1530 | 2105 | 908 | 3191 | 2305 | | 114 | 125 | 556 | 791 | 205 | 637 | 56 | 849 | 188 | 543 | 408 | 482 | 495 | 237 | 472 | 164 | 83 | 187 | 693 | 133 | 779 | 143 | 724 | 310 | 356 | 195 | 103 | 467 | 507 | 403 | 122 | 430 | 331 | 546 | Karlovy Vary |
| Dubrovnik | 2054 | 1831 | 1301 | 2240 | 617 | 1795 | 1205 | 2009 | 1330 | 1012 | 2917 | | 129 | 454 | 689 | 133 | 535 | 151 | 747 | 86 | 441 | 306 | 380 | 393 | 135 | 370 | 114 | 87 | 85 | 591 | 31 | 677 | 65 | 622 | 208 | 254 | 114 | 76 | 365 | 405 | 301 | 81 | 328 | 229 | 444 | Kladno |
| Edinburgh | 989 | 4184 | 4044 | 2223 | 2805 | 1641 | 2216 | 1019 | 3302 | 2416 | 644 | 3028 | | 508 | 743 | 238 | 589 | 99 | 801 | 191 | 495 | 360 | 434 | 447 | 240 | 424 | 75 | 42 | 190 | 645 | 136 | 731 | 102 | 676 | 277 | 359 | 119 | 169 | 419 | 459 | 355 | 188 | 382 | 252 | 498 | Klatovy |
| Frankfurt/M. | 454 | 2756 | 2616 | 1274 | 1377 | 555 | 788 | 409 | 1874 | 988 | 1317 | 1600 | 1428 | | 332 | 468 | 178 | 587 | 390 | 438 | 71 | 255 | 303 | 296 | 359 | 120 | 433 | 517 | 402 | 290 | 423 | 370 | 483 | 265 | 296 | 362 | 389 | 517 | 159 | 105 | 187 | 515 | 214 | 260 | 217 | Komárno |
| Genéve | 1038 | 2838 | 2698 | 808 | 1459 | 1139 | 1094 | 817 | 2172 | 1294 | 1570 | 1529 | 1681 | 584 | | 700 | 154 | 822 | 58 | 673 | 312 | 400 | 398 | 363 | 594 | 342 | 668 | 752 | 637 | 109 | 658 | 38 | 718 | 68 | 528 | 465 | 624 | 752 | 338 | 356 | 388 | 750 | 374 | 523 | 256 | Košice |
| Hamburg | 496 | 3320 | 2943 | 1780 | 1791 | 284 | 960 | 661 | 2060 | 1211 | 1374 | 1998 | 1485 | 495 | 1090 | | 546 | 266 | 778 | 47 | 455 | 246 | 300 | 335 | 118 | 401 | 207 | 196 | 87 | 537 | 102 | 623 | 162 | 653 | 172 | 208 | 185 | 102 | 396 | 419 | 332 | 92 | 309 | 260 | 390 | Liberec |
| Hammerfest | 3349 | 5068 | 4973 | 4633 | 3734 | 2992 | 3290 | 3514 | 3900 | 3339 | 4227 | 4351 | 3371 | 3359 | 3943 | 2853 | | 668 | 212 | 519 | 158 | 302 | 306 | 271 | 440 | 188 | 514 | 598 | 483 | 122 | 504 | 192 | 564 | 87 | 374 | 367 | 470 | 598 | 184 | 202 | 234 | 596 | 251 | 369 | 164 | Lučenec |
| Helsinki | 1860 | 3444 | 3416 | 3071 | 2177 | 1430 | 1733 | 1952 | 2276 | 1782 | 2665 | 2794 | 1809 | 1797 | 2381 | 1291 | 1557 | | 880 | 219 | 574 | 439 | 513 | 526 | 268 | 503 | 149 | 70 | 218 | 724 | 164 | 810 | 130 | 755 | 341 | 387 | 182 | 159 | 498 | 538 | 434 | 178 | 461 | 362 | 577 | Mariánské Lázně |
| Instanbul | 2771 | 439 | 1205 | 3110 | 940 | 2257 | 1528 | 2726 | 729 | 1335 | 3634 | 1392 | 3745 | 2317 | 2399 | 2715 | 4629 | 3005 | | 731 | 370 | 452 | 450 | 415 | 652 | 400 | 729 | 810 | 695 | 161 | 716 | 75 | 776 | 126 | 586 | 517 | 682 | 810 | 396 | 414 | 446 | 808 | 426 | 581 | 308 | Michalovce |
| Kijev | 2070 | 2270 | 2401 | 3214 | 1331 | 1385 | 1242 | 2174 | 1102 | 1137 | 2915 | 1948 | 3026 | 1940 | 2336 | 1674 | 2978 | 1620 | 1831 | | 425 | 230 | 284 | 319 | 96 | 354 | 160 | 149 | 40 | 521 | 55 | 607 | 115 | 606 | 156 | 192 | 138 | 104 | 349 | 389 | 285 | 85 | 312 | 213 | 374 | Mladá Boleslav |
| København | 803 | 3157 | 3249 | 2087 | 2097 | 461 | 1132 | 968 | 2134 | 1383 | 1681 | 2256 | 1221 | 813 | 1397 | 307 | 2546 | 984 | 2718 | 1748 | | 184 | 232 | 225 | 346 | 49 | 420 | 504 | 389 | 239 | 410 | 325 | 470 | 245 | 283 | 249 | 376 | 504 | 88 | 44 | 116 | 502 | 143 | 247 | 146 | Nitra |
| Lisboa | 2267 | 4813 | 4673 | 1264 | 3434 | 2892 | 3041 | 2088 | 4147 | 3241 | 2791 | 3504 | 2902 | 2365 | 1947 | 2764 | 5617 | 4055 | 4374 | 4277 | 3071 | | 74 | 93 | 147 | 137 | 285 | 369 | 203 | 291 | 275 | 377 | 335 | 364 | 79 | 65 | 241 | 369 | 132 | 168 | 68 | 367 | 63 | 140 | 144 | Olomouc |
| Liverpool | 680 | 3875 | 3735 | 1914 | 2496 | 1332 | 1897 | 710 | 2993 | 2107 | 274 | 2719 | 370 | 1119 | 1372 | 1176 | 4029 | 2467 | 3436 | 2717 | 1483 | 2593 | | 35 | 210 | 185 | 359 | 443 | 261 | 289 | 349 | 375 | 409 | 362 | 131 | 92 | 315 | 388 | 144 | 216 | 125 | 369 | 111 | 214 | 142 | Opava |
| London | 344 | 3539 | 3399 | 1578 | 2160 | 996 | 1571 | 374 | 2657 | 1771 | 534 | 2383 | 645 | 783 | 1036 | 840 | 3693 | 2131 | 3100 | 2381 | 1147 | 2257 | 336 | | 240 | 178 | 372 | 456 | 296 | 254 | 362 | 340 | 422 | 327 | 172 | 127 | 328 | 456 | 137 | 209 | 131 | 454 | 104 | 227 | 107 | Ostrava |
| Luxembourg | 405 | 2939 | 2799 | 1272 | 1560 | 768 | 1029 | 216 | 2115 | 1229 | 1124 | 1783 | 1235 | 241 | 601 | 640 | 3493 | 1931 | 2500 | 2153 | 947 | 2124 | 926 | 590 | | 275 | 188 | 198 | 56 | 438 | 104 | 524 | 164 | 527 | 73 | 118 | 144 | 198 | 270 | 310 | 206 | 196 | 210 | 164 | 291 | Pardubice |
| Madrid | 1735 | 4169 | 4029 | 620 | 2790 | 2360 | 2509 | 1556 | 3503 | 2709 | 2259 | 2860 | 2370 | 1833 | 1415 | 2435 | 5085 | 3523 | 3730 | 3745 | 2539 | 644 | 2061 | 1725 | 1592 | | 349 | 433 | 318 | 268 | 339 | 354 | 399 | 275 | 209 | 202 | 305 | 433 | 41 | 33 | 69 | 431 | 96 | 184 | 121 | Piešťany |
| Malaga | 2305 | 4612 | 4472 | 1063 | 3233 | 2930 | 3079 | 2126 | 3946 | 3279 | 2829 | 3303 | 2940 | 2403 | 1985 | 2802 | 5655 | 4093 | 4173 | 4315 | 3109 | 635 | 2631 | 2295 | 2162 | 570 | | 81 | 159 | 570 | 105 | 656 | 49 | 601 | 202 | 268 | 44 | 199 | 344 | 384 | 280 | 197 | 307 | 193 | 423 | Písek |
| Marseille | 1254 | 2969 | 2829 | 580 | 1590 | 1495 | 1423 | 1075 | 2303 | 1618 | 1778 | 1660 | 1889 | 940 | 428 | 1446 | 4299 | 2737 | 2530 | 2665 | 1753 | 1844 | 1580 | 1244 | 938 | 1200 | 1643 | | 148 | 654 | 94 | 740 | 60 | 685 | 271 | 317 | 112 | 127 | 428 | 468 | 364 | 146 | 391 | 292 | 507 | Plzeň |
| Milano | 1177 | 2441 | 2301 | 1108 | 1062 | 1106 | 895 | 956 | 1775 | 1090 | 1847 | 1132 | 1958 | 723 | 397 | 1229 | 4082 | 2520 | 2002 | 2137 | 1536 | 2372 | 1649 | 1313 | 740 | 1728 | 2171 | 528 | | 494 | 54 | 580 | 114 | 570 | 129 | 169 | 137 | 148 | 313 | 353 | 249 | 146 | 276 | 177 | 347 | Poděbrady |
| Moskva | 2541 | 3088 | 3217 | 3685 | 2147 | 1856 | 1891 | 2645 | 1918 | 1953 | 3386 | 2764 | 3497 | 2411 | 2995 | 2145 | 2499 | 1141 | 2647 | 816 | 2219 | 4748 | 3188 | 2852 | 2624 | 4216 | 4786 | 3351 | 2764 | | 560 | 86 | 620 | 73 | 370 | 356 | 526 | 654 | 227 | 283 | 291 | 652 | 265 | 425 | 147 | Poprad |
| München | 843 | 2367 | 2111 | 1391 | 959 | 584 | 511 | 798 | 1701 | 711 | 1706 | 1211 | 1817 | 400 | 583 | 782 | 3640 | 2078 | 1928 | 1753 | 1094 | 2530 | 1508 | 1172 | 572 | 1998 | 2568 | 1030 | 502 | 2262 | | 646 | 60 | 591 | 177 | 223 | 83 | 94 | 334 | 374 | 270 | 92 | 297 | 198 | 413 | Praha |
| Narvik | 2871 | 5100 | 4953 | 4155 | 3714 | 2514 | 3185 | 3036 | 3932 | 3319 | 3749 | 4373 | 2737 | 2881 | 3465 | 2375 | 660 | 1537 | 4661 | 3010 | 2068 | 5139 | 3551 | 3215 | 3015 | 4607 | 5177 | 3821 | 3604 | 2531 | 3162 | | 706 | 106 | 456 | 442 | 612 | 740 | 313 | 369 | 377 | 738 | 351 | 511 | 233 | Prešov |
| Oslo | 1397 | 3736 | 3596 | 2681 | 2357 | 1040 | 1711 | 1562 | 2734 | 1962 | 2275 | 2835 | 1263 | 1407 | 1991 | 901 | 2134 | 914 | 3297 | 2348 | 594 | 3665 | 2077 | 1741 | 1541 | 3133 | 3703 | 2347 | 2130 | 2055 | 1688 | 1474 | | 651 | 237 | 283 | 68 | 154 | 394 | 434 | 330 | 152 | 357 | 217 | 473 | Příbram |
| Palermo | 2770 | 2576 | 1577 | 2470 | 1639 | 2533 | 2320 | 2549 | 2352 | 2034 | 3440 | 1022 | 3551 | 2316 | 1990 | 2716 | 5569 | 4007 | 2137 | 2970 | 3023 | 3734 | 3242 | 2906 | 2333 | 3090 | 3533 | 1890 | 1593 | 3786 | 1929 | 5091 | 3617 | | 461 | 429 | 557 | 685 | 271 | 289 | 321 | 683 | 328 | 456 | 220 | Rožňava |
| Paris | 475 | 3198 | 3058 | 1113 | 1819 | 1100 | 1361 | 296 | 2447 | 1561 | 999 | 2942 | 1110 | 573 | 571 | 972 | 3825 | 2263 | 2759 | 2485 | 1279 | 1792 | 801 | 465 | 332 | 1260 | 1830 | 779 | 848 | 2956 | 831 | 3347 | 1873 | 2441 | | 66 | 158 | 271 | 204 | 201 | 140 | 269 | 142 | 134 | 223 | Svitavy |
| Praha | 956 | 2348 | 2208 | 1677 | 969 | 348 | 323 | 911 | 1460 | 574 | 1819 | 1447 | 1930 | 502 | 948 | 637 | 3296 | 1739 | 1909 | 1401 | 809 | 2816 | 1621 | 1285 | 743 | 2284 | 2854 | 1395 | 867 | 1897 | 365 | 2862 | 1388 | 2294 | 1075 | | 224 | 317 | 197 | 233 | 133 | 315 | 128 | 195 | 209 | Šumperk |
| Roma | 1766 | 2416 | 1417 | 1466 | 1321 | 1529 | 1316 | 1545 | 2034 | 1349 | 2436 | 659 | 2547 | 1312 | 986 | 1712 | 4565 | 3003 | 1977 | 2486 | 2019 | 2730 | 2238 | 1902 | 1329 | 2086 | 2529 | 886 | 589 | 3187 | 925 | 4087 | 2613 | 1004 | 1437 | 1290 | | 177 | 300 | 340 | 236 | 175 | 263 | 149 | 379 | Tábor |
| Salzburg | 981 | 2229 | 2089 | 1529 | 850 | 724 | 373 | 936 | 1563 | 573 | 1844 | 1073 | 1955 | 540 | 721 | 922 | 3778 | 2216 | 1790 | 1615 | 1232 | 2668 | 1646 | 1310 | 710 | 2136 | 2706 | 1050 | 522 | 2253 | 138 | 3300 | 1826 | 1947 | 969 | 374 | 943 | | 428 | 468 | 364 | 19 | 391 | 292 | 507 | Teplice |
| Sofija | 2213 | 997 | 872 | 2552 | 382 | 1699 | 970 | 2168 | 427 | 777 | 3076 | 1010 | 3787 | 1759 | 1841 | 2180 | 4116 | 2559 | 558 | 1529 | 2160 | 3816 | 2878 | 2542 | 1942 | 3172 | 3615 | 1972 | 1444 | 2345 | 1370 | 4096 | 2739 | 2032 | 2201 | 1351 | 1703 | 1232 | | 72 | 64 | 429 | 75 | 199 | 80 | Trenčín |
| Stockholm | 1427 | 3766 | 3626 | 2711 | 2387 | 1070 | 1741 | 1592 | 2764 | 1992 | 2305 | 2865 | 1449 | 1437 | 2021 | 931 | 1922 | 360 | 3327 | 2378 | 624 | 3695 | 2107 | 1771 | 1571 | 3163 | 3733 | 2377 | 2160 | 1501 | 1718 | 1782 | 554 | 3647 | 1903 | 1418 | 2643 | 1856 | 2769 | | 100 | 466 | 127 | 211 | 152 | Trnava |
| Strasbourg | 674 | 2743 | 2603 | 1052 | 1364 | 775 | 887 | 434 | 2077 | 1087 | 1342 | 1587 | 1453 | 220 | 383 | 726 | 3579 | 2017 | 2304 | 2160 | 1033 | 2193 | 1144 | 808 | 218 | 1661 | 2231 | 720 | 522 | 2631 | 376 | 3101 | 1627 | 2115 | 455 | 623 | 1111 | 514 | 1746 | 1657 | | 362 | 27 | 135 | 144 | Uherské Hradiště |
| Venezia | 1303 | 2165 | 2025 | 1384 | 786 | 1073 | 716 | 12321 | 1499 | 814 | 2123 | 856 | 2234 | 858 | 673 | 1256 | 4109 | 2547 | 1726 | 1951 | 1563 | 2648 | 1925 | 1589 | 1016 | 2004 | 2447 | 804 | 276 | 2596 | 469 | 3631 | 2157 | 1539 | 1124 | 782 | 535 | 408 | 1168 | 2187 | 798 | | 389 | 290 | 505 | Ústí nad Labem |
| Warszawa | 1275 | 2448 | 2308 | 2419 | 1069 | 590 | 625 | 379 | 1181 | 674 | 2120 | 1686 | 2231 | 1145 | 1729 | 879 | 2665 | 1108 | 2009 | 795 | 953 | 3482 | 1922 | 1586 | 1358 | 2950 | 3520 | 2085 | 1498 | 1266 | 996 | 2645 | 1553 | 2708 | 1690 | 631 | 1921 | 987 | 1451 | 1583 | 1365 | 1330 | | 162 | 118 | Zlín |
| Wien | 1177 | 2039 | 1899 | 1837 | 660 | 657 | 65 | 1132 | 1151 | 265 | 2040 | 1203 | 2151 | 723 | 1029 | 1122 | 3344 | 1787 | 1600 | 1307 | 1118 | 2976 | 1842 | 1506 | 964 | 2444 | 3014 | 1358 | 830 | 1943 | 446 | 3171 | 1697 | 2255 | 1296 | 309 | 1251 | 308 | 1042 | 1727 | 822 | 651 | 679 | | 278 | Znojmo |
| Zürich | 880 | 2669 | 2529 | 1089 | 1290 | 845 | 813 | 659 | 2003 | 1013 | 1567 | 1513 | 1678 | 426 | 281 | 932 | 3785 | 2223 | 2230 | 2055 | 1239 | 2228 | 1369 | 1033 | 443 | 1696 | 2266 | 709 | 299 | 2564 | 302 | 3307 | 1833 | 1892 | 581 | 667 | 888 | 440 | 1672 | 1863 | 225 | 575 | 1298 | 748 | | Žilina |
| Europa | Amsterdam | Ankara | Athénai | Barcelona | Beograd | Berlin | Bratislava | Bruxelles | Bucuresti | Budapest | Dublin | Dubrovnik | Edinburgh | Frankfurt/M. | Genéve | Hamburg | Hammerfest | Helsinki | Instanbul | Kijev | København | Lisboa | Liverpool | London | Luxembourg | Madrid | Malaga | Marseille | Milano | Moskva | München | Narvik | Oslo | Palermo | Paris | Praha | Roma | Salzburg | Sofija | Stockholm | Strasbourg | Venezia | Warszawa | Wien | Zürich | |

| SK | GB | D | F | I | E |
|---|---|---|---|---|---|
| Diaľnica | Motorway | Autobahn | Autoroute | Autostrada | Autopista |
| Štvorprúdová cesta | Road with four lanes | Vierspurige Straße | Route à quatre voies | Strada a quattro corsie | Carretera de cuatro carriles |
| Prejazdná cesta | Thoroughfare | Durchgangsstraße | Route de transit | Strada di attraversamento | Carretera de tránsito |
| Hlavná cesta | Main road | Hauptstraße | Route principale | Strada principale | Carretera principal |
| Ostatné cesty | Other roads | Sonstige Straßen | Autres routes | Altre strade | Otras carreteras |
| Jednosmerná cesta - Pešia zóna | One-way street - Pedestrian zone | Einbahnstraße - Fußgängerzone | Rue à sens unique - Zone piétonne | Vía a senso unico - Zona pedonale | Calle de dirección única - Zona peatonal |
| Informácie - Parkovisko | Information - Parking place | Information - Parkplatz | Information - Parking | Informazioni - Parcheggio | Información - Aparcamiento |
| Hlavná železnica so stanicou | Main railway with station | Hauptbahn mit Bahnhof | Chemin de fer principal avec gare | Ferrovia principale con stazione | Ferrocarril principal con estación |
| Ostatné železnice | Other railway | Sonstige Bahn | Autre ligne | Altra ferrovia | Otro ferrocarril |
| Podzemná dráha | Underground | U-Bahn | Métro | Metropolitana | Metro |
| Električka | Tramway | Straßenbahn | Tramway | Tram | Tranvía |
| Letiskový autobus | Airport bus | Flughafenbus | Bus d'aéroport | Autobus per l'aeroporto | Autobús al aeropuerto |
| Polícia Poštový úrad | Police station - Post office | Polizeistation - Postamt | Poste de police - Bureau de poste | Posto di polizia - Ufficio postale | Comisaria de policia - Correos |
| Nemocnica - Mládežnícka ubytovňa | Hospital - Youth hostel | Krankenhaus - Jugendherberge | Hôpital - Auberge de jeunesse | Ospedale - Ostello della gioventù | Hospital - Albergue juvenil |
| Kostol - Pozoruhodný kostol | Church - Church of interest | Kirche - Sehenswerte Kirche | Église - Église remarquable | Chiesa - Chiesa interessante | Iglesia - Iglesia de interés |
| Synagóga - Mešita | Synagogue - Mosque | Synagoge - Moschee | Synagogue - Mosquée | Sinagoga - Moschea | Sinagoga - Mezquita |
| Pomník - Veža | Monument - Tower | Denkmal - Turm | Monument - Tour | Monumento - Torre | Monumento - Torre |
| Zastavaná plocha, verejná budova | Built-up area, public building | Bebaute Fläche, öffentliches Gebäude | Zone bâtie, bâtiment public | Caseggiato, edificio pubblico | Zona edificada, edificio público |
| Priemyselná plocha | Industrial area | Industriegelände | Zone industrielle | Zona industriale | Zona industrial |
| Park, les | Park, forest | Park, Wald | Parc, bois | Parco, bosco | Parque, bosque |

| CZ | PL | DK | HR | NL | H |
|---|---|---|---|---|---|
| Dálnice | Autostrada | Motorvej | Autocesta | Autosnelweg | Autópálya |
| Čtyřstopá silnice | Droga o czterech pasach ruchu | Firesporet vej | Cesta sa četiri traka | Weg met vier rijstroken | Négysávos út |
| Průjezdní silnice | Droga przelotowa | Genemmfartsvej | Tranzitna cesta | Weg voor doorgaand verkeer | Átmenő út |
| Hlavní silnice | Droga główna | Hovedvej | Glavna cesta | Hoofdweg | Főút |
| Ostatní silnice | Drogi inne | Andre mindre vejen | Ostale ceste | Overige wegen | Egyéb utak |
| Jednosmerná ulice - Pěší zóna | Ulica jednokierunkowa - Strefa ruchu pieszego | Gade med ensrettet kørsel - Gågade | Jednosmjerna ulica - Pješačka zona | Straat met eenrichtingsverkeer - Voetgangerszone | Egyirányú utca - Sétáló utca |
| Informace - Parkoviště | Informacja - Parking | Information - Parkeringplads | Informacije - Parkiralište | Informatie - Parkeerplaats | Információ - Parkolóhely |
| Hlavní železnice s stanice | Kolej główna z dworcami | Hovedjernbanelinie med station | Glavna željeznička pruga sa kolodvorom | Belangrijke spoorweg met station | Fővasútvonal állomással |
| Ostatní železnice | Kolej drugorzędna | Anden jernbanelinie | Ostala željeznička traka | Overige spoorweg | Egyéb vasútvonal |
| Metro | Metro | Underjordisk bane | Podzemna željeznica | Ondergrondse spoorweg | Földalatti vasút |
| Tramvaj | Linia tramwajowa | Sporvej | Tramvaj | Tram | Villamos |
| Letištní autobus | Autobus dojazdowy na lotnisko | Bus til lufthavn | Autobus zračnog pristaništa | Vliegveldbus | Repülőtéri autóbusz |
| Policie - Poštovní úřad | Komisariat - Poczta | Politistation - Posthus | Policijska postaja - Pošta | Politiebureau - Postkantoor | Rendőrség - Postahivatal |
| Nemocnice - Ubytovna mládeže | Szpital - Schronisko młodzieżowe | Sygehus - Vandrerhjem | Bolnica - Omladinski hotel | Ziekenhuis - Jeugdherberg | Kórház - Ifjúsági szálló |
| Kostel - Zajímavý kostel | Kościół - Kościół zabytkowy | Kirke - Seværdig kirke | Crkva - Znamenita crkva | Kerk - Bezienswaardige kerk | Templom - Látványos templom |
| Synagoga - Mešita | Synagoga - Meczet | Synagoge - Moské | Sinagoga - Džamija | Synagoge - Moskee | Zsinagóga - Mecset |
| Pomník - Věž | Pomnik - Wieża | Mindesmærke - Tårn | Spomenik - Toranj | Monument - Toren | Emlékmű - Torony |
| Zastavěná plocha, veřejná budova | Obszar zabudowany, budynek użyteczności publicznej | Bebyggelse, offentlig bygning | Izgradnja, javna zgrada | Bebouwing, openbaar gebouw | Beépítés, középület |
| Průmyslová plocha | Obszar przemysłowy | Industriområde | Industrijska zona | Industrieterrein | Iparvidék |
| Park, les | Park, las | Park, skov | Park, šuma | Park, bos | Park, erdő |

**1:15 000 / 1cm = 150m**

* 1:20 000 / 1cm = 200m

* Photo: Altstadt, Bratislava (Schapowalow/Attantide)

VINOHRADY

STARÉ MESTO

Dunaj

Pečenský

les

PETRŽALKA

# Banská Bystrica

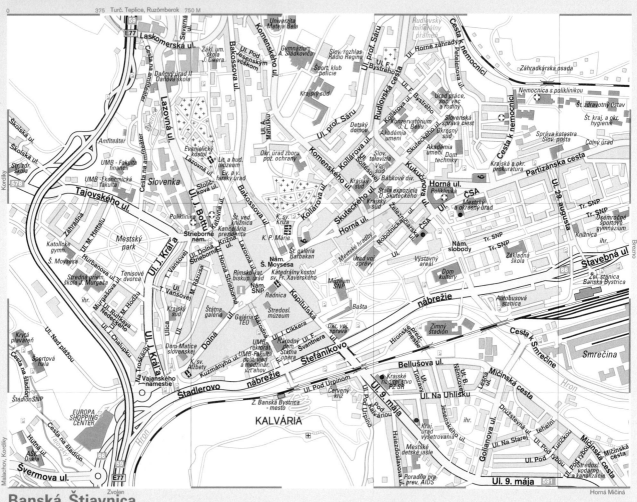

# Banská Štiavnica

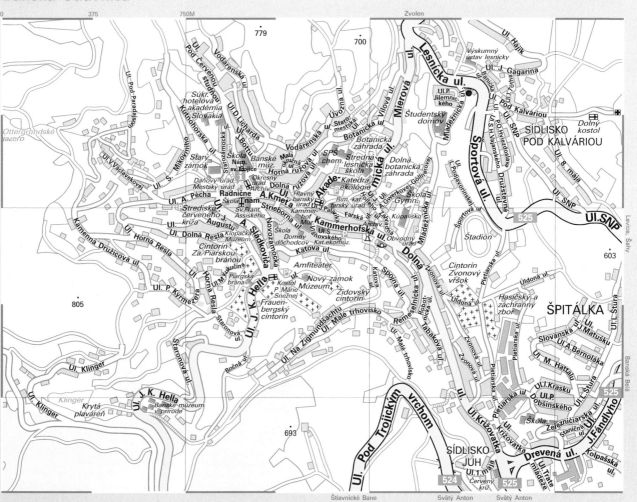

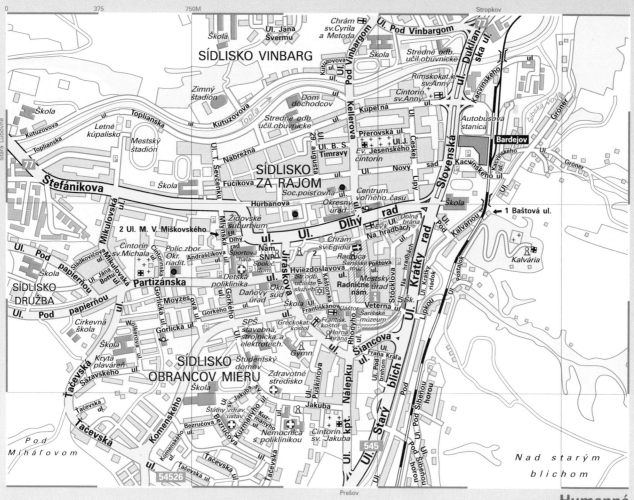

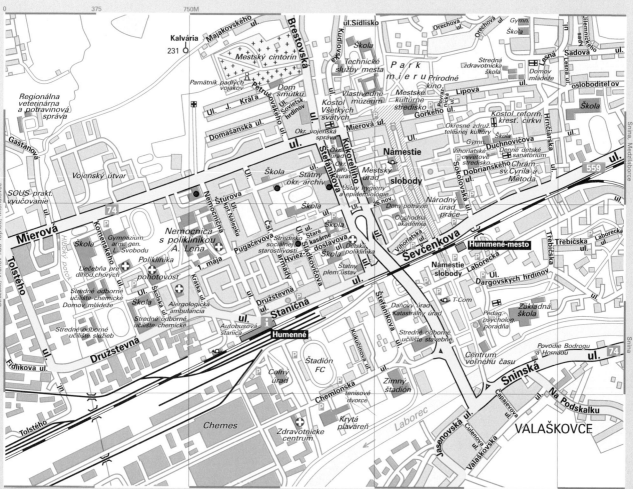

# Košice

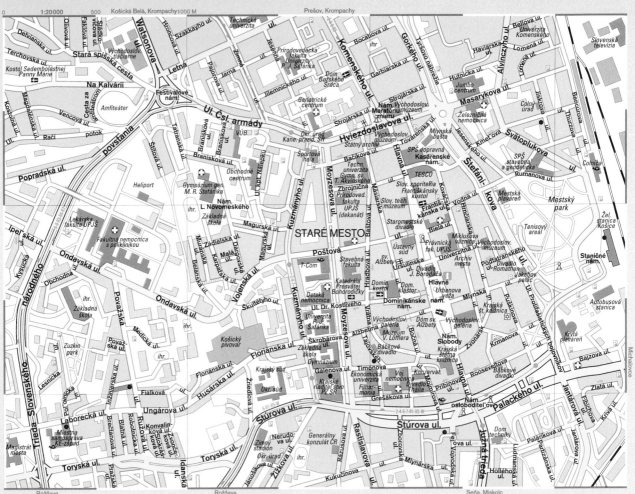

# Kremnica

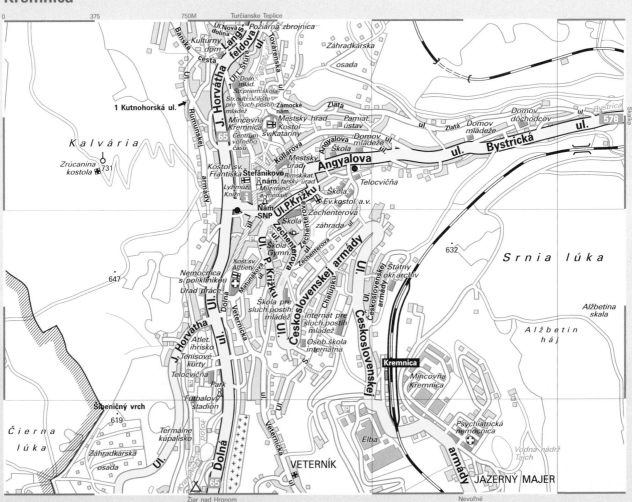

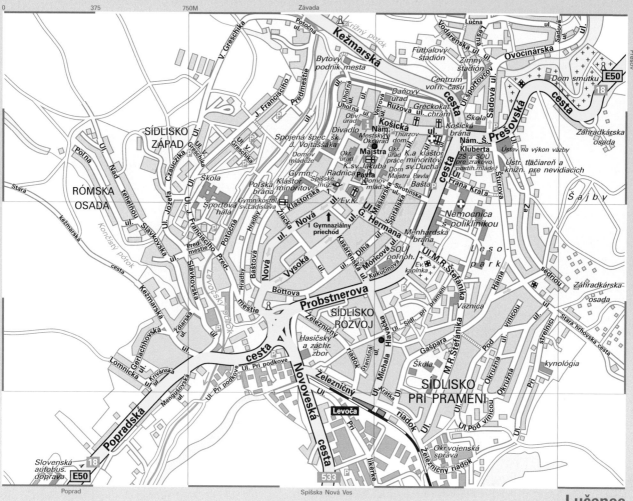

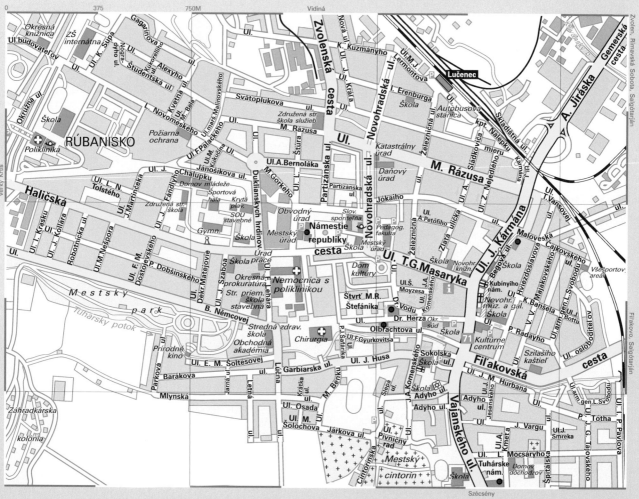

# Martin

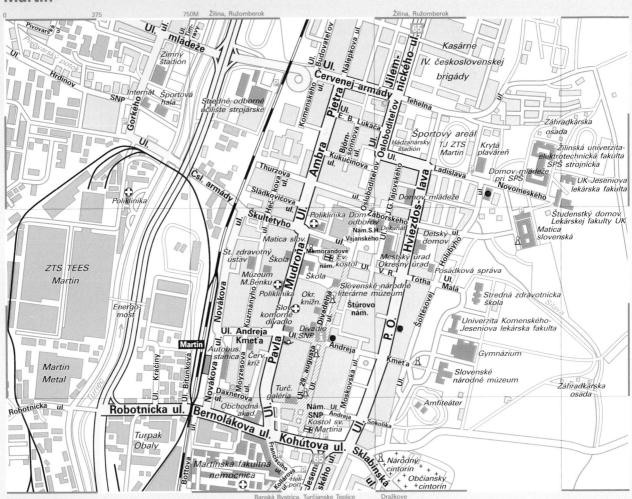

# Michalovce

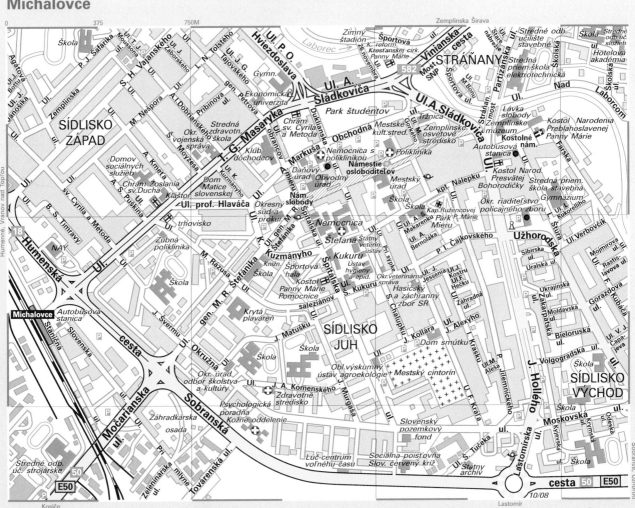

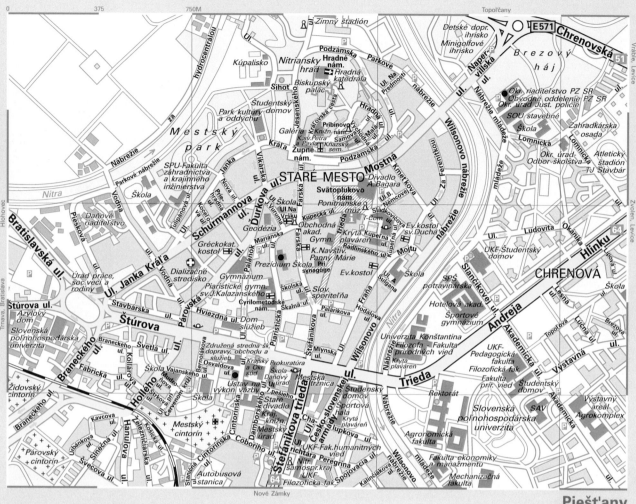

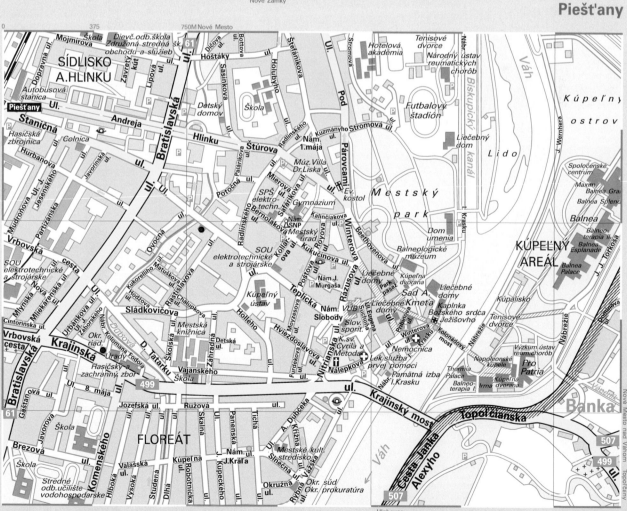

# Poprad

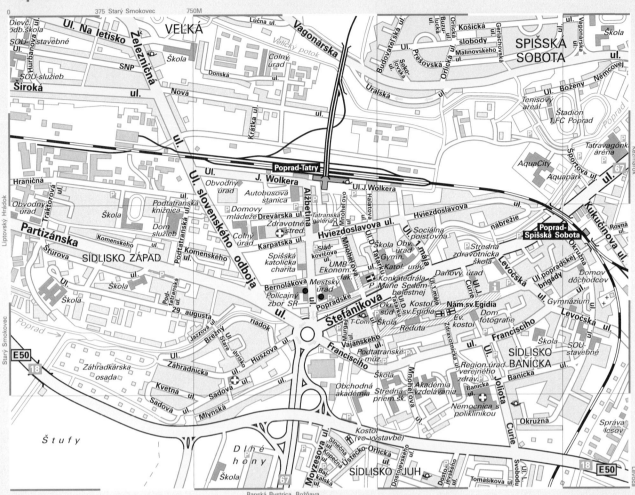

# Prešov

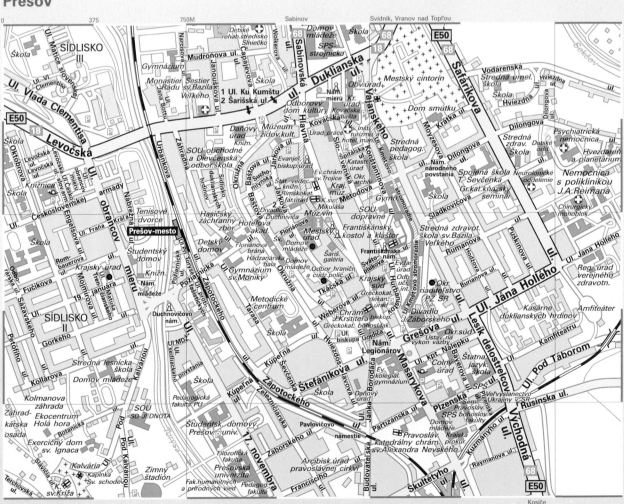

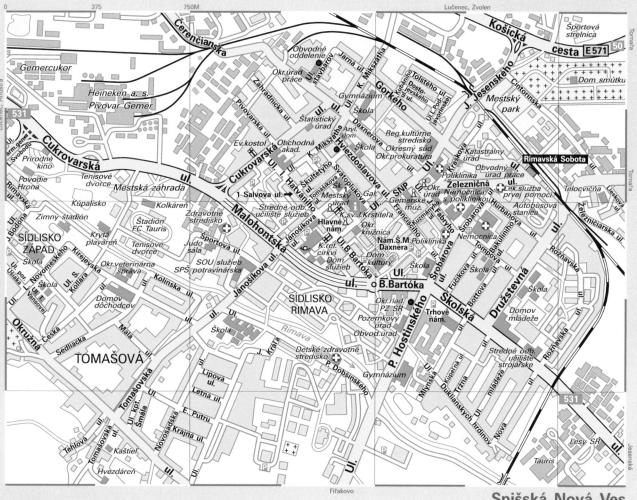

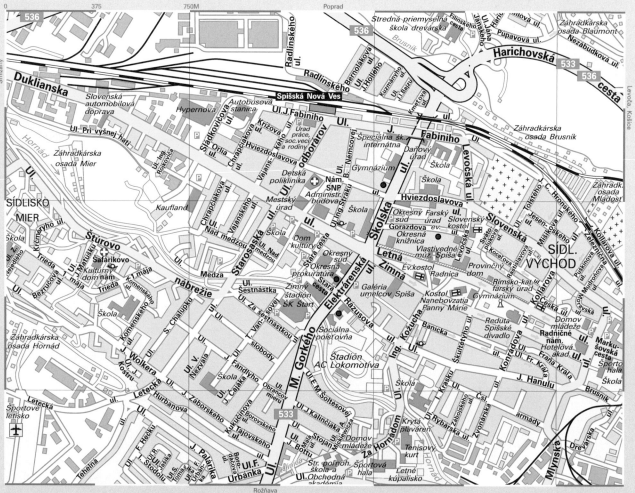

# Trenčín

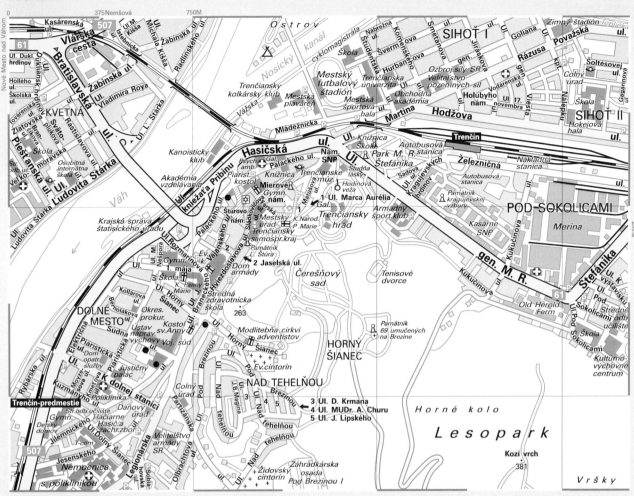

# Trnava

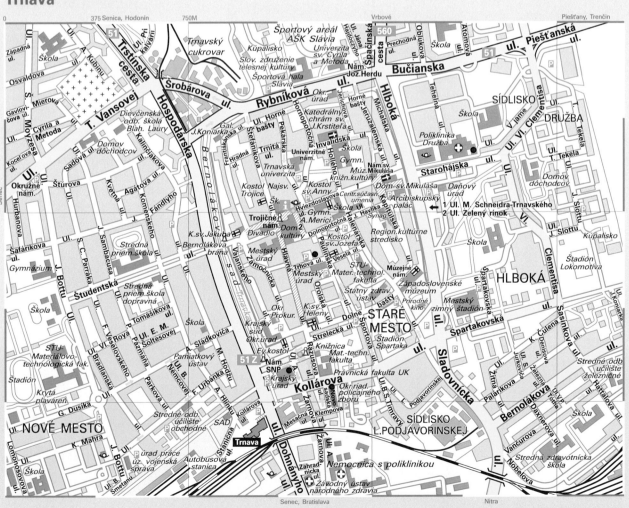

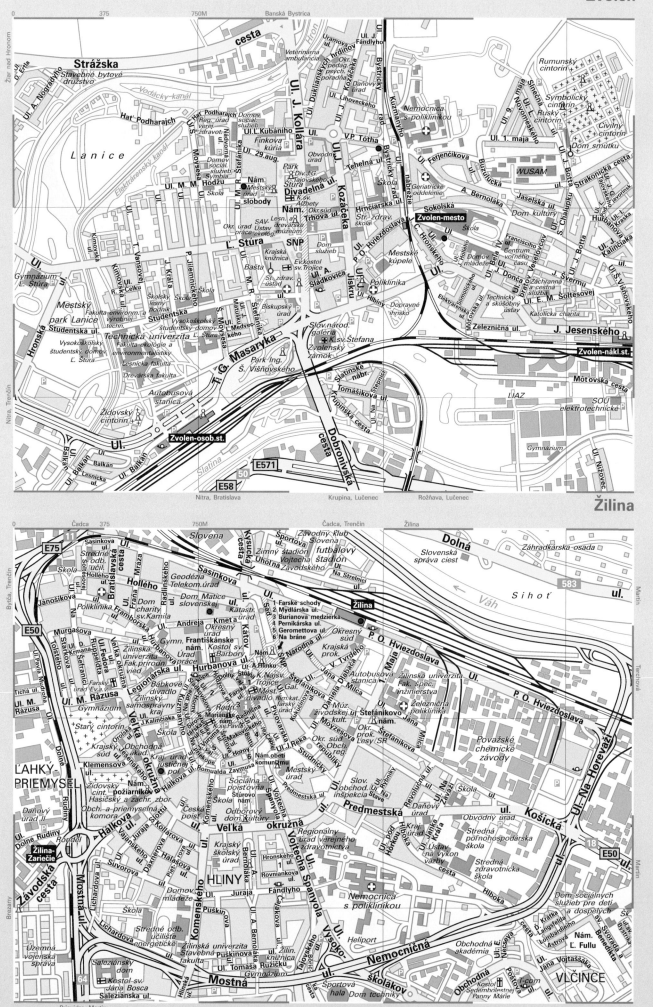

# Register názvov | Index of names | Namenregister | Index des noms
## Elenco dei nomi | Índice de nombres | Rejstřík jmen | Skorowidz nazw
## Navnefortegnelse | Kazalo imena | Namenregister | Névjegzék

| | ① | ② | ③ | ④ | ⑤ |
|---|---|---|---|---|---|
| | 810 00 * | Bratislava | (BRA) | **28-29** | **Sb 60** |
| | 048 01 | Rožňava | (KOŠ) | **18-19** | **Vd 56** |

**①**      *

| | | |
|---|---|---|
| (SK) | Poštové smerovacie číslo | Najmenšie poštové smerovacie číslo v miestach s viacerými poštovými smerovacími čislami |
| (GB) | Postal code | Lowest postcode number for places having several postcodes |
| (D) | Postleitzahl | Niedrigste Postleitzahl bei Orten mit mehreren Postleitzahlen |
| (F) | Code postal | Code postal le plus bas pour les localités à plusieurs codes posteaux |
| (I) | Codice postale | Codice di avviamento postale riferito a città comprendenti più codici di avviamento postale |
| (E) | Código postal | Código postal más bajo en lugares con varios códigos postales |
| (CZ) | Poštovní směrovací číslo | Nejnižší poštovní směrovací číslo v městech s vicenásobnými poštovními směrovacími čísly |
| (PL) | Kod pocztowy | Najwyższy kod pocztowy w przypadku miej-scowości z wieloma kodami pocztowymi |
| (DK) | Postnummer | Laveste postnummer ved byer med flere postnumre |
| (HR) | Poštanski broj | Najniži poštanski broj u mjestima sa više poštanskih brojeva |
| (NL) | Postcode | Laagste postcode bij gemeenten met meerdere postcodes |
| (H) | Irányítószám | Több irányítószámmal rendelkezö helységeknél a legalacsonyabb irányítószám |

| | **②** | | **③** |
|---|---|---|---|
| (SK) | Názov sidla | | Kraj |
| (GB) | Place name | | District |
| (D) | Ortsname | | Bezirk |
| (F) | Localité | | District |
| (I) | Località | | Distretto |
| (E) | Topónimo | | Distrito |
| (CZ) | Městská jména | | Kraj |
| (PL) | Nazwa miejscowości | | Obwod |
| (DK) | Stednavn | | Distrikt |
| (HR) | Naziv naselja | | Pokrajina |
| (NL) | Plaatsnaam | | District |
| (H) | Helységnév | | Kerület |

| | **④** | | **⑤** |
|---|---|---|---|
| (SK) | Číslo strany | | Udanie hľadacieho štvorca |
| (GB) | Page number | | Grid search reference |
| (D) | Seitenzahl | | Suchfeldangabe |
| (F) | Numéro de page | | Coordonnées |
| (I) | Numero di pagina | | Riquadro nel quale si trova il nome |
| (E) | Número de página | | Coordenadas de localización |
| (CZ) | Číslo strany | | Údaje hledacího čtverce |
| (PL) | Numer strony | | Współrzędne skorowidzowe |
| (DK) | Sidetal | | Kvadratangivelse |
| (HR) | Broj stranica | | Koordinatna podjela |
| (NL) | Paginanummer | | Zoekveld-gegevens |
| (H) | Oldalszám | | Keresőadat |

# Kraj | District | Bezirk | District
# Distretto | Distrito | Kraj | Obwod
# District | Pokrajina | District | Kerület

| | | | |
|---|---|---|---|
| **BAN** | Banska Bystrica | **PRE** | Presov |
| **BRA** | Bratislave | **TRE** | Trencin |
| **KOŠ** | Košice | **TRN** | Trnava |
| **NIT** | Nitra | **ŽIL** | Žilina |

## A


985 13 Abelová (BAN) **32-33 Uc58**
980 44 Abovce (BAN) **34-35 Vb59**
925 45 Abrahám (TRN) **24-25 Sd59**
086 43 Abrahamovce (PRE) **8-9 Wc54**
038 22 Abramova (ŽIL) **12-13 Te55**
059 72 Abranámovce (PRE) **18-19 Vc54**
082 52 Abranovce (PRE) **20-21 Wc55**
913 05 Adamovské Kochanovce (TRE) **10-11 Sf55**
067 32 Adidovce (PRE) **22-23 Xa54**
985 07 Admaka (BAN) **16-17 Ue57**
935 85 Agáta (NIT) **30-31 Te60**
Akomáň (NIT) **30-31 Ta60**
078 01 Albínov (KOŠ) **20-21 Wd56**
951 22 Alekšince (NIT) **26-27 Sf58**
900 34 Alžbetin Dvor (BRA) **28-29 Sb60**
082 57 Ambrušovce (PRE) **8-9 Wa53**
946 51 Aňala (NIT) **30-31 Ta61**
946 51 Aňalské Záhrady (NIT) **30-31 Ta61**
951 42 Andač (NIT) **26-27 Sf58**
031 01 Andice (ŽIL) **14-15 Ud54**
941 23 Andovce (NIT) **30-31 Ta61**
085 01 Andrejová (PRE) **8-9 Wc53**
065 43 Andrejovka (PRE) **6-7 Vf53**
966 74 Anglet **26-27 Td57**
980 11 Antálnva Pustatina (BAN) **34-35 Uf58**
991 35 Antalova-Dolinka (BAN) **32-33 Ub59**
962 51 Antalov Laz (BAN) **32-33 Ua59**
Antonov Sad (NIT) **30-31 Tc61**
059 55 Antošovský vrch (PRE) **6-7 Vb53**
943 41 Arad (NIT) **30-31 Tc61**
956 06 Ardanovce (NIT) **26-27 Sf57**
049 55 Ardovo (KOŠ) **34-35 Vc57**
962 25 Arendy (BAN) **16-17 Uc58**
935 41 Arma (NIT) **30-31 Tc60**
053 13 Arnutovce (KOŠ) **18-19 Vc55**
930 28 Ásod (TRN) **30-31 Sf61**


## B


094 31 Babie (PRE) **8-9 Wc54**
029 52 Babín (ŽIL) **4-5 Uc53**
962 64 Babiná (BAN) **16-17 Ua58**
951 53 Babindol (NIT) **26-27 Tb59**
980 26 Babinec (BAN) **34-35 Va57**
980 11 Babin Most (BAN) **34-35 Uf58**
082 67 Babin Potok (PRE) **8-9 Wb54**
013 54 Babiše (ŽIL) **2-3 Td52**
010 07 Babkov (ŽIL) **2-3 Td54**
916 13 Babulícov-Vrch (TRE) **10-11 Sd56**
976 65 Bacúch (BAN) **16-17 Ue55**
962 36 Bacúrov (BAN) **16-17 Ua57**
930 30 Báč (TRN) **28-29 Sc60**
951 15 Bačala (NIT) **30-31 Sf59**
076 84 Bačka (KOŠ) **38 Xa58**
076 61 Bačkov (KOŠ) **20-21 Wd56**
044 45 Bačkovík (KOŠ) **20-21 Wc56**
962 68 Bačovce (BAN) **32-33 Tf59**
951 46 Bádice (NIT) **26-27 Ta58**
976 32 Badín (BAN) **16-17 Ua57**
969 75 Baďan (BAN) **26-27 Te59**
980 31 Bagov (BAN) **34-35 Uf59**
900 84 Báhoň (BRA) **24-25 Sc59**
962 25 Bahylovci (BAN) **16-17 Ub57**
Bahylovci (BAN) **16-17 Ub57**
059 55 Bachledova Dolina (PRE) **6-7 Vb53**
072 54 Bajany (KOŠ) **38 Xa57**
946 54 Bajč (NIT) **30-31 Tb61**
082 41 Bajerov (PRE) **20-21 Wa55**
082 73 Bajerovce (PRE) **6-7 Ve53**
935 51 Bajka (NIT) **30-31 Td60**
943 65 Bajtava (NIT) **30-31 Te61**
930 04 Baka (TRN) **28-29 Sd61**
985 13 Bakanovci (BAN) **16-17 Uc58**
980 34 Bakov (BAN) **34-35 Uf59**
979 01 Bakta (BAN) **34-35 Va58**
Balačinovci (ŽIL) **4-5 Ua53**
976 11 Baláže (Banská Bystrica) (BAN) **14-15 Ub56**
Balaže (Senica) (TRN) **10-11 Sc56**
947 01 Balážov Dielik (NIT) **30-31 Tb61**
947 01 Balážov majer (NIT) **30-31 Tb61**
Bald (BAN) **16-17 Ud56**
053 04 Baldovce **18-19 Ve55**
980 11 Bálince (BAN) **34-35 Uf58**
991 11 Balog nad Ipľom (BAN) **32-33 Ua60**
930 08 Baloň (TRN) **28-29 Se61**
013 31 Bálovci (ŽIL) **2-3 Te53**
946 01 Balvany (NIT) **30-31 Ta62**
985 31 Baňa (BAN) **32-33 Ue59**
091 01 Baňa (PRE) **22-23 Wd53**
044 25 Baňa Lucia (KOŠ) **20-21 Vf56**
Bane (ŽIL) **4-5 Ua53**
971 51 Banícka-Kolónia (TRE) **12-13 Te56**
985 06 Bánik (BAN) **16-17 Ue57**
966 63 Banište **26-27 Te58**
921 01 Banka (TRN) **24-25 Sf57**
Bankov (KOŠ) **20-21 Wb56**
972 25 Banky (Prievidza) (TRE) **12-13 Tc56**
969 01 Banky (Žiar nad Hronom) (BAN) **26-27 Tf58**
941 01 Bánov (NIT) **30-31 Tb60**
010 04 Bánová (ŽIL) **2-3 Te53**
957 01 Bánovce nad Bebravou (TRE) **12-13 Tb56**
072 04 Bánovce nad Ondavou (KOŠ) **20-21 We56**
985 13 Bánov Laz (BAN) **16-17 Uc58**
972 48 Banská **26-27 Td57**
966 15 Banská Belá (BAN) **16-17 Tf58**
974 01 Banská Bystrica (BAN) **16-17 Ua56**
059 12 Banská Kolónia I. (PRE) **18-19 Vc54**
059 12 Banská Kolónia II. (PRE) **18-19 Vc54**
969 01 Banská Štiavnica (BAN) **16-17 Tf58**
023 22 Banské (Čadca) (ŽIL) **2-3 Td52**
094 12 Banské (Vranov nad Topľou) (PRE) **22-23 Wd56**
985 26 Bansko (BAN) **16-17 Ue57**
976 53 Banský grúň (BAN) **16-17 Ue57**
969 01 Banský-Studenec (BAN) **16-17 Tf58**
Bara (KOŠ) **36-37 We58**
914 51 Baračka (TRE) **12-13 Tb55**
941 49 Barák (NIT) **30-31 Tc60**
951 53 Baralsko majere (NIT) **26-27 Tb58**
979 01 Baranička (BAN) **34-35 Va58**
082 57 Baranie (PRE) **8-9 Wa53**
040 17 Barca (Košice-mesto) (KOŠ) **20-21 Wb56**
982 51 Barca (Rimavská Sobota) (BAN) **34-35 Vb58**
982 51 Barclanska Samota (BAN) **34-35 Vb58**
085 01 Bardejovská Nová Ves (PRE) **8-9 Wb53**
085 01 Bardejovska Nova Ves (PRE) **8-9 Wb53**
085 01 Bardejovská Zábava (PRE) **8-9 Wb53**
086 31 Bardejovske Kúpele (PRE) **8-9 Wb53**
941 49 Bardoňovo (NIT) **30-31 Tc60**
Barkovci (BAN) **26-27 Te58**
980 02 Bárta (BAN) **34-35 Va59**
982 01 Barta **34-35 Vc58**
018 13 Bartkovci (Považská Bystrica) (TRE) **2-3 Tb53**
962 25 Bartkov Vŕšok (BAN) **16-17 Ub57**
966 31 Bartošova Lehôtka (BAN) **16-17 Tf57**
086 42 Bartošovce (PRE) **8-9 Wb53**
029 55 Barutová (ŽIL) **4-5 Ub52**
044 20 Baška (KOŠ) **20-21 Wb56**
067 23 Baškovce (Humenné) (PRE) **20-21 Wf54**
073 01 Baškovce (Michalovce) (KOŠ) **22-23 Xb56**
906 14 Bašnarovci **10-11 Sc56**
922 01 Bašovce (TRN) **24-25 Se57**
956 18 Baštín (TRE) **26-27 Tb57**
059 35 Batizovce (PRE) **6-7 Vb54**
980 21 Bátka (BAN) **34-35 Va58**
946 03 Batoňa (NIT) **30-31 Ta61**
991 26 Bátorová (BAN) **32-33 Ub60**
946 34 Bátorove Kosihy (NIT) **30-31 Tc62**
935 03 Bátovce (NIT) **26-27 Te59**
Batov majer (NIT) **30-31 Tc61**
017 05 Bazalovci (ŽIL) **2-3 Td54**
922 21 Bažanov mlyn **26-27 Sf57**
957 01 Bažantnica (Topoľčany) (TRE) **12-13 Tb56**
Bažaotnice (BAN) **32-33 Tf58**
913 10 Beckov (TRE) **10-11 Sf56**
916 31 Beckovská Vieska (TRE) **10-11 Sf56**
974 01 Bečov (BAN) **16-17 Ub57**
065 34 Bednáre (PRE) **6-7 Vc52**
053 05 Beharovce (PRE) **18-19 Ve55**
982 01 Behynce (Rimavská Sobota) (BAN) **34-35 Vb58**
956 07 Behynce (Topoľčany) (TRE) **26-27 Sf57**
086 35 Becherov (PRE) **8-9 Wb52**
930 34 Beketta (TRN) **28-29 Sc61**
038 11 Belá (ŽIL) **14-15 Tf54**
067 81 Belá nad Cirochou (PRE) **22-23 Xa55**
985 05 Belá (Hnúšťa) (BAN) **16-17 Ue57**
943 53 Belá (Nové Zámky) (NIT) **30-31 Td62**
013 05 Belá (Žilina) (ŽIL) **14-15 Tf53**
951 75 Beladice (NIT) **26-27 Tb58**
038 11 Belá-Dulice (ŽIL) **14-15 Tf54**
962 44 Belákov (BAN) **32-33 Ub59**
962 44 Belákov Laz (BAN) **32-33 Ub59**
966 71 Bolanovci **26-27 Td57**
907 01 Belanskovci (TRE) **10-11 Sd56**
018 03 Belejov (TRE) **2-3 Tb53**
089 01 Belejovce (PRE) **8-9 Wd52**
941 48 Belek (NIT) **30-31 Tc60**
Bele Vody (BAN) **16-17 Ud57**
980 35 Beležír (BAN) **34-35 Uf59**
958 42 Belianske štále (TRE) **26-27 Tc57**
980 01 Belín (BAN) **34-35 Va58**
986 01 Belina (BAN) **32-33 Uf59**
023 51 Belkovci (ŽIL) **2-3 Te52**
930 52 Bellova Ves (TRN) **28-29 Sc60**
086 14 Beloveža (PRE) **8-9 Wc53**
969 74 Beluj (BAN) **32-33 Tf58**
991 41 Beluja (BAN) **32-33 Ua59**
018 61 Beluša (TRE) **12-13 Tb54**
018 61 Belušské Slatiny (TRE) **12-13 Tc54**
044 58 Belža (KOŠ) **36-37 Wb57**
032 04 Beňadiková (ŽIL) **14-15 Ue54**
090 42 Beňadikovce (PRE) **8-9 Wd53**
029 53 Beňadovo (ŽIL) **4-5 Uc52**
029 53 Beňadovský Mlýn (ŽIL) **4-5 Ub52**
072 64 Beňatina (KOŠ) **22-23 Xb56**
044 42 Beniakovce (KOŠ) **20-21 Wb56**
038 42 Benice (Martin) (ŽIL) **12-13 Tf55**
031 01 Benicf (ŽIL) **14-15 Ud54**
930 36 Benkova-Potôň (TRN) **28-29 Sd60**
094 02 Benkovce (PRE) **22-23 We55**
014 01 Beňov (ŽIL) **2-3 Tc53**
026 01 Beňova Lehota (ŽIL) **14-15 Ub53**
976 63 Beňuš (BAN) **14-15 Ue56**
032 22 Beňušovce (ŽIL) **4-5 Ud54**
044 13 Bernátovce (KOŠ) **20-21 Wb57**
900 27 Bernolákovo (BRA) **28-29 Sb59**
082 35 Bertotovce (PRE) **20-21 Wa54**
023 01 Beskydok (ŽIL) **2-3 Tf52**
018 02 Besné (TRE) **2-3 Tc53**
935 35 Beša (Levice) (NIT) **30-31 Tc60**
076 72 Beša (Trebišov) (KOŠ) **38 Wf57**
951 21 Bešeňov (Nitra) (NIT) **26-27 Sf58**
941 41 Bešeňov (Nové Zámky) (NIT) **30-31 Tb60**
034 83 Bešeňová (ŽIL) **14-15 Uc54**
984 01 Beter (BAN) **32-33 Ue59**
956 14 Bethlehem (NIT) **26-27 Tb58**
053 15 Betlanovce (KOŠ) **18-19 Vc55**
956 35 Betlehem (Partizánske) **26-27 Tb57**
071 01 Betlenovce (KOŠ) **38 Wf56**
049 21 Betliar (KOŠ) **18-19 Vd56**
914 44 Bežákovci (TRE) **12-13 Tb55**
072 53 Bežovce (KOŠ) **38 Xa57**
044 45 Bidovce (KOŠ) **20-21 Wc56**
076 41 Biel (KOŠ) **38 Xa58**
027 05 Biela (Dolný Kubín) (ŽIL) **4-5 Ua53**
980 11 Biela (Lučenec) (BAN) **34-35 Uf58**
955 01 Biela Bukovina (NIT) **12-13 Ta56**
972 29 Biela Voda (TRE) **12-13 Tc55**
053 76 Biele Vody (KOŠ) **18-19 Vc55**
935 74 Bielovce (NIT) **30-31 Te61**
917 07 Biely Kostol (TRN) **24-25 Sc58**
034 03 Biely Potok (ŽIL) **14-15 Ub54**
962 43 Bieľušnička (BAN) **32-33 Ua58**
053 06 Bijacovce (PRE) **18-19 Ve54**
059 55 Bilíkova chata (PRE) **6-7 Vb54**
908 77 Bílkove Humence (TRN) **24-25 Sb57**
943 56 Bíňa (NIT) **30-31 Td61**
053 32 Bindt (KOŠ) **18-19 Vd55**
919 07 Bíňovce (TRN) **24-25 Sc57**
076 12 Birc (KOŠ) **20-21 Wd57**
951 17 Biróci majer (NIT) **30-31 Sf59**
072 04 Bisce (KOŠ) **20-21 We56**
987 01 Biska (BAN) **32-33 Ue58**
986 01 Biskupice (Lučenec) (BAN) **32-33 Ue59**
957 01 Biskupice (Topoľčany) (TRE) **12-13 Tb56**
911 04 Biskupice (Trenčín) (TRE) **12-13 Ta55**
956 07 Biskupová (NIT) **26-27 Sf58**
Bištava (TRN) **10-11 Sb56**
023 56 Bitalovci (ŽIL) **2-3 Tc52**
010 04 Bitarova (ŽIL) **2-3 Td53**
930 52 Blahová (TRN) **28-29 Sd60**
913 33 Blahušovci (TRE) **12-13 Sf55**
906 06 Blanárovci **10-11 Sc56**
059 55 Blaščatská Dolina (PRE) **6-7 Vb53**
930 32 Blatná na Ostrove (TRN) **28-29 Sc60**
072 44 Blatná Polianka (KOŠ) **38 Xa56**
900 82 Blatné **24-25 Sc59**
072 44 Blatné Remety (KOŠ) **38 Xa56**
072 43 Blatné Revištia (KOŠ) **38 Xa56**
906 15 Blatniakovci (TRE) **10-11 Sd56**
038 15 Blatnica (ŽIL) **12-13 Tf55**
962 05 Blato (BAN) **16-17 Uc57**
044 16 Blažice **20-21 Wc56**
023 02 Blažkov (ŽIL) **2-3 Tf52**
929 01 Blažov (TRN) **28-29 Sd61**
038 44 Blažovce (ŽIL) **12-13 Tf55**
956 01 Blesovce (NIT) **26-27 Ta57**
980 32 Blhovce (BAN) **34-35 Uf59**
962 25 Blýskavica (BAN) **16-17 Ub58**
960 01 Bobek (BAN) **16-17 Ub57**
913 25 Bobot (TRE) **12-13 Tb56**
029 42 Bobrov (ŽIL) **4-5 Ud52**
032 21 Bobrovček (ŽIL) **4-5 Ud54**
032 21 Bobrovec (ŽIL) **14-15 Ud54**
032 23 Bobrovník (ŽIL) **14-15 Uc54**
044 56 Bočiar (KOŠ) **20-21 Wb57**
013 55 Bočinovci (ŽIL) **2-3 Tc53**
031 01 Bodice (ŽIL) **14-15 Ud54**
930 29 Bodíky (TRN) **28-29 Sc61**
018 15 Bodina (TRE) **12-13 Td54**
956 08 Bodok (NIT) **26-27 Ta57**
094 12 Bodor **22-23 Wd55**
038 45 Bodorová (ŽIL) **12-13 Tf55**
925 24 Bodov **28-29 Sc59**
082 66 Bodovce (PRE) **8-9 Wa54**
044 03 Bodovka **18-19 Ve56**
090 05 Bodružaľ (PRE) **8-9 We52**
946 16 Bodza (NIT) **28-29 Se62**
946 16 Bodzianske Lúky (NIT) **30-31 Sf61**
086 04 Bogliarka (PRE) **8-9 Wa53**
966 78 Boháčovci Hribovci (BAN) **26-27 Te57**
947 03 Bohatá (NIT) **30-31 Tb61**
044 16 Bohdanovce (KOŠ) **20-21 Wc57**
919 09 Bohdanovce nad Trnavou (TRN) **24-25 Sd58**
929 01 Boheľov (TRN) **28-29 Se61**
935 05 Bohunice (Levice) (NIT) **26-27 Te59**
018 52 Bohunice (Považská Bystrica) (TRE) **12-13 Tb54**
049 12 Bohúňovo (KOŠ) **34-35 Vc57**
956 01 Bojná (NIT) **26-27 Ta57**
972 01 Bojnice (TRE) **12-13 Td56**
972 01 Bojnice-Kúpele (TRE) **12-13 Td56**
920 55 Bojničky (TRN) **24-25 Se58**
946 39 Bokroš (NIT) **30-31 Tb62**
091 01 Bokša (PRE) **22-23 Wd53**
925 26 Boldog (BRA) **24-25 Sc59**
919 08 Boleráz (TRN) **24-25 Sc58**
018 53 Bolešov (TRE) **12-13 Ta55**
044 47 Boliarov (KOŠ) **20-21 Wc56**
984 01 Bolontov (BAN) **32-33 Ud58**
Boltovo (BAN) **34-35 Va58**
076 53 Boľ (KOŠ) **38 Wf58**
984 01 Boľkovce (BAN) **32-33 Ue58**
Boľkovská Osada (BAN) **32-33 Ue58**
922 11 Boorovci (TRN) **24-25 Se57**
038 44 Borcová (ŽIL) **12-13 Tf55**
956 36 Borčany (TRE) **26-27 Tb57**
018 53 Borčice (TRE) **12-13 Ta55**
044 45 Borda **20-21 Wc56**
023 12 Bordžovci (ŽIL) **2-3 Te52**
900 32 Borinka (BRA) **24-25 Sa59**
951 96 Borisko (NIT) **26-27 Tc58**
049 42 Bôrka (KOŠ) **18-19 Ve57**
Boroskovci (TRE) **10-11 Sd56**
913 05 Borotovec (TRE) **10-11 Sf55**
068 01 Borov (PRE) **8-9 Wf53**
919 61 Borová (TRN) **24-25 Sc58**
922 09 Borovce (TRN) **24-25 Se57**
908 77 Borský Mikuláš (TRN) **24-25 Sb57**
908 77 Borský Peter (TRN) **24-25 Sb57**
908 79 Borský Svätý Jur **24-25 Sa57**
076 32 Borša (KOŠ) **36-37 We58**
935 87 Bory (NIT) **30-31 Te59**
985 53 Bosna (BAN) **16-17 Uc58**
913 07 Bošáca (TRE) **10-11 Sf56**
956 18 Bošany (TRE) **26-27 Tb57**
946 03 Botakla (NIT) **30-31 Sf61**
076 43 Boťany (KOŠ) **38 Xa58**
980 41 Bottovo (BAN) **34-35 Va59**
076 62 Božčice (KOŠ) **20-21 We56**
072 05 Bracovce (KOŠ) **20-21 We57**
982 67 Brádno (BAN) **34-35 Uf57**
951 13 Branč (NIT) **26-27 Ta59**
916 42 Branné (TRE) **10-11 Se55**
941 31 Branovo (NIT) **30-31 Tb60**
810 00 Bratislava (BRA) **28-29 Sb60**
962 06 Bratkovica (BAN) **16-17 Ud57**
976 64 Braväcovo (BAN) **16-17 Ue55**
038 35 Brčná (ŽIL) **12-13 Te54**
049 34 Brdárka (KOŠ) **18-19 Vc56**
962 55 Brdce (BAN) **32-33 Tf59**
076 05 Brehov (KOŠ) **36-37 We58**
968 01 Brehy (BAN) **26-27 Td58**
066 01 Brekov (PRE) **22-23 We55**
985 53 Brestina (BAN) **16-17 Ud57**
067 01 Brestov nad Laborcom (PRE) **8-9 Wf54**
066 01 Brestov (Humenné) (PRE) **20-21 Wf55**
082 05 Brestov (Prešov) (PRE) **20-21 Wc55**
919 27 Brestovany (TRN) **24-25 Sd58**
916 42 Brestové (TRE) **10-11 Se55**
946 17 Brestovec (Komárno) (NIT) **28-29 Se61**
907 01 Brestovec (Senica) (TRN) **10-11 Sd56**
065 22 Brestovky (PRE) **6-7 Vd52**
962 44 Brestový Diel (BAN) **32-33 Ub59**
082 03 Bretejovce (PRE) **20-21 Wb56**
980 46 Bretka (KOŠ) **34-35 Vb58**
Brevenovo (BAN) **34-35 Va57**
029 53 Breza (ŽIL) **4-5 Uc52**
972 12 Brezany (Prievidza) (TRE) **12-13 Td56**
010 04 Brezany (Žilina) (ŽIL) **2-3 Td53**
962 51 Brezina (BAN) **32-33 Ua59**
981 01 Brezina (Rimavská Sobota) (BAN) **34-35 Uf57**
076 12 Brezina (Trebišov) (KOŠ) **36-37 Wd57**
Brezinia (NIT) **26-27 Te58**
962 61 Breziny (Zvolen, Dobrá Niva) (BAN) **16-17 Ua57**
962 61 Breziny (Zvolen, Očová) (BAN) **16-17 Ub57**
091 01 Breznica (PRE) **8-9 Wd54**
985 02 Breznička (Lučenec) (BAN) **16-17 Ue58**
091 01 Breznička (Svidník) (PRE) **22-23 We53**
977 01 Brezno (BAN) **14-15 Ud56**
957 01 Brezolupy (TRE) **12-13 Tb56**
087 01 Brezov (PRE) **8-9 Wc54**
906 13 Brezová pod Bradlom (TRE) **24-25 Sd57**
020 52 Brezová (Považská Bystrica) (TRE) **2-3 Tb53**
962 62 Brezová (Zvolen) (BAN) **32-33 Ua58**
067 73 Brezovec (PRE) **22-23 Xc55**
028 01 Brezovica (Dolný Kubín) (ŽIL) **4-5 Ud52**
082 74 Brezovica (Levoča) (PRE) **6-7 Ve54**
082 74 Brezovička (PRE) **6-7 Ve54**
086 11 Brezovka (PRE) **8-9 Wc53**
985 51 Brezovo (BAN) **16-17 Uc57**
951 96 Brezov štál **26-27 Tc57**
082 41 Brežany (PRE) **20-21 Wa55**
935 02 Brhlovce (NIT) **26-27 Te59**
Briač (BAN) **32-33 Ua59**
018 22 Briestenné (TRE) **12-13 Td54**
038 22 Brieštie (ŽIL) **12-13 Te55**
Briežky (NIT) **30-31 Tb62**
985 01 Briežky (Lučenec) (BAN) **32-33 Ue58**
029 57 Brišovka (ŽIL) **4-5 Ua52**
Brložné (TRE) **26-27 Td57**
985 26 Brložno (BAN) **16-17 Ue57**
032 23 Brnice (ŽIL) **4-5 Ud54**
013 21 Brodno (ŽIL) **2-3 Te53**
908 85 Brodské (TRN) **10-11 Sa56**
958 05 Brodzany (TRE) **26-27 Tc57**
013 54 Bršlica (ŽIL) **2-3 Tc53**
976 51 Bruchačka (BAN) **14-15 Ud56**
916 25 Brunovce (TRE) **24-25 Se56**
913 03 Brúsne (TRE) **12-13 Sf55**
090 31 Brusnica (PRE) **8-9 We54**
991 01 Brusnik (BAN) **32-33 Uc59**
982 64 Brusník (Rimavská Sobota) (BAN) **34-35 Va57**
976 62 Brusno (Banská Bystrica) (BAN) **14-15 Uc56**
372 32 Brusno (Prievidza) (TRE) **12-13 Te56**
976 62 Brusno-kúpele (BAN) **14-15 Uc56**
053 73 Brutovce (PRE) **6-7 Ve54**
943 55 Bruty (NIT) **30-31 Td61**
018 12 Brvnište (TRE) **2-3 Tc53**
049 51 Brzotin (KOŠ) **18-19 Vc57**
086 43 Buclovany (PRE) **8-9 Wc54**
946 35 Búč (NIT) **30-31 Tc62**
919 28 Bučany (TRN) **24-25 Sd58**
029 57 Bučina (ŽIL) **4-5 Ub52**
Bučiny **16-17 Tf56**
916 42 Bučkovec **10-11 Se55**
946 35 Búčsky majer (NIT) **30-31 Tc62**
931 01 Bučuhazá (TRN) **28-29 Sb60**
010 03 Budatín (ŽIL) **2-3 Te53**
024 03 Budatínska Lehota (ŽIL) **2-3 Te53**
962 33 Budča (BAN) **16-17 Ua57**
962 34 Budička (BAN) **16-17 Ua57**
980 23 Budíkovany (BAN) **34-35 Va58**
044 43 Budimír (KOŠ) **20-21 Wb56**
985 12 Budiná (BAN) **16-17 Uc58**
079 01 Budince (KOŠ) **38 Xa57**
985 12 Budinské Lazy (BAN) **16-17 Uc58**
038 23 Budiš (ŽIL) **12-13 Te55**
072 15 Budkovce (KOŠ) **38 Wf57**
900 86 Budmerice (BRA) **24-25 Sc58**
045 01 Budulov (KOŠ) **20-21 Vf57**
082 71 Budzín (PRE) **6-7 Vf54**


Budzín SK 63

962 23 Bugarovo (BAN) ..........16-17 Uc57
053 04 Buglovce (KOŠ) ..........18-19 Vd55
Buchlov ..........12-13 Td56
977 01 Bujakovo (BAN) ..........14-15 Ue56
980 33 Buková (Fiľakovo) (BAN) ..........34-35 Uf59
919 10 Buková (Trnava) (TRN) ..........24-25 Sc57
013 61 Buková (Žilina) (ŽIL) ..........2-3 Td53
090 22 Bukovce (PRE) ..........8-9 Wa53
980 04 Bukové (BAN) ..........34-35 Va59
976 02 Bukovec (Banská Bystrica) (BAN) ..16-17 Ub55
044 20 Bukovec (Košice-vidiek) (KOŠ) ..20-21 Wa56
906 14 Bukovec (Senica) (TRN) ..........10-11 Sc56
972 28 Bukovec (Trenčín) (TRE) ..........12-13 Tc55
991 25 Bukovina (BAN) ..........32-33 Ub59
..........26-27 Te57
032 23 Bukovina (Liptovský Mikuláš) (ŽIL) ..4-5 Uc54
968 01 Bukovina (Nová Baňa) (BAN) ..26-27 Td58
968 01 Bukovina (Rimavská Sobota) (BAN) .16-17 Ue58
957 03 Bukovina (Trenčín) (TRE) ..........12-13 Tb56
985 58 Bukovinka (Fiľakovo) (BAN) ..32-33 Ue59
985 51 Bukovinka (Lučenec) (BAN) ..16-17 Uc58
053 14 Bukovinka (Poprad) (PRE) ..........18-19 Vc54
986 01 Bulhary (BAN) ..........32-33 Ue59
976 39 Bully (BAN) ..........16-17 Ub55
082 33 Bunde (PRE) ..........20-21 Wa54
044 47 Bunetice (KOŠ) ..........20-21 Wc55
072 44 Bunkovce (KOŠ) ..........38 Xa56
929 01 Búšiak (TRN) ..........28-29 Se61
991 22 Bušince (BAN) ..........32-33 Uc59
059 93 Bušovce (PRE) ..........6-7 Vc53
Bušovo ..........12-13 Te55
044 73 Buzica (KOŠ) ..........36-37 Wa57
044 73 Buzice (KOŠ) ..........20-21 Wb57
985 41 Buzitka (BAN) ..........32-33 Ue59
044 41 Byster (KOŠ) ..........20-21 Wc56
977 01 Bystrá (Brezno) (BAN) ..........16-17 Ud55
090 23 Bystrá (Svidník) (PRE) ..........8-9 Wa53
053 62 Bystrany (KOŠ) ..........18-19 Vc55
094 34 Bystré (PRE) ..........20-21 Wd54
972 45 Bystričany (TRE) ..........26-27 Td57
946 38 Bystrička (Komárno) (NIT) ..30-31 Tc62
985 24 Bystrička (Lučenec) (BAN) ..16-17 Ua58
036 01 Bystrička (Martin) (ŽIL) ..........12-13 Tf54
055 66 Bystrý Potok (PRE) ..........18-19 Vd56
076 13 Byšta (KOŠ) ..........36-37 Wd57
014 01 Bytča (ŽIL) ..........2-3 Td53
010 09 Bytčica (ŽIL) ..........2-3 Td53
966 01 Bzenica (BAN) ..........26-27 Te57
082 42 Bzenov (PRE) ..........20-21 Wb55
956 05 Bzince (NIT) ..........26-27 Sf57
916 11 Bzince pod Javorinou (TRE) ..10-11 Se56
026 01 Bziny (ŽIL) ..........14-15 Ub53
913 33 Bzovík (Trenčín) (TRE) ..........12-13 Tf54
962 41 Bzovík (Zvolen) (BAN) ..........32-33 Ua59
962 62 Bzovská Lehôtka (BAN) ..........32-33 Ua58
090 33 Bžany (PRE) ..........8-9 Wd54

## C

951 17 Cabaj ..........26-27 Ta59
951 17 Cabaj-Čápor (NIT) ..........26-27 Ta59
094 14 Cabov (PRE) ..........22-23 Wd56
962 51 Cabradský Vrbovok (BAN) ..32-33 Ua59
951 43 Cakajovce (NIT) ..........26-27 Ta58
980 42 Cakov (BAN) ..........34-35 Vf58
Ceerková (BAN) ..........34-35 Uf59
053 32 Cechy (KOŠ) ..........18-19 Vd55
076 05 Cejkov (KOŠ) ..........36-37 We58
Celeň (KOŠ) ..........34-35 Vc58
018 16 Celkova Lehota (TRE) ..........12-13 Td54
010 01 Celulózka (ŽIL) ..........2-3 Te53
080 01 Cemjata (PRE) ..........20-21 Wb55
090 16 Cernina (PRE) ..........8-9 Wc53
906 33 Cerová (Prievidza) (TRE) ..26-27 Td57
906 33 Cerová (Senica) (TRN) ..........24-25 Sc54
906 33 Cerová (Trnava) (TRN) ..........24-25 Sc57
951 24 Ceroviny (NIT) ..........26-27 Sf58
985 58 Cerovo (Fiľakovo) (BAN) ..32-33 Uf59
962 52 Cerovo (Veľký Krtíš) (BAN) ..32-33 Ua59
082 27 Cervencia (BAN) ..........20-21 Wc55
044 71 Cestice (KOŠ) ..........20-21 Wa57
916 11 Cetuna (TRE) ..........10-11 Se56
Ciarne Blato (BAN) ..........32-33 Tf58
980 55 Cibuľka (BAN) ..........16-17 Ue57
991 42 Ciertaže (BAN) ..........32-33 Ua60
919 43 Cífer (TRN) ..........24-25 Sc59
980 02 Cifra (BAN) ..........34-35 Va59
971 01 Cigeľ (TRE) ..........12-13 Td56
086 02 Cigeľka (PRE) ..........8-9 Wa52
090 14 Cigla (PRE) ..........8-9 Wc52
930 08 Ciližská Radvaň (TRN) ..28-29 Se61
956 37 Cimenná (TRE) ..........12-13 Tb56
020 51 Cingelove (TRE) ..........2-3 Tb54
017 01 Cingelov Laz (TRE) ..........12-13 Tc54
985 22 Cinobaňa (BAN) ..........16-17 Ud58
980 55 Cisárske (BAN) ..........16-17 Ue57
908 48 Cunín (TRN) ..........10-11 Sa56

## Č

951 24 Čab (NIT) ..........26-27 Sf58
Čabajovci ..........2-3 Tc53
067 17 Čabalovce (PRE) ..........8-9 Wf53
067 02 Čabiny (PRE) ..........22-23 Wf53
962 51 Čabrad (BAN) ..........32-33 Ua59
974 01 Čačín (BAN) ..........16-17 Ub56
022 01 Čadca (ŽIL) ..........2-3 Te52
022 01 Čadečka (ŽIL) ..........2-3 Tf52
916 21 Čachtice (TRE) ..........10-11 Se56
935 61 Čajakovo (NIT) ..........30-31 Td61
935 24 Čajkov (NIT) ..........26-27 Td59
935 68 Čaka (NIT) ..........30-31 Tc60
980 32 Čakan (BAN) ..........34-35 Uf59
044 45 Čakanovce (KOŠ) ..........20-21 Wc56
985 58 Čakanovce (Fiľakovo) (BAN) ..32-33 Ue59
930 40 Čakany (TRN) ..........28-29 Sc60
094 35 Čaklov (KOŠ) ..........22-23 Wd55
946 02 Čalovec (KOŠ) ..........30-31 Sf62
956 34 Čaltice (KOŠ) ..........26-27 Tb57
023 31 Čambalovci (ŽIL) ..........2-3 Te53
986 01 Čamovce (BAN) ..........34-35 Uf59

044 14 Čaňa (KOŠ) ..........20-21 Wb57
935 01 Čankov (NIT) ..........30-31 Te59
951 17 Čápor (NIT) ..........26-27 Ta59
953 01 Čaradice (NIT) ..........26-27 Tc58
900 89 Častá (BRA) ..........24-25 Sc58
946 03 Časta (NIT) ..........30-31 Sf61
906 04 Častkov (TRN) ..........10-11 Sc56
076 15 Častkovce (KOŠ) ..........10-11 Se56
960 01 Částobrezie (BAN) ..........16-17 Ub58
935 63 Čata (NIT) ..........30-31 Td61
900 83 Čataj (BRA) ..........24-25 Sc59
Čausianske lazy ..........12-13 Te56
972 29 Čavoj (TRE) ..........12-13 Tc55
991 25 Čebovce (BAN) ..........32-33 Ub59
991 25 Čebovská Bukovina (BAN) ..32-33 Ub59
072 11 Čečehov (KOŠ) ..........38 Wf56
044 71 Čečejovce (KOŠ) ..........20-21 Wa57
930 36 Čečínska-Potôň (TRN) ..28-29 Sd60
985 45 Čecháky (BAN) ..........16-17 Ud57
930 34 Čechová (TRN) ..........28-29 Sc60
980 55 Čechovo (BAN) ..........16-17 Ue57
941 32 Čechy (NIT) ..........30-31 Tc60
951 05 Čechynce (NIT) ..........26-27 Ta59
962 42 Čekovce (BAN) ..........32-33 Ua58
991 22 Čeláre (BAN) ..........32-33 Uc60
082 14 Čeľovce (PRE) ..........8-9 We54
991 24 Čeľovce (Veľký Krtíš) (BAN) ..32-33 Ua59
951 03 Čeľadice (NIT) ..........26-27 Tb59
951 03 Čeľadince (NIT) ..........26-27 Tb57
076 07 Čeľovce (Trebišov) (KOŠ) ..20-21 Wd57
093 03 Čemerné (PRE) ..........22-23 Wd55
059 13 Čenčice (PRE) ..........18-19 Vc54
980 02 Čeníž (BAN) ..........34-35 Va59
929 01 Čenkesta ..........28-29 Sd61
943 52 Čenkov (NIT) ..........30-31 Td62
930 39 Čenkovce (TRN) ..........28-29 Sc60
985 42 Čerenča (BAN) ..........34-35 Uf59
049 11 Čepkov ..........34-35 Vc57
972 46 Čerenčany (TRE) ..........26-27 Tc57
018 61 Čerencové (TRE) ..........12-13 Tc54
979 01 Čerenčany (BAN) ..........34-35 Uf58
985 54 Čerenianske štale (TRE) ..26-27 Td57
945 04 Čerhát (NIT) ..........30-31 Ta62
076 07 Čerhov (KOŠ) ..........36-37 Wd58
974 01 Čerín (BAN) ..........16-17 Ub57
949 01 Čermáň (NIT) ..........26-27 Ta59
956 08 Čermany (NIT) ..........26-27 Ta58
941 05 Černík (NIT) ..........30-31 Tb60
067 23 Černina (PRE) ..........20-21 We54
076 32 Černochov (KOŠ) ..........36-37 We58
916 01 Černochov Vrch (TRE) ..10-11 Se56
034 06 Čertov (ŽIL) ..........14-15 Ub54
980 55 Čeršňové (BAN) ..........16-17 Ue57
991 42 Čertenie (BAN) ..........32-33 Ua59
067 52 Čertižné (PRE) ..........8-9 Wf52
Čertova svadba (BAN) ..14-15 Ue55
960 01 Čertove Kúty (BAN) ..16-17 Ub58
985 07 Čertove Potôčky (BAN) ..16-17 Ue57
980 53 Čertov Vrch (BAN) ..........34-35 Uf58
985 02 Červeň (BAN) ..........32-33 Ua58
962 42 Červená Hlina (BAN) ..32-33 Ua59
963 01 Červena Hord (BAN) ..........32-33 Ua58
991 01 Červeňany (BAN) ..........32-33 Uc58
049 64 Červeňany (BAN) ..........18-19 Va57
976 71 Červená skela (BAN) ..18-19 Va56
083 01 Červená Voda (PRE) ..........8-9 Wa54
962 26 Červená Voda (Zvolen) (BAN) ..16-17 Ub58
067 24 Červené (PRE) ..........20-21 Wa54
082 56 Červenica pri Sabinove (PRE) ..8-9 Wa54
920 42 Červeník (TRN) ..........24-25 Sa58
951 82 Červený Hrádok (NIT) ..26-27 Tc59
018 56 Červený Kameň (TRE) ..12-13 Td54
059 06 Červený Kláštor (PRE) ..6-7 Vc52
059 06 Červený Kláštor-kúpele (PRE) ..6-7 Vc52
903 01 Červený majer (BRA) ..24-25 Sc59
941 32 Červený majer (NIT) ..30-31 Tb61
985 03 České Brezovo (BAN) ..16-17 Ud58
013 01 Čiakov (ŽIL) ..........2-3 Td53
076 71 Čičarovce (KOŠ) ..........38 Wf57
093 01 Čičava (PRE) ..........22-23 We55
013 17 Čičmany (ŽIL) ..........12-13 Tf55
946 19 Čičov (NIT) ..........28-29 Se62
956 53 Čierna Lehota (TRE) ..12-13 Tb55
076 43 Čierna (KOŠ) ..........38 Xa58
076 43 Čierna nad Tisou (KOŠ) ..38 Xa58
053 01 Čierna Dolina ..........26-27 Tb58
049 36 Čierna Hora (KOŠ) ..........18-19 Vd55
049 36 Čierna Lehota (Revúca) (BAN) ..18-19 Vb56
980 11 Čierna Lúka (KOŠ) ..........34-35 Uf58
980 55 Čierna Skala (BAN) ..........18-19 Uf57
831 07 Čierna Voda (BRA) ..........24-25 Sb59
925 06 Čierna Voda (TRN) ..........28-29 Sd60
034 91 Čierna (ŽIL) ..........14-15 Ua54
013 55 Čierne ..........2-3 Tc53
094 34 Čierne nad Topľou ..........20-21 Wd55
023 13 Čierne (Čadca, Čadca) (ŽIL) ..2-3 Te52
023 56 Čierne (Čadca, Turzovka) (ŽIL) ..2-3 Tc52
953 02 Čierne Kľačany (NIT) ..26-27 Tb58
079 01 Čierne Pole (KOŠ) ..........38 Xa57
966 11 Čierne Zeme ..........16-17 Tf57
976 52 Čierny Balog (BAN) ..16-17 Ud56
925 08 Čierny Brod (TRN) ..........28-29 Sd60
946 03 Čierny Chrbát (NIT) ..30-31 Sf61
925 08 Čierny Les (TRN) ..........28-29 Sd61
976 46 Čierny Potok (Brezno) (BAN) ..16-17 Ud56
980 31 Čierny Potok (Rimavská Sobota) (BAN) ..34-35 Uf59
966 74 Čierny štál (BAN) ..26-27 Tc57
032 33 Čierny Váh (ŽIL) ..........18-19 Uf54
937 01 Čierny Vrch (BAN) ..........34-35 Uf58
951 61 Čifáre (NIT) ..........26-27 Tb59
946 03 Čigáš (NIT) ..........26-27 Td58
951 48 Číky (NIT) ..........30-31 Ta60
931 01 Čilistov (TRN) ..........28-29 Sb60
027 12 Čimhová (NIT) ..........4-5 Ue52
Čingov ..........18-19 Vc55
Čipkovci (ŽIL) ..........2-3 Td52
065 42 Čirč (PRE) ..........6-7 Vf53
985 07 Čistý Potok (BAN) ..16-17 Ue57
Číž (BAN) ..........34-35 Vb59
044 47 Čižatice (KOŠ) ..........20-21 Wc56
038 38 Číž-kúpele (BAN) ..34-35 Vb59
049 12 Čoltovo (KOŠ) ..........34-35 Vc58
991 23 Čomor (BAN) ..........32-33 Uc59
930 39 Čörge ..........28-29 Sc60

Čremoš (BAN) ..........16-17 Ue57
039 01 Čremošné (ŽIL) ..........16-17 Tf55
962 25 Črhľa (BAN) ..........16-17 Ub58
076 33 Čubáková Samota (KOŠ) ..36-37 We58
043 01 Čučma (KOŠ) ..........16-17 Vb56
067 35 Čukalovce (PRE) ..........22-23 Xa54
930 51 Čukárska Paka (TRN) ..28-29 Sc60
956 54 Čuklasovce (TRE) ..........12-13 Ta56
851 10 Čulany (TRN) ..........28-29 Sc61
Čuňovo (BRA) ..........28-29 Sb60
962 43 Čuntava (KOŠ) ..........18-19 Vb55

## D

082 63 Daletice (PRE) ..........20-21 Wa54
076 12 Dancov Potok (KOŠ) ..36-37 Wd57
906 14 Dankovci ..........10-11 Sc56
053 22 Daňušovce (KOŠ) ..........18-19 Vd55
982 52 Dapša ..........34-35 Vb59
076 61 Dargov (KOŠ) ..........20-21 Wd56
916 36 Daštinského Kopanica (TRE) ..26-27 Sf57
093 01 Davidov (PRE) ..........22-23 Wd56
916 37 Debnárov štál (BAN) ..26-27 Td57
044 23 Debrad' (KOŠ) ..........20-21 Vf57
991 35 Dečov Lom (BAN) ..........32-33 Ub59
067 12 Dedačov (PRE) ..........22-23 Wf54
946 04 Dedina Mládeže (NIT) ..30-31 Sf61
985 45 Dedinka (Hriňová) (BAN) ..16-17 Ud57
941 50 Dedinka (Nové Zámky) (NIT) ..30-31 Tc60
900 29 Dedinka pri Dunaji (BRA) ..28-29 Sc59
049 73 Dedinky (KOŠ) ..........18-19 Vc55
Dedinská ..........18-19 Uf55
930 24 Dedinská lúka (TRN) ..28-29 Sd61
Dedinský Ostrov ..........28-29 Sd61
919 53 Dechtice (TRN) ..........24-25 Sc57
969 01 Dekýš (BAN) ..........26-27 Te58
936 53 Delín (BAN) ..........18-19 Vb56
935 85 Demandice (NIT) ..........30-31 Te60
Demänová (ŽIL) ..........4-5 Ua52
031 01 Demänová (ŽIL) ..........14-15 Ud54
032 51 Demänovská Dolina (ŽIL) ..14-15 Ud55
082 13 Demjata (PRE) ..........8-9 Wb54
027 05 Demkovská (ŽIL) ..........4-5 Ua53
966 24 Dererov Mlyn (BAN) ..26-27 Te57
027 05 Dešná (PRE) ..........2-3 Tb53
094 31 Detrík (PRE) ..........20-21 Wd54
962 11 Detva (BAN) ..........16-17 Uc57
962 13 Detva-Sidlisko (BAN) ..16-17 Uc57
962 12 Detvianska Huta (BAN) ..16-17 Ud57
935 04 Devičany (NIT) ..........26-27 Te59
962 65 Devičie (BAN) ..........32-33 Tf59
841 05 Devín (BRA) ..........28-29 Rf59
840 09 Devinska Nova Ves (BRA) ..24-25 Rf59
841 07 Devinske Jazero (BRA) ..24-25 Rf59
957 03 Dežerice (TRE) ..........12-13 Tb56
038 02 Diakova (Martin, Dražkovce) (ŽIL) ..14-15 Tf54
038 45 Diaková (Martin, Malý Čepčín) (ŽIL) ..12-13 Tf55
925 81 Diakovce (NIT) ..........30-31 Sf60
985 53 Diel (BAN) ..........16-17 Ue57
980 61 Dielik (BAN) ..........18-19 Uf56
Dievčenské Pole (BAN) ..34-35 Va59
044 19 Dilkoš ..........20-21 Wc56
906 23 Dinžíkova-Dolina ..........10-11 Sd56
943 42 Diva (NIT) ..........30-31 Td61
972 24 Diviacka Nová Ves (TRE) ..12-13 Tc56
972 25 Diviaky nad Nitricou (TRE) ..12-13 Tc56
985 52 Divín (BAN) ..........16-17 Ud58
013 31 Divina (ŽIL) ..........2-3 Td53
013 31 Divinka (ŽIL) ..........2-3 Te53
031 04 Dkoličné (ŽIL) ..........14-15 Ud54
919 01 Dlhá (TRN) ..........24-25 Sc58
093 01 Dlhá ..........22-23 We55
023 54 Dlhá nad Kysucou (ŽIL) ..2-3 Td52
027 55 Dlhá nad Oravou (ŽIL) ..4-5 Uc53
927 01 Dlhá nad Váhom (TRE) ..28-29 Sf59
976 53 Dlhá Lúka (BAN) ..........16-17 Ue57
085 01 Dlhá Lúka (PRE) ..........8-9 Wb53
032 24 Dlhá Lúka (ŽIL) ..........4-5 Ud54
049 55 Dlhá Ves (KOŠ) ..........34-35 Vc58
067 82 Dlhé nad Cirochou (PRE) ..22-23 Xa55
841 04 Dlhé diely (BAN) ..........26-27 Sf58
094 13 Dlhé Klčovo (PRE) ..22-23 Wd56
013 32 Dlhé Pole (ŽIL) ..........2-3 Td53
054 01 Dlhé Stráže (PRE) ..........18-19 Vd54
090 02 Dlhoňa (PRE) ..........8-9 Wd52
985 53 Dlhý Diel (BAN) ..........16-17 Ud57
906 15 Dlhý Vášok (TRE) ..........10-11 Sd56
972 26 Džlín (TRE) ..........12-13 Td56
044 71 Dobagov (BAN) ..........30-31 Td59
023 31 Dobošovci (ŽIL) ..........2-3 Te52
980 41 Dobrá (Rimavská Sobota) (BAN) ..34-35 Va59
076 41 Dobrá (Trebišov) (KOŠ) ..38 Xa58
914 01 Dobrá (Trenčín) (TRE) ..12-13 Ta55
Dobrá (Vranov nad Topľou) (PRE) ..20-21 Wd54
962 61 Dobrá Niva (BAN) ..........16-17 Ua58
919 54 Dobrá Voda (TRN) ..........24-25 Sd57
053 61 Dobrá Voľa (KOŠ) ..........18-19 Vc55
962 42 Dobrocky vrch (BAN) ..32-33 Ua58
976 52 Dobroč (Banská Bystrica) (BAN) ..16-17 Ua56
985 56 Dobroč (Lučenec) (BAN) ..16-17 Ud58
972 27 Dobročná (PRE) ..........12-13 Tc56
930 31 Dobrohošť (TRN) ..........28-29 Sc61
090 01 Dobroslava (PRE) ..........8-9 Wd52
980 52 Dobróšte (BAN) ..........34-35 Uf58
980 34 Dobroslava (BAN) ..........32-33 Uc59
985 26 Dobrý Potok (BAN) ..........16-17 Ud57
049 25 Dobšiná (KOŠ) ..........18-19 Vb56
049 73 Dobšinská Ladová (KOŠ) ..18-19 Vb55
049 73 Dobšinská Maša (KOŠ) ..18-19 Vb55
076 33 Dobytčí Dvor (KOŠ) ..36-37 Wd57
907 01 Dohánkovci (TRE) ..........10-11 Sc56
020 51 Dohňany (TRE) ..........2-3 Tb54
906 02 Dojč (TRN) ..........24-25 Sb56
966 02 Dokoniarov (BAN) ..........26-27 Td58
985 13 Dolina (BAN) ..........16-17 Uc58
Dolina (KOŠ) ..........18-19 Vf55
976 52 Dolina (BAN) ..........16-17 Ue57
928 01 Dolina (Dolný Kubín) (ŽIL) ..4-5 Ua53
018 26 Dolina (Považská Bystrica) (TRE) ..2-3 Td54
038 28 Dolina (Rožňava) (KOŠ) ..20-21 Vf55
916 36 Dolina (Topoľčany) (TRE) ..26-27 Sf57
992 01 Dolina (Veľký Krtíš, Modrý Kameň) (BAN) ..32-33 Ub59

991 02 Dolina (Veľký Krtíš, Veľký Krtíš) (BAN) ..32-33 Ud59
966 15 Dolina (Žiar nad Hronom, Banská Belá) (BAN) ..16-17 Tf58
966 52 Dolina (Žiar nad Hronom, Tekovská Breznica) (BAN) ..26-27 Td58
991 35 Dolinka (Veľký Krtíš, Veľký Krtíš) (BAN) ..32-33 Ua60
991 28 Dolinka (Veľký Krtíš, Vinica) (BAN) ..32-33 Ua60
020 53 Dolinky (Považská Bystrica) (TRE) ..2-3 Tb53
980 61 Dolinky (Rimavská Sobota) (BAN) ..18-19 Uf57
962 41 Dolinky (Veľký Krtíš) (BAN) ..32-33 Ua59
962 63 Dolinky (Zvolen) (BAN) ..16-17 Ub58
020 51 Dolny (TRE) ..........2-3 Tb53
985 31 Dolná baba (BAN) ..........32-33 Ue59
020 61 Dolná Breznica (TRE) ..12-13 Tb54
030 31 Dolná Breznica (TRN) ..16-17 Ud57
919 65 Dolná Krupá (TRN) ..........24-25 Sd58
976 98 Dolná Lehota (Banská Bystrica) (BAN)
027 41 Dolná Lehota (Dolný Kubín) (ŽIL) ..4-5 Uc53
018 02 Dolná Maríková (TRE) ..2-3 Tc53
974 01 Dolná Mičiná (BAN) ..16-17 Ub56
974 06 Dolná Mólča (BAN) ..16-17 Ub56
012 01 Dolná Poruba (TRE) ..12-13 Tb55
922 11 Dolná Pustá Ves (TRN) ..24-25 Sd57
962 05 Dolná Riečka (BAN) ..........16-17 Ua57
935 31 Dolná Seč (NIT) ..........30-31 Td59
935 31 Dolná Slatinka (BAN) ..32-33 Ue58
935 31 Dolná Streda (TRN) ..24-25 Se59
991 02 Dolná Strehová (BAN) ..32-33 Uc59
923 01 Dolná Súča (TRE) ..........12-13 Ta55
966 42 Dolná Šajba (BAN) ..26-27 Td58
039 01 Dolná-Štubňa (ŽIL) ..16-17 Tf55
930 33 Dolná Telka (BAN) ..32-33 Ud59
013 04 Dolná Tižina (ŽIL) ..........2-3 Tf53
966 21 Dolná Trnávka (BAN) ..26-27 Te57
966 31 Dolná Ves (BAN) ..........16-17 Tf57
966 63 Dolná Vrbina (BAN) ..32-33 Ub59
913 33 Dolná-Závrská (BAN) ..........12-13 Tf55
966 01 Dolná Ždaňa (BAN) ..........26-27 Te57
916 01 Dolné Breziny (BAN) ..16-17 Ua57
956 54 Dolné Držkovce (TRE) ..12-13 Tb56
919 52 Dolné Dubové (TRN) ..24-25 Sc58
966 77 Dolné Dvory (BAN) ..........26-27 Te57
985 53 Dolné Fatáky (BAN) ..16-17 Ud58
966 61 Dolné Hámre (BAN) ..26-27 Td58
955 04 Dolné Chlebany (NIT) ..26-27 Tb57
930 39 Dolné Janíky (TRN) ..28-29 Sc60
038 02 Dolné Jaseno (ŽIL) ..14-15 Tf54
960 01 Dolné Kočkovce (TRE) ..12-13 Tb54
963 01 Dolné-Kopanice (BAN) ..32-33 Ua58
906 15 Dolné Košariská (TRE) ..24-25 Se58
930 03 Dolné Krížovany (NIT) ..30-31 Ta60
949 05 Dolné Krškany (NIT) ..26-27 Ta59
Dolné Ľazy Ivanišovo (NIT) ..16-17 Uc57
951 45 Dolné Lefantovce (NIT) ..26-27 Ta58
972 43 Dolné Lelovce (TRE) ..12-13 Td56
919 27 Dolné Lovčice (TRE) ..24-25 Se58
951 96 Dolné Lučno (NIT) ..........26-27 Td58
962 42 Dolné Mladonice (BAN) ..32-33 Ua58
913 26 Dolné Motešice (TRE) ..12-13 Tb56
957 01 Dolné Našrice (TRE) ..........12-13 Tb56
951 02 Dolné Obdokovce (NIT) ..26-27 Tb59
920 01 Dolné Orešany (TRN) ..24-25 Sc58
920 61 Dolné Otrokovce (TRN) ..26-27 Sf58
920 02 Dolné Ozorovce (TRE) ..12-13 Tb56
906 11 Dolné Paseky (TRE) ..24-25 Sc56
985 51 Dolné Paučíkovo (BAN) ..16-17 Ud57
966 71 Dolné Pecne (BAN) ..26-27 Td57
991 24 Dolné Plachtince (BAN) ..32-33 Ua60
991 07 Dolné Podlužany (BAN) ..32-33 Ub60
991 25 Dolné Pribelce (BAN) ..32-33 Ub59
038 02 Dolné Rykynčice (BAN) ..32-33 Tf59
985 51 Dolné Saliby (TRN) ..28-29 Se60
935 84 Dolné Semerovce (NIT) ..30-31 Te60
916 41 Dolné Srnie (TRE) ..........10-11 Se56
991 04 Dolné Strháre (BAN) ..32-33 Ua59
Dolné Štitáre (NIT) ..........26-27 Ta58
962 68 Dolné Terany (BAN) ..32-33 Tf59
930 11 Dolné Topoľníky (TRN) ..28-29 Se61
991 25 Dolné Trhovište (BAN) ..26-27 Sf58
935 81 Dolné Turovce (NIT) ..32-33 Tf60
972 23 Dolné Vestenice (TRE) ..12-13 Tc56
985 42 Dolné Vyšeľany (BAN) ..32-33 Ua58
952 02 Dolné Zelenice (TRE) ..24-25 Se58
962 51 Dolný Badín (BAN) ..32-33 Ua59
991 02 Dolný Bar (TRN) ..........28-29 Se61
991 02 Dolný Bukovec (BAN) ..32-33 Uc59
956 01 Dolný Čížovec (BAN) ..26-27 Ta57
922 07 Dolný Dvor (BAN) ..........22-23 We56
935 34 Dolný Ďur (NIT) ..........30-31 Te59
976 03 Dolný Harmanec (BAN) ..14-15 Ua56
963 01 Dolný Hostinec (BAN) ..32-33 Ua59
013 41 Dolný Hričov (ŽIL) ..........2-3 Td53
020 51 Dolný Chotár (TRN) ..30-31 Sf60
962 41 Dolný Jalšovík (BAN) ..32-33 Ua59
013 41 Dolný Kalník (ŽIL) ..........14-15 Tf54
026 01 Dolný Kubín (ŽIL) ..........14-15 Ub53
018 21 Dolný Lieskov (TRE) ..12-13 Tc54
922 04 Dolný Lopašov (TRN) ..24-25 Sd57
951 34 Dolný majer (TRN) ..26-27 Sf59
017 01 Dolný Milochov (TRE) ..12-13 Tc54
017 01 Dolný Moštenec (TRE) ..12-13 Tc54
941 43 Dolný Ohaj (NIT) ..........30-31 Tb60
951 53 Dolný Pial (NIT) ..........30-31 Tc60
956 38 Dolný Riadok (BAN) ..26-27 Tb57
059 81 Dolný Smokovec (PRE) ..6-7 Vb54
930 10 Dolný Štál (TRN) ..........28-29 Se61
951 15 Dolný Šverník (NIT) ..30-31 Ta59
962 75 Dolný Tisovnik (BAN) ..32-33 Uc59
038 48 Dolný Turček (BAN) ..12-13 Tf56
023 45 Dolný Vadičov (ŽIL) ..........2-3 Tf53
985 13 Dolný Vinodol (NIT) ..16-17 Uc58
966 71 Dolný Župkov (BAN) ..26-27 Td57
053 02 Doľany (Spišská Nová Ves) (KOŠ) ..18-19 Vd54
900 84 Doľany (Trnava) (BRA) ..24-25 Sc58
900 44 Doma (Bratislava) (BRA) ..28-29 Sc60
Doma (Rimavská Sobota) (BAN) ..34-35 Va59
935 87 Domadice (NIT) ..........30-31 Te58
962 65 Domaniky (BAN) ..........32-33 Tf59

018 16 Domanižská Lehota (TRE) ..12-13 Td54
053 02 Domaňovce (PRE) ..18-19 Vd54
910 01 Domaša (NIT) ..........30-31 Td60
935 61 Domašská Kolónia (NIT) ..30-31 Td61
916 36 Dominova Kopanica (TRE) ..26-27 Sf57
966 63 Domky (BAN) ..........26-27 Te58
Dóna (BAN) ..........34-35 Va59
Doně Sľažany (NIT) ..26-27 Tb58
976 39 Donovaly (BAN) ..16-17 Ub55
985 41 Dona (BAN) ..........32-33 Ue58
065 46 Doštená (PRE) ..........6-7 Vc54
033 03 Dravolovo (ŽIL) ..........14-15 Ue54
065 34 Dox (PRE) ..........6-7 Vc53
976 53 Drábsko (BAN) ..16-17 Ud57
076 74 Drahňov (KOŠ) ..........38 Wf57
022 01 Drahošanka (ŽIL) ..2-3 Te52
985 06 Drahová (BAN) ..16-17 Ue57
922 41 Drahovce (TRN) ..24-25 Se57
053 14 Dravce (PRE) ..........18-19 Vc54
980 23 Dražice (BAN) ..34-35 Va58
038 02 Dražkovce (ŽIL) ..........12-13 Tf54
949 01 Dražovce (Nitra) (NIT) ..26-27 Ta58
962 68 Dražovce (Sebechleby) (BAN) ..32-33 Tf59
020 54 Drdákovci (TRE) ..........2-3 Ta53
910 31 Drgonova Dolina (TRE) ..10-11 Sd56
090 24 Driečna (PRE) ..........8-9 We53
083 01 Drienčany (BAN) ..34-35 Va58
083 01 Drienica (PRE) ..........8-9 Wa54
082 04 Drienov (PRE) ..........20-21 Wb55
969 01 Drienová (BAN) ..........16-17 Tf58
044 01 Drienovec (KOŠ) ..........20-21 Vf57
013 03 Drieňovka (BAN) ..32-33 Uc59
962 51 Drienovo (BAN) ..32-33 Ua59
913 03 Drienovská Nová Ves (PRE) ..20-21 Wb55
Drňa (BAN) ..........34-35 Va59
049 42 Drnava (Rožňava) (KOŠ) ..18-19 Vd57
991 02 Drnava (Veľký Krtíš) (BAN) ..32-33 Ud59
930 28 Dropie (TRN) ..........28-29 Se61
029 63 Druhá Strana (ŽIL) ..........4-5 Ub52
Druhý Hámor (KOŠ) ..26-27 Te58
044 31 Družstevná pri Hornáde (KOŠ) ..20-21 Wb56
935 03 Drženice (NIT) ..........26-27 Te59
982 62 Držkovce (BAN) ..34-35 Vb57
086 45 Ďúbie (PRE) ..........8-9 Wc53
024 01 Dubie (ŽIL) ..........2-3 Te53
059 16 Dubina ..........18-19 Vd54
086 12 Dubinné (PRE) ..........8-9 Wc53
020 55 Dubková (ŽIL) ..........2-3 Tb53
972 01 Dubnica ..........12-13 Td56
018 41 Dubnica nad Váhom (TRE) ..12-13 Tb55
013 23 Dubničika (TRE) ..........12-13 Tb56
941 35 Dubník (NIT) ..........30-31 Tc60
082 07 Dubník (Vranov nad Topľou) (PRE) ..20-21 Wb55
980 35 Dubno (BAN) ..........34-35 Va59
913 23 Dubodiel (TRE) ..........12-13 Tb55
900 90 Dubová (Bratislava-vidiek) (BRA) ..24-25 Sc58
090 14 Dubová (Svidník) (PRE) ..8-9 Wc52
922 08 Dubovany (TRN) ..24-25 Se57
Dubovce (TRN) ..........10-11 Sb56
Dubové (BAN) ..........14-15 Uc56
038 23 Dubové (Martin) (ŽIL) ..12-13 Te55
962 61 Dubové (Zvolen) (BAN) ..16-17 Ua58
980 41 Dubovec (BAN) ..34-35 Va59
082 71 Dubovica (PRE) ..........6-7 Vf54
962 41 Dúbrava (BAN) ..........32-33 Ua59
Dúbrava (BAN) ..........26-27 Tf57
Dúbrava (Hnúšťa) (BAN) ..34-35 Uf57
053 05 Dúbrava (Krompachy) ..18-19 Vc54
032 12 Dúbrava (Liptovský Mikuláš) (ŽIL) ..14-15 Ud54
082 06 Dúbrava (Prešov) (PRE) ..20-21 Wb55
916 01 Dúbrava (Senica) (BAN) ..10-11 Sd56
067 73 Dúbrava (Snina) (PRE) ..22-23 Xc55
913 33 Dúbrava (Trenčín) (TRE) ..12-13 Tf55
922 11 Dúbrava (Trnava) (TRN) ..24-25 Sd57
962 41 Dúbrava (Veľký Krtíš) (BAN) ..32-33 Ua59
Dúbrava (BAN) ..........16-17 Ua57
976 33 Dúbravica (BAN) ..16-17 Ub56
Dúbravka (BAN) ..32-33 Ub59
841 01 Dúbravka (BRA) ..........28-29 Rf59
072 15 Dúbravka (Trebišov) (KOŠ) ..20-21 Wd57
901 01 Dúbravka (Zvolen, Zvolen) (BAN) ..16-17 Ua57
962 24 Dúbravy (BAN) ..........16-17 Uc57
922 21 Ducové (TRN) ..........24-25 Sf57
962 71 Dudince (BAN) ..........32-33 Tf59
962 52 Duchonec (BAN) ..32-33 Uf59
956 22 Duchonka (NIT) ..26-27 Ta56
086 44 Dukovce (TRE) ..........8-9 Wc54
038 11 Dulice ..........14-15 Tf55
018 52 Dulov (TRE) ..........12-13 Tb56
082 52 Dulova Ves (PRE) ..20-21 Wb55
946 56 Dulovo (KOŠ) ..........30-31 Ta61
980 21 Dulovo (BAN) ..34-35 Va58
Dunaalmás (NIT) ..........30-31 Tb62
023 02 Dunajov (ŽIL) ..........2-3 Td52
900 42 Dunajská Lužna (BRA) ..28-29 Sc60
946 31 Dunajská Streda (TRN) ..28-29 Sd61
930 21 Dunajský Klátov (TRN) ..28-29 Sd60
091 01 Duplín (PRE) ..........8-9 Wd53
980 41 Durenda (BAN) ..........34-35 Uf59
Durkovce (BAN) ..........32-33 Ua58
927 01 Duslo Šaľa (NIT) ..30-31 Sf59
Dutášov Vršok (BAN) ..32-33 Ua59
979 01 Dúža (BAN) ..........34-35 Uf58
900 89 Dvor ..........26-27 Tf58
956 11 Dvorany nad Nitrou (NIT) ..26-27 Ta58
038 45 Dvorec (Martin) (ŽIL) ..12-13 Tf55
957 01 Dvorec (Topoľčany) (TRE) ..12-13 Tb56
941 35 Dvorianky (KOŠ) ..20-21 We56
941 35 Dvor Mikuláš (NIT) ..30-31 Td61
055 01 Dvorníky (KOŠ) ..........18-19 Vf57
972 22 Dvorníky nad Nitricou (TRE) ..12-13 Tc56
956 55 Dvorníky (Trnava) (TRN) ..24-25 Se58
044 02 Dvorníky-Včeláre (KOŠ) ..18-19 Vd57
017 01 Dvorského Laz (TRE) ..12-13 Tc54
034 01 Dvory nad Žitavou (NIT) ..30-31 Tb60
953 53 Dyčianska Dolina (NIT) ..26-27 Tb59
952 01 Dyčka (NIT) ..........30-31 Ta59
Dyorniky (BAN) ..........32-33 Tf59

## Ď

082 71 Ďačov (PRE) ..........6-7 Vf54
038 42 Ďanová (ŽIL) ..........12-13 Tf55

094 05 Ďapalovce (PRE)........22-23 We54
985 07 Ďubákovo (BAN)........16-17 Ue57
985 31 Ďugdel (BAN)........32-33 Ua59
945 01 Ďulov Dvor (NIT)........30-31 Tb62
065 34 Ďura (PRE)........6-7 Vc52
985 12 Ďurášovci (ŽIL)........4-5 Ua53
   Ďurcovia (TRE)........10-11 Sd56
015 01 Ďurčiná (ŽIL)........12-13 Td54
094 31 Ďurďoš (PRE)........20-21 Wd54
044 45 Ďurďošík (KOŠ)........20-21 Wc56
018 22 Ďurďové (TRE)........12-13 Td54
935 05 Ďurica (NIT)........26-27 Te58
972 47 Ďurišove štále (TRE)........26-27 Td57
023 21 Ďurkačovci (ŽIL)........2-3 Td52
044 19 Ďurkov (KOŠ)........20-21 Wc56
065 41 Ďurková (PRE)........6-7 Vf53
985 06 Ďurkovka (BAN)........16-17 Ue57

**E**

076 11 Egreš (KOŠ)........20-21 Wd57
985 31 Egrisov (BAN)........32-33 Ue59
900 44 Eliášovce (BRA)........28-29 Sc60
980 04 Embertelen (BAN)........34-35 Va59

**F**

013 16 Fačkov (ŽIL)........12-13 Td54
900 85 Fajdal (BRA)........24-25 Sc59
976 52 Fajtov (BAN)........16-17 Ue56
930 41 Fakov........28-29 Sc60
075 05 Falkušovce (KOŠ)........20-21 We57
972 46 Fančová (TRE)........26-27 Td57
985 06 Farkaška (BAN)........16-17 Ue57
985 58 Farkašova Studňa (BAN)........32-33 Ua59
925 66 Farná (NIT)........30-31 Td60
908 45 Farské (TRN)........10-11 Sa56
946 03 Farský Dvor (NIT)........30-31 Sf61
958 41 Fatinovci........26-27 Tc57
962 02 Fekiačovci (BAN)........16-17 Uc57
072 33 Fekišovce (KOŠ)........22-23 Xa56
052 01 Ferčekovce........18-19 Vc55
032 14 Fiačice (ŽIL)........14-15 Ud54
982 66 Ficakovo........18-19 Va56
963 01 Ficberg (BAN)........32-33 Ua58
018 02 Ficovci (TRE)........2-3 Tc53
982 51 Figa (BAN)........34-35 Vb58
   Fijaš (PRE)........8-9 Wd54
962 41 Filčíkov Laz (BAN)........32-33 Ua59
058 01 Filice........18-19 Vb54
976 64 Filipova (BAN)........14-15 Ud56
986 01 Fiľakovo (BAN)........32-33 Ua59
986 01 Fiľakovské Kľačany (BAN)........32-33 Ua59
986 01 Fiľakovské Kováče (BAN)........32-33 Ue59
038 47 Finske domčeky (ŽIL)........12-13 Tf56
082 16 Fintice (PRE)........20-21 Wb54
029 57 Flajšová (ŽIL)........4-5 Ud52
038 42 Folkušová (ŽIL)........12-13 Tf55
974 01 Fončorda (BAN)........16-17 Ua56
065 01 Forbasy (PRE)........6-7 Vd53
966 52 Forgáčov........26-27 Td58
087 01 Francovce (PRE)........8-9 Wa54
962 75 Frankov Laz (BAN)........16-17 Ub58
044 71 Františkov Dvor (KOŠ)........20-21 Wa57
985 32 Frenčok (BAN)........32-33 Ud59
086 02 Frička (PRE)........8-9 Wa52
082 42 Fričkovce (PRE)........8-9 Wb53
082 37 Fričovce (PRE)........20-21 Wf54
   Frtálov vrch (BAN)........26-27 Td57
082 12 Fulianka (PRE)........8-9 Wb54
985 53 Furkovci (BAN)........16-17 Uc58

**G**

930 05 Gabčíkovo (TRN)........28-29 Sd61
086 02 Gaboltov (PRE)........8-9 Wa52
018 03 Gacovci (TRE)........2-3 Tb53
023 11 Gachovci (ŽIL)........2-3 Td52
900 61 Gajary (BRA)........24-25 Rf58
072 43 Gajdoš (KOŠ)........38 Xa56
023 54 Gajdošovci (ŽIL)........2-3 Td52
985 58 Galamba (BAN)........32-33 Ua59
924 01 Galanta (TRN)........28-29 Sd59
023 45 Galierovci (ŽIL)........2-3 Tf53
032 11 Galovany (ŽIL)........14-15 Ud54
925 31 Gáň (TRN)........24-25 Se59
058 01 Gánovce (PRE)........18-19 Vb54
972 28 Gápel (TRE)........12-13 Tc55
020 53 Gáškovce (TRE)........2-3 Tb53
018 03 Gašparovci (TRE)........2-3 Tb53
976 64 Gašparovo (BAN)........14-15 Ue56
023 02 Gavlasovci (ŽIL)........2-3 Te52
906 41 Gažovci........10-11 Sc56
943 42 Gbelce (NIT)........30-31 Tc61
908 45 Gbely (TRN)........10-11 Sa56
013 02 Gbeľany (ŽIL)........2-3 Te53
   Gecel (ŽIL)........14-15 Ud53
044 13 Geča (KOŠ)........20-21 Wb57
956 14 Gedelov (NIT)........26-27 Tb58
941 45 Gedra (NIT)........30-31 Tb60
056 01 Gelnica (KOŠ)........20-21 Vf55
982 61 Gemer (BAN)........34-35 Va58
980 31 Gemerček (BAN)........34-35 Uf59
049 12 Gemerská Hôrka (KOŠ)........34-35 Vb57
049 12 Gemerská Panica (KOŠ)........34-35 Vc58
982 66 Gemerská Poloma (KOŠ)........18-19 Vc56
982 52 Gemerské Michalovce (BAN)........34-35 Vb58
049 16 Gemerské Teplice (BAN)........18-19 Vb57
980 04 Gemerský Dechtáre (BAN)........34-35 Va59
980 35 Gemerský Jablonec (BAN)........34-35 Uf59
049 16 Gemerský Milhosť (BAN)........18-19 Vb57
049 16 Gemerský Sad (BAN)........18-19 Vb57
934 01 Geňa (NIT)........30-31 Te59
082 67 Geraltov (PRE)........8-9 Wd54
963 01 Gerlach (BAN)........32-33 Ua58
086 04 Gerlachov (Bardejov) (PRE)........8-9 Wa53
059 35 Gerlachov (Starý Smokovec) (PRE)........6-7 Vd54
094 05 Giglovce (PRE)........20-21 We54

087 01 Giraltovce (PRE)........8-9 Wd54
094 06 Girovce (PRE)........20-21 We54
972 48 Glendovci........26-27 Td57
   Gobiš........34-35 Vb58
049 32 Gočaltovo........18-19 Vb57
049 24 Gočovo (KOŠ)........18-19 Vc56
966 15 Goldfus (BAN)........16-17 Tf58
951 08 Golianovo (NIT)........26-27 Td59
049 51 Gombasek (KOŠ)........34-35 Vc57
044 55 Gomboš (KOŠ)........36-37 Wb57
935 25 Gondovo (NIT)........26-27 Td59
922 21 Gonove Lazy (TRE)........26-27 Sf57
951 17 Gorazdov (NIT)........30-31 Sf59
   Gortvá (BAN)........34-35 Uf59
980 02 Gortva (Rimavská Sobota) (BAN)........34-35 Va59
032 14 Gôtovany (ŽIL)........14-15 Ud54
044 57 Grajciar (KOŠ)........20-21 Wb57
053 05 Graß-Petrovce (PRE)........18-19 Ve55
985 45 Grapa (BAN)........16-17 Ue57
985 56 Gregorova Vieska (BAN)........32-33 Ud58
082 66 Gregorovce (Prešov) (PRE)........8-9 Wb54
982 52 Gregorovce (Rimavská Sobota) (BAN)........34-35 Va58
023 56 Gregušovci (ŽIL)........2-3 Tc53
090 22 Gribov (PRE)........8-9 We53
922 11 Grnča (TRE)........24-25 Se56
   Groň (BAN)........16-17 Ua57
013 55 Grošnárovo (ŽIL)........2-3 Tc53
029 44 Grúň (Námestovo) (ŽIL)........4-5 Uc52
913 08 Grúň (Trenčín) (TRE)........10-11 Se55
   Grúne (ŽIL)........4-5 Ua53
067 22 Gruzovce (PRE)........20-21 Wf55
920 41 Gúg (NIT)........30-31 Ta60
962 33 Gunda (BAN)........16-17 Ua58
985 53 Gurovci (BAN)........16-17 Uc58
076 53 Guttmanov Dvorec (KOŠ)........38 Wf58
044 14 Gýňov (KOŠ)........20-21 Wb57

**H**

908 77 Habany (TRN)........24-25 Sb57
078 01 Habeš........20-21 Wd56
027 32 Habovka (ŽIL)........4-5 Ud53
980 13 Habričovo (BAN)........16-17 Uf58
067 52 Habura (PRE)........8-9 Wf53
981 03 Hačava (Hnúšťa) (BAN)........18-19 Uf57
044 02 Hačava (Košice) (KOŠ)........18-19 Vf56
985 31 Hačov (BAN)........34-35 Ua58
018 02 Hadoše (TRE)........2-3 Tb53
966 02 Hadová (BAN)........16-17 Tf58
945 01 Hadušovce (NIT)........30-31 Ta62
053 13 Hadušovce (KOŠ)........18-19 Vc55
038 22 Hadviga........12-13 Te55
059 03 Hágy (PRE)........6-7 Vc54
071 01 Háj (Košice) (KOŠ)........20-21 Vf55
053 42 Háj (Košice-vidiek) (KOŠ)........18-19 Vf57
039 01 Háj (Martin) (ŽIL)........16-17 Tf55
985 07 Háj (Rimavská Sobota) (BAN)........16-17 Ue57
018 31 Háj (Trenčín) (TRE)........12-13 Td55
972 41 Háje........12-13 Td56
925 22 Hajmáš (TRN)........28-29 Sd60
980 33 Hajnáčka (BAN)........34-35 Uf59
956 03 Hajná Nová Ves (NIT)........26-27 Ta57
962 02 Hajníková (BAN)........16-17 Ub57
951 33 Hájske (NIT)........24-25 Se59
   Hajsovci (TRE)........12-13 Tc56
065 45 Hajtovka (PRE)........6-7 Vd53
914 13 Hajtumovci........10-11 Se56
906 05 Halabrínovci (TRN)........10-11 Sc56
957 01 Halačovce (TRE)........12-13 Tb56
966 15 Halča........16-17 Tf58
985 11 Halič (BAN)........32-33 Ud58
065 34 Hálgašovce (PRE)........6-7 Vc52
913 07 Haluzice (TRE)........10-11 Sf56
913 05 Haluzické Kopanice (TRE)........10-11 Sf55
   Hámor (BAN)........32-33 Ud59
976 66 Hámor (Brezno) (BAN)........14-15 Uf55
982 65 Hámor (Revúca) (BAN)........18-19 Va57
   Hámor (Rimavská Sobota, Hnúšťa) (BAN)........34-35 Uf57
   Hámor (Rožňava) (KOŠ)........34-35 Vc57
053 33 Hámre (Spišská Nová Ves) (KOŠ)........18-19 Vd56
913 21 Hámre (Trenčín) (TRE)........12-13 Ta55
028 01 Hámričky (ŽIL)........4-5 Ud52
900 43 Hamuliakovo (BRA)........28-29 Sb60
946 65 Hamušad (NIT)........30-31 Ta61
972 51 Handlová (Prievidza) (TRE)........12-13 Te56
972 51 Handlová (Prievidza, Handlová) (TRE)........12-13 Te56
976 39 Haniny (BAN)........16-17 Ub55
980 33 Hangoň (BAN)........34-35 Uf59
082 56 Hangonce (BAN)........8-9 Wa54
044 57 Haniska (Košice) (KOŠ)........20-21 Wb57
080 01 Haniska (Prešov) (KOŠ)........20-21 Wb57
049 34 Hanková (KOŠ)........18-19 Vb56
086 46 Hankovce (PRE)........8-9 Wc53
094 31 Hanušovce nad Topľou (PRE)........20-21 We54
053 05 Harakovce (PRE)........18-19 Vf55
086 45 Harhaj (PRE)........8-9 Wc53
053 01 Harichovce (KOŠ)........18-19 Vd55
962 05 Harmanec (BAN)........14-15 Ua56
900 02 Harmónia (BRA)........24-25 Sb58
023 05 Harvelka (ŽIL)........4-5 Ua52
   Hastrgáň (NIT)........30-31 Td60
072 16 Hatalov (KOŠ)........38 Wf57
018 02 Hatné (TRE)........2-3 Tc53
092 23 Havaj (PRE)........8-9 We53
984 01 Havaška (BAN)........32-33 Ua59
061 01 Havka (PRE)........6-7 Vc52
907 01 Havlovce (TRE)........10-11 Sd56
   Havran (Senica) (TRN)........10-11 Sc56
963 01 Havran (Zvolen) (BAN)........32-33 Tf58
972 48 Havranica (TRE)........26-27 Td57
090 02 Havranec (PRE)........8-9 Wd53
053 76 Havrania Dolina........18-19 Vd55
966 63 Havrania Skala (BAN)........26-27 Te58
966 04 Havranov (BAN)........16-17 Tf58
982 61 Havrany (BAN)........34-35 Va58
956 54 Haňany (Držkovce) (BAN)........12-13 Ta56
919 06 Havran Dubové (TRN)........24-25 Se58
985 53 Havran Fatáky (BAN)........16-17 Ub58

055 63 Helcmanovce (KOŠ)........18-19 Vf55
956 38 Helena........26-27 Ta57
982 63 Helina (BAN)........34-35 Vb58
976 68 Heľpa (BAN)........18-19 Uf55
093 02 Henckovce (KOŠ)........18-19 Vc56
053 33 Henclová (KOŠ)........18-19 Vb56
093 02 Hencovce........20-21 We55
082 35 Hendrichovce (PRE)........20-21 Vf54
   Henman (BAN)........16-17 Ud58
935 87 Herceg........26-27 Te59
044 46 Herľany (KOŠ)........20-21 Wc56
082 35 Hermanovce (PRE)........20-21 Vf54
   Hermanovce nad Topľou (PRE)........20-21 We54
086 42 Hertník (PRE)........8-9 Wb53
082 35 Hervartov (PRE)........8-9 Wb53
927 01 Hetméň (NIT)........30-31 Sf60
976 61 Hiadeľ (BAN)........14-15 Ub56
   Hidzavé (BAN)........18-19 Uf56
   Hlinka (BAN)........16-17 Uc58
053 63 Hincovce (KOŠ)........18-19 Ve55
966 01 Hinik nad Hronom (BAN)........26-27 Te57
   Hinky (BAN)........18-19 Uf57
027 13 Hladovka (ŽIL)........4-5 Ud52
023 22 Hlavice (ŽIL)........2-3 Td52
906 31 Hlbocký Dvor (TRN)........24-25 Sc57
   Hlboké (BAN)........16-17 Ue57
014 01 Hlboké nad Váhom (ŽIL)........2-3 Td53
023 56 Hlboké (Čadca) (ŽIL)........2-3 Tc52
018 03 Hlboké (Považská Bystrica) (TRE)........2-3 Tb53
906 31 Hlboké (Senica) (TRN)........24-25 Sc57
906 31 Hlboké (Topoľčany) (TRE)........26-27 Tc57
032 23 Hlinené (ŽIL)........2-3 Td52
014 01 Hlinik nad Váhom (ŽIL)........2-3 Td53
032 23 Hlinik (Liptovský Mikuláš) (ŽIL)........14-15 Uc54
   Hlinik (NIT)........30-31 Ta61
094 35 Hlinné (PRE)........20-21 Wd55
   Hliny (ŽIL)........2-3 Te53
073 01 Hlivištia (KOŠ)........22-23 Xb56
920 01 Hlohovec (TRN)........24-25 Se58
018 61 Hloža (TRE)........12-13 Tb54
916 42 Hložkovci........10-11 Se55
059 01 Hniezdne (PRE)........6-7 Vd53
053 32 Hnilčík........18-19 Vd56
053 75 Hnilec (KOŠ)........18-19 Vc56
072 33 Hnojné (KOŠ)........22-23 Xa56
981 01 Hnúšťa (BAN)........34-35 Uf59
053 76 Hodejov (BAN)........34-35 Uf58
980 02 Hodejovec (BAN)........34-35 Va59
   Hodkovce (KOŠ)........18-19 Vc55
044 21 Hodkovce (Košice) (KOŠ)........20-21 Wa56
053 61 Hodkovce (KOŠ)........34-35 Uf59
966 63 Hodruša-Hámre (BAN)........26-27 Te58
916 14 Hodulov Vrch........10-11 Se56
924 01 Hody........28-29 Se59
980 21 Hoja (BAN)........34-35 Va58
935 83 Hokovce (NIT)........30-31 Tf60
947 01 Holanovo (NIT)........30-31 Ta61
913 03 Holbová (TRE)........10-11 Sf55
018 21 Holčíkovce (PRE)........2-3 Tb53
962 23 Holcov majer (BAN)........16-17 Uc57
094 05 Holčíkovce (PRE)........20-21 We54
946 16 Holiare (NIT)........28-29 Se62
930 34 Holice (TRN)........28-29 Sc61
   Holíč (TRN)........10-11 Sb56
985 57 Holiša (BAN)........32-33 Ud59
991 42 Holizeň (BAN)........32-33 Ua59
980 01 Holubenec........18-19 Uf57
059 94 Holumnica (PRE)........6-7 Vd53
   Holy Víšok (BAN)........16-17 Ub58
   Holý (BAN)........16-17 Ub58
962 26 Holý Vrch (Banská Štiavnica) (BAN)........16-17 Ua58
962 25 Homé-Lazy (BAN)........32-33 Ua59
936 01 Homok (NIT)........32-33 Tf60
013 55 Homolovci (ŽIL)........2-3 Tc53
049 32 Honce (KOŠ)........18-19 Vc56
935 55 Hontianska Vrbica (NIT)........30-31 Te60
962 70 Hontianske Moravce (BAN)........30-31 Tc59
962 65 Hontianske Nemce (BAN)........32-33 Tf59
962 68 Hontianske Tesáre (BAN)........32-33 Tf59
935 86 Hontianske Trsťany (NIT)........26-27 Te59
022 01 Horelica (ŽIL)........2-3 Te52
059 12 Hôrka (PRE)........18-19 Vc54
916 32 Hôrka nad Váhom (TRE)........10-11 Sf56
010 04 Hôrky (ŽIL)........2-3 Te53
073 01 Horňa (KOŠ)........38 Xb56
986 01 Horná Baba (BAN)........32-33 Ue59
976 62 Horná Breznica (TRE)........12-13 Tb54
906 41 Horná Dolina........10-11 Sc56
941 09 Horná Kráľová (NIT)........26-27 Sf59
919 65 Horná Krupá (TRN)........24-25 Sd57
072 41 Horná Lehota (Brezno) (BAN)........4-5 Uc53
976 51 Horná Lehota (Brezno) (BAN)........16-17 Ud55
018 03 Horná Maríková (TRE)........2-3 Tb53
974 01 Horná Mičiná (BAN)........16-17 Ub56
974 06 Horná Môlča (BAN)........16-17 Ub56
913 24 Horňany (TRE)........12-13 Tb56
919 03 Horné Orešany (TRN)........24-25 Sd58
   Horné Paučíkovo (BAN)........16-17 Ub57
018 35 Horná Poruba (TRE)........12-13 Tb55
930 36 Horná-kovce (PRE)........18-19 Vf55
   Horná-Potôň-Lúky (TRN)........28-29 Sd60
922 11 Horná Pustá Ves........24-25 Sd57
962 05 Horná Riečka (BAN)........16-17 Uc57
935 31 Horná Seč (NIT)........30-31 Td59
962 03 Horná Slatina (BAN)........32-33 Ua58
916 24 Horná Streda (NIT)........24-25 Se57
991 02 Horná Strehová (BAN)........32-33 Uc59
946 42 Horná Sajba (BAN)........26-27 Td58
038 46 Horná Štubňa (ŽIL)........12-13 Tf56
   Horná Žižava (ŽIL)........4-5 Ua53
920 66 Horná Trhovište (BAN)........26-27 Sc57
   Horná Trnava (Hora) (BAN)........16-17 Tf57
966 05 Horná Trnava (BAN)........16-17 Tf57
972 48 Horná Ves (Žiar nad Hronom) (BAN)........12-13 Td57
967 01 Horná Ves (Žiar nad Hronom)........12-13 Td57
963 03 Horná Závrská (BAN)........16-17 Tf58
946 12 Horná Zlatná (NIT)........30-31 Sf62
966 04 Horná Ždaňa (BAN)........26-27 Te58
962 61 Horné Breziny (BAN)........16-17 Ua57
956 54 Horné Držkovce (BAN)........12-13 Ta56
919 06 Horné Dubové (TRN)........24-25 Se58
985 53 Horné Fatáky (BAN)........16-17 Ub58

966 71 Horné Hámre (BAN)........26-27 Td57
955 04 Horné Chlebany (NIT)........26-27 Tb57
956 38 Horné Janíky (TRN)........28-29 Sc60
038 02 Horné Jaseno (ŽIL)........14-15 Tf54
020 01 Horné Kočkovce (TRE)........12-13 Tb54
963 01 Horné-Kopanice (BAN)........32-33 Ua58
906 15 Horné Košariská (TRE)........24-25 Sd57
049 05 Horné Kršteňany (NIT)........26-27 Ta59
   Horné Ladce (TRE)........12-13 Tb56
972 71 Horné Lelovce (TRE)........12-13 Td56
951 45 Horné Letanovce (KOŠ)........26-27 Ua58
919 27 Horné Lovčice (TRN)........24-25 Se58
951 96 Horné Lúčno (NIT)........26-27 Td58
969 73 Horné Majere........32-33 Uf58
962 43 Horné Mladonice (BAN)........32-33 Ua58
956 54 Horné Mlynce (BAN)........12-13 Tb56
956 01 Horné Mlyny (NIT)........26-27 Tb58
913 26 Horné Motešice (TRE)........12-13 Ta55
930 13 Horné Mýto (TRN)........28-29 Se60
957 01 Horné Naštice (TRE)........12-13 Tb56
956 08 Horné Obdokovce (NIT)........26-27 Tb58
911 01 Horné Orechové (TRE)........12-13 Ta55
920 62 Horné Otrokovce (TRN)........26-27 Sf58
957 03 Horné Ozorovce (TRE)........12-13 Tb56
956 01 Horné Paseky........24-25 Sc56
966 71 Horné Pecne (BAN)........26-27 Td57
991 24 Horné Plachtince (BAN)........32-33 Ub59
   Horné Plbelce (BAN)........32-33 Ub59
991 07 Horné Podlužany (BAN)........16-17 Ua56
956 01 Horné Pršany (BAN)........16-17 Ua56
962 55 Horné Rykynčice (BAN)........32-33 Tf59
956 03 Horné Saliby (TRN)........28-29 Se60
935 84 Horné Semerovce (BAN)........32-33 Tf60
951 71 Horné Sľažany (NIT)........26-27 Tc59
914 42 Horné Srnie (TRE)........12-13 Ta55
991 04 Horné Strháre (BAN)........32-33 Uc59
956 03 Horné Štitáre (NIT)........26-27 Ta58
962 68 Horné Terany........32-33 Tf59
930 11 Horné Topľníky (TRN)........28-29 Se60
935 81 Horné Turovce (BAN)........32-33 Tf60
972 22 Horné Vestenice (TRE)........12-13 Tc56
980 26 Horné Zahorany (BAN)........34-35 Va58
920 52 Horné Zelenice (TRN)........24-25 Se58
   Hornianska Kopanica (TRE)........12-13 Sf56
966 01 Horní Zajacovci (BAN)........16-17 Tf58
962 51 Horný Badín (BAN)........32-33 Ua59
947 01 Horný Bar (NIT)........30-31 Ta61
930 33 Horný Bar (TRN)........28-29 Sc61
991 02 Horný Bukovec (BAN)........32-33 Uc59
926 01 Horný Čepeň (NIT)........24-25 Se59
956 01 Horný Čížovec (NIT)........26-27 Tb58
903 01 Horný Dvor (BRA)........24-25 Sb59
935 34 Horný Ďur (NIT)........26-27 Tc59
956 54 Horný Harmanec (BAN)........14-15 Ua56
013 42 Horný Hričov (ŽIL)........2-3 Td53
962 41 Horný Jalšovík (BAN)........32-33 Ua59
925 71 Horný Jatov (NIT)........30-31 Sf60
038 02 Horný Kalník (ŽIL)........14-15 Tf54
013 55 Horný Koniec (ŽIL)........2-3 Tc53
018 21 Horný Lieskov (TRE)........12-13 Tc54
951 87 Horný Majer........26-27 Tc58
017 01 Horný Milochov (TRE)........2-3 Tc54
017 01 Horný Moštenec (TRE)........12-13 Tc54
952 01 Horný Ohaj (NIT)........26-27 Tb59
935 37 Horný Pial (NIT)........30-31 Te60
956 38 Horný Riadok (TRE)........26-27 Tb57
020 01 Horný Salaš (TRE)........2-3 Tb54
062 01 Horný Smokovec (PRE)........6-7 Vd54
906 13 Horný Štvrtník (PRE)........24-25 Sd56
951 15 Horný Tarař (NIT)........30-31 Ta59
   Horný Tisovník (BAN)........32-33 Ua59
038 48 Horný Turček (BAN)........16-17 Tf56
023 45 Horný Vadičov (ŽIL)........2-3 Tf53
951 06 Horný Vinodol (NIT)........30-31 Tb59
   Horny-Výhon........10-11 Sd56
072 02 Horovce (Michalovce) (KOŠ)........18-19 Vc56
020 62 Horovce (Považská Bystrica) (TRE)........12-13 Tb54
934 01 Horša (NIT)........26-27 Te59
   Hosrice (BAN)........34-35 Va59
925 45 Hoste (TRN)........24-25 Se59
956 01 Hostie (NIT)........26-27 Tc59
980 23 Hostišovce (BAN)........34-35 Va58
   Hostová (NIT)........16-17 Ub58
951 91 Hostovce (BAN)........26-27 Tc58
044 04 Hostovice (PRE)........34-35 Vf57
067 35 Hostovce (PRE)........22-23 Xa54
020 51 Hoštiná (BAN)........2-3 Tc54
969 73 Hoúné Majere (BAN)........16-17 Ub58
059 11 Hozelec (PRE)........18-19 Vc54
966 44 Hoznik (BAN)........32-33 Ua58
966 78 Hrabičov (BAN)........26-27 Td57
966 11 Hrabiky........16-17 Tf57
082 33 Hrabkov (PRE)........20-21 Wb55
   Hrabová (BAN)........16-17 Ub57
   Hrabová (BAN)........16-17 Ub57
067 74 Hrabová Roztoka (PRE)........22-23 Xb55
090 41 Hrabovčík (PRE)........8-9 Wd53
014 01 Hrabové (ŽIL)........2-3 Td53
086 11 Hrabovec (PRE)........8-9 Wc53
067 01 Hrabovec nad Laborcom (PRE)........22-23 Wf54
020 01 Hrabovka (Považská Bystrica) (TRE)........12-13 Tb54
913 32 Hrabovka (Trenčín) (TRE)........12-13 Ta55
985 01 Hrabovo (BAN)........32-33 Ua58
086 06 Hrabové (PRE)........8-9 Wa52
053 15 Hrabušice (KOŠ)........18-19 Vc55
971 01 Hradec (NIT)........12-13 Te56
082 67 Hradisko (PRE)........8-9 Wb54
059 71 Hradisko (Poprad) (PRE)........18-19 Vd54
012 01 Hradište (TRE)........12-13 Tc56
906 12 Hradište pod Vrátnom (TRN)........24-25 Sc57
072 06 Hradišská Molva (KOŠ)........36-37 Wf57
985 25 Hradišské Vrchy (BAN)........16-17 Ue57
985 25 Hradišský Mlyn (BAN)........16-17 Ue57
962 24 Hradná (BAN)........16-17 Ub57
013 52 Hrádok (BAN)........24-25 Sd58
901 01 Hrádok (BRA)........24-25 Sd58
049 32 Hrádok (KOŠ)........18-19 Vc56
916 33 Hrádok (Rimavská Sobota) (BAN)........18-19 Vd57
916 33 Hrádok (Trenčín) (TRE)........10-11 Sf56
985 01 Hrachovo (BAN)........34-35 Va58
980 52 Hrachovo (BAN)........34-35 Va58
906 15 Hrajnohovci (BAN)........10-11 Sd56
076 03 Hraň (KOŠ)........36-37 We57

065 21 Hraničné (PRE)........6-7 Ve52
059 16 Hranovnica (PRE)........18-19 Vb55
016 14 Hrašné (TRE)........10-11 Sd56
044 42 Hrašovík (KOŠ)........20-21 Wb56
030 46 Hrb (BAN)........34-35 Uf58
034 05 Hrboltová (ŽIL)........14-15 Ub54
076 15 Hrčeľ (KOŠ)........36-37 We57
049 44 Hrhov (KOŠ)........18-19 Ve57
076 22 Hriadky (KOŠ)........20-21 We56
013 41 Hričovské Podhradie (ŽIL)........2-3 Td53
962 05 Hriňová (BAN)........16-17 Ud57
053 51 Hrišovce (KOŠ)........20-21 Vf55
053 51 Hrkovce (NIT)........32-33 Tf60
982 66 Hrlica (BAN)........18-19 Va57
   Hrnčiarky (BAN)........18-19 Va57
919 35 Hrnčiarovce nad Parnou (TRN)........24-25 Sd58
   Hrnčiarová (BAN)........10-11 Se56
980 13 Hrnčiarska Ves (BAN)........16-17 Ue58
980 12 Hrnčiarske Zalužany (BAN)........32-33 Uf58
976 37 Hrochoť (BAN)........16-17 Ub57
065 45 Hromoš (PRE)........6-7 Ve53
976 46 Hrončok (BAN)........16-17 Ub58
   Hronec (BAN)........14-15 Ud56
   Hroniaková (BAN)........16-17 Ub58
935 61 Hronovce (NIT)........30-31 Td60
976 31 Hronsek (BAN)........16-17 Ua57
966 12 Hronská Breznica (BAN)........16-17 Tf57
   Hronská Dúblave (čast) Habiny (BAN)........16-17 Uas57
966 12 Hronská Dúbrava (BAN)........16-17 Tf57
935 26 Hronské Kľačany (NIT)........26-27 Td59
935 27 Hronské Kosihy (NIT)........26-27 Td59
953 02 Hronský Beňadik (NIT)........26-27 Td58
023 11 Hrošovci (ŽIL)........2-3 Te52
900 64 Hrubá Borša (BRA)........28-29 Sc59
962 65 Hrubá Hora........32-33 Tf59
976 51 Hruboňovo (NIT)........26-27 Ta58
067 23 Hrubov (PRE)........22-23 Wf54
   Hruby Buk (ŽIL)........2-3 Td52
925 25 Hrubý šúr (BRA)........28-29 Sc59
925 03 Hrušov (Galanta) (TRN)........28-29 Se60
049 43 Hrušov (Rožňava) (KOŠ)........34-35 Vd57
076 37 Hrušov (Trebišov) (KOŠ)........36-37 Wf58
991 42 Hrušov (Veľký Krtíš) (BAN)........32-33 Ua60
956 13 Hrušovany (NIT)........26-27 Ta58
916 11 Hrušové (TRE)........10-11 Se55
976 46 Hrušovo (BAN)........34-35 Va57
029 52 Hruštín (ŽIL)........4-5 Uc53
   Hruštov........26-27 Sf59
   Hryzoviska (BAN)........32-33 Ua60
966 42 Hubačov štál........16-17 Ua57
951 77 Hubertus (TRE)........26-27 Tb58
930 39 Hubice (TRN)........28-29 Sc60
922 21 Hubina (TRE)........26-27 Sf57
082 66 Hubošovce (PRE)........8-9 Wb54
034 91 Hubová (ŽIL)........14-15 Ub54
982 51 Hubovo (BAN)........34-35 Vc58
013 31 Hucerovci (ŽIL)........2-3 Te53
013 41 Hucin (BAN)........34-35 Vb57
942 44 Hučalova Lazy (BAN)........32-33 Ua59
966 63 Hučková Samota (BAN)........16-17 Ud57
067 45 Hudcovce (PRE)........20-21 We55
916 01 Hudcovci (TRE)........10-11 Sd56
024 01 Hul (NIT)........30-31 Tb60
922 41 Hulánovci (ŽIL)........2-3 Te52
906 41 Hulkovci........10-11 Sc56
   Hulvái (TRE)........10-11 Sf55
051 01 Hulvinky (NIT)........30-31 Td60
066 01 Humenné (PRE)........20-21 We55
067 13 Humenský Rokytov (PRE)........8-9 Wf54
   Humnavé (ŽIL)........4-5 Ua52
059 92 Huncovce (PRE)........6-7 Vc54
090 03 Hunkovce (PRE)........8-9 Wd52
085 01 Hurbanova Dolina (PRE)........10-11 Sd56
925 25 Hurbanova Ves (BRA)........28-29 Sc60
941 50 Hurbanovo (NIT)........30-31 Tc60
947 01 Hurbanovo (NIT)........30-31 Tb61
985 42 Husák (KOŠ)........38 Xb56
022 01 Husárikovci (ŽIL)........2-3 Te52
   Husid (BAN)........32-33 Tf59
985 42 Huší (BAN)........34-35 Uf58
962 75 Hustá Jedlina (BAN)........16-17 Ub58
   Húšky (TRN)........24-25 Sa57
   Huta (BAN)........16-17 Tf57
086 36 Huta (PRE)........8-9 Wc52
027 46 Huty (ŽIL)........14-15 Ud53
982 51 Húžvina........34-35 Vb58
930 41 Hviezdoslavov (TRN)........28-29 Sb60
013 56 Hvozdnica (ŽIL)........2-3 Tc53
032 21 Hybe (ŽIL)........14-15 Uf54
935 85 Hýbecký majer (NIT)........30-31 Te60
044 12 Hýľov (KOŠ)........20-21 Wa56

**Ch**

013 05 Chabadovci (ŽIL)........2-3 Tf53
972 45 Chalmová (TRE)........26-27 Tc57
980 44 Chanava (BAN)........34-35 Vb58
985 26 Chiladná Studňa (BAN)........16-17 Ue57
943 66 Chlaba (NIT)........30-31 Te62
057 51 Chlebnice (ŽIL)........4-5 Uc53
976 53 Chlipniačky (BAN)........16-17 Ud57
067 41 Chlmec (PRE)........22-23 Wf55
018 22 Chmeľnice (TRE)........12-13 Tc54
   Chmelná (BAN)........16-17 Ub58
064 01 Chmeľnica (PRE)........6-7 Vd53
082 15 Chmeľov (PRE)........8-9 Wc54
086 35 Chmeľová (PRE)........8-9 Wb52
082 12 Chmeľovec (PRE)........8-9 Wc54
082 33 Chminianska Nová Ves (PRE)........20-21 Wa54
082 33 Chminianske Jakubovany (PRE)........20-21 Vf55
976 76 Choča (NIT)........26-27 Tc58
906 06 Chocholná-Velčice (TRE)........10-11 Sc56
913 04 Chocholná-Velčice (TRE)........10-11 Sf55
072 63 Choňkovce (KOŠ)........22-23 Xb56
   Chorepe (BAN)........18-19 Vf57
935 84 Chorvatice (NIT)........32-33 Tf60
900 25 Chorvátsky Grob (BRA)........24-25 Sb59
044 04 Chorvály (KOŠ)........34-35 Vf57
   Chotár (BAN)........32-33 Tf59
968 01 Chotár (Žiar nad Hronom) (BAN)........26-27 Td58
090 21 Chotča (PRE)........8-9 We53

A B C Č D Ď E F G H Ch I J K L Ľ M N O P R S Š T U V X Z Ž

946 31 Chotín (NIT) 30-31 Tb62
955 01 Chrabrany 26-27 Ta57
980 42 Chrámec (BAN) 34-35 Va59
985 13 Chrapanovci (BAN) 16-17 Uc58
Chrasť (BAN) 32-33 Ue58
Chrasť (NIT) 30-31 Tb61
053 63 Chrasť nad Hornádom (KOŠ) 18-19 Ve55
991 08 Chrastince (BAN) 32-33 Ub60
044 44 Chrastné (KOŠ) 20-21 Wc56
949 01 Chrenová (NIT) 26-27 Ta59
Chrenovci (ŽIL) 4-5 Ua53
972 32 Chrenovec (NIT) 26-27 Sf58
972 39 Chrenovec-Brusno (TRE) 12-13 Te56
023 52 Chrobákovci (ŽIL) 2-3 Td52
Chropov (TRN) 10-11 Sb56
991 21 Chrťany (BAN) 32-33 Uc59
972 28 Chrumkovci (TRE) 12-13 Tc55
966 03 Chrústov 26-27 Te57
922 05 Chtelnica (TRN) 24-25 Sd57
956 38 Chudá Lehota (TRE) 26-27 Tb57
982 63 Chvalová (BAN) 34-35 Va57
972 13 Chvojnica (Prievidza) (TRE) 12-13 Td55
906 06 Chvojnica (Senica) (TRN) 10-11 Sc56
023 22 Chylíkovci (ŽIL) 2-3 Td52
044 74 Chym (KOŠ) 36-37 Wa57
956 33 Chynorany (TRE) 26-27 Tb57
953 01 Chyzerovce 26-27 Tc58
Chyžné (BAN) 18-19 Vb57

## I

Ietisko Piešťany (TRN) 24-25 Se57
900 84 Igram (BRA) 24-25 Sc59
059 94 Ihľany (PRE) 6-7 Vd53
Ihráč (BAN) 16-17 Tf57
020 51 Ihrište (TRE) 2-3 Tb54
935 87 Ilava (NIT) 30-31 Te60
019 01 Ilava (TRE) 12-13 Tb55
974 01 Iliaš (BAN) 16-17 Ua56
991 07 Iliašov (BAN) 32-33 Ub60
053 11 Iliašovce (KOŠ) 18-19 Vd55
019 01 Iliavka (TRE) 12-13 Tb55
969 03 Ilija (BAN) 32-33 Tf58
031 01 Iľanovo (ŽIL) 14-15 Ud54
946 52 Imeľ (NIT) 30-31 Ta61
991 21 Imrov Kopec (BAN) 32-33 Uc59
935 35 Iňa (NIT) 30-31 Tc59
072 11 Iňačovce (KOŠ) 38 Xa56
072 64 Inovce (KOŠ) 22-23 Xc56
Inovec (NIT) 26-27 Td58
966 54 Inovecká Huta 26-27 Td58
991 10 Ipeľské Predmostie (BAN) 32-33 Ua60
985 27 Ipelský Potok (BAN) 16-17 Ue57
Ipeľ (BAN) 16-17 Ue57
985 41 Ipeľka (BAN) 32-33 Ue59
935 91 Ipeľské Úľany (NIT) 32-33 Ua60
935 75 Ipeľský Sokolec (NIT) 30-31 Te60
Iraďov (KOŠ) 18-19 Vc56
935 82 Iskorňa (NIT) 32-33 Tf60
027 53 Istebné (ŽIL) 14-15 Ub53
038 45 Ivančiná (ŽIL) 12-13 Te55
980 42 Ivanice (BAN) 34-35 Vb59
900 28 Ivanka pri Dunaji (BRA) 28-29 Sb59
951 12 Ivanka pri Nitre (NIT) 26-27 Ta59
913 05 Ivanovce (TRE) 10-11 Sf56
943 54 Ivanovo (Nové Zámky) (NIT) 30-31 Tc61
980 02 Ivanovo (Rimavská Sobota) (BAN) 34-35 Va59
Ivcnka (NIT) 30-31 Te60
962 24 Iviny (BAN) 16-17 Uc57
044 17 Izra (KOŠ) 36-37 Wc57
946 39 Iža (NIT) 30-31 Tb62
032 23 Ižipovce (ŽIL) 4-5 Uc54
076 72 Ižkovce (KOŠ) 38 Wf57
932 01 Ižop (TRN) 28-29 Se61

## J

067 13 Jabloň (PRE) 22-23 Wf54
900 87 Jablonec (Bratislavavidiek) (BRA) 24-25 Sc58
982 52 Jablonec (Rimavská Sobota) (BAN) 34-35 Vb58
991 42 Jablonec (Veľký Krtíš) (BAN) 32-33 Ua60
906 32 Jablonica (TRN) 24-25 Sc57
906 21 Jablonka (TRE) 10-11 Sd56
053 03 Jablonov (PRE) 18-19 Ve54
049 43 Jablonov nad Turňou (KOŠ) 18-19 Ve57
935 06 Jabloňovce (Levice) (NIT) 26-27 Te59
Jabloňovce (Želiezovce) (NIT) 30-31 Te60
980 35 Jabloňové (BAN) 34-35 Va59
Jablonové (BRA) 24-25 Sa58
013 52 Jablonové (Žilina) (ŽIL) 2-3 Td53
955 03 Jacovce (NIT) 26-27 Ta57
036 01 Jahodníky (ŽIL) 12-13 Tf54
055 61 Jaklovce (KOŠ) 20-21 Wa55
083 01 Jakovany (PRE) 8-9 Wa54
974 01 Jakub (BAN) 16-17 Ua56
065 12 Jakubany (PRE) 6-7 Ve53
935 01 Jakubie 26-27 Te59
Jakubov (BRA) 24-25 Rf58
986 01 Jakubova Dolina (BAN) 32-33 Uf59
032 04 Jakubovany (Liptovský Mikuláš) (ŽIL) 14-15 Ue54
083 01 Jakubovany (Prešov) (PRE) 8-9 Wa54
082 56 Jakubova Voľa (PRE) 6-7 Vf54
044 57 Jakubov Dvor (KOŠ) 20-21 Wb57
090 31 Jakušovce (PRE) 8-9 We54
935 03 Jalakšová (NIT) 26-27 Te59
966 11 Jalná 16-17 Tf57
067 61 Jalová (Humenné) (PRE) 22-23 Xb54
980 04 Jalová (Rimavská Sobota) (BAN) 34-35 Va59
032 21 Jalovec (Liptovský Mikuláš) (ŽIL) 4-5 Ud54
972 31 Jalovec (Prievidza) (TRE) 12-13 Te56
922 31 Jalšové 24-25 Se57
Jalšovík (BAN) 32-33 Ua59
013 62 Jama (ŽIL) 2-3 Td52
033 01 Jamník (Liptovský Mikuláš) (ŽIL) 14-15 Ue54
053 22 Jamník (Spišská Nová Ves) (KOŠ) 18-19 Vd55
023 41 Janáčovci (ŽIL) 2-3 Te52
023 05 Jančulovci (ŽIL) 4-5 Ua52
980 42 Janice (BAN) 34-35 Vb59
044 05 Janík (KOŠ) 36-37 Vf57
949 07 Janíkovce (NIT) 26-27 Ta59
Janíkovci (ŽIL) 4-5 Ua52
067 24 Jankovce (PRE) 20-21 We54
900 42 Jánošiková (BRA) 28-29 Sb60
951 14 Jánošíkovo (NIT) 30-31 Sf60
Jánošíkovo na Ostrove (TRN) 28-29 Se61
980 01 Jánošíky (BAN) 34-35 Va59
976 52 Jánošovka (BAN) 16-17 Ud56
Jánoštelek (TRN) 28-29 Se61
082 42 Janov (PRE) 20-21 Wa55
966 24 Janova Lehota (BAN) 26-27 Te57
086 41 Janovce (PRE) 8-9 Wb53
925 22 Jánovce (TRN) 28-29 Sd59
059 13 Jánovce (Poprad) (PRE) 18-19 Vc54
082 03 Janovík (PRE) 20-21 Wb55
977 01 Jarabá (BAN) 14-15 Ue55
065 31 Jarabina (PRE) 6-7 Vd52
913 22 Jarky (TRE) 12-13 Ta56
962 41 Jarmáň (BAN) 32-33 Ua59
919 43 Jarná (TRN) 24-25 Sc59
937 01 Jarok (Levice) (NIT) 30-31 Te60
951 48 Jarok (Nitra) (NIT) 26-27 Sf59
023 52 Jarošovci (ŽIL) 2-3 Td52
850 09 Jarovce (BRA) 28-29 Sa60
082 63 Jarovnice (PRE) 20-21 Wa54
018 17 Jasenica (TRE) 2-3 Tc53
976 75 Jasenie (Brezno) (BAN) 16-17 Uc55
962 75 Jasenie (Lučenec) (BAN) 32-33 Uc58
985 06 Jaseninka (BAN) 16-17 Ue57
066 01 Jasenov (Humenné) (PRE) 22-23 Wf55
072 42 Jasenov (Michalovce) (KOŠ) 22-23 Xa56
Jasenová (BAN) 16-17 Uc58
Jasenová (ŽIL) 14-15 Ub53
094 05 Jasenovce (PRE) 20-21 We55
013 19 Jasenové (ŽIL) 12-13 Td54
962 05 Jasenovo (Detva) (BAN) 16-17 Uc57
038 22 Jasenovo (Prievidza) (TRE) 12-13 Te55
Jasenovská (ŽIL) 4-5 Ua52
962 05 Jasienka (BAN) 16-17 Ud57
Jaskyňa (KOŠ) 18-19 Vb55
980 61 Jaslište (Brezno) (BAN) 18-19 Uf57
980 61 Jaslište (Hnúšťa) (BAN) 18-19 Uf56
919 30 Jaslovské Bohunice (TRN) 24-25 Sd58
Jasná 14-15 Ud55
044 23 Jasov (KOŠ) 20-21 Vf56
941 34 Jásová (NIT) 30-31 Tc61
Jastlabie Kračany (TRN) 28-29 Sd60
966 22 Jastrabá (BAN) 16-17 Tf57
013 55 Jastrabie (TRE) 2-3 Tc53
094 35 Jastrabie nad Topľou (PRE) 22-23 Wd55
072 11 Jastrabie pri Michalovciach (KOŠ) 38 Xa56
023 56 Jašovci (ŽIL) 2-3 Tc52
Jašovvrch (BAN) 16-17 Uc58
941 09 Jatov (NIT) 30-31 Ta60
972 28 Javorčekovci (TRE) 12-13 Tc55
906 05 Javorec (TRN) 10-11 Sc56
Javorina (Brezno) (BAN) 16-17 Ue57
Javorina (Hriňová) (BAN) 16-17 Ue57
924 03 Javorinka (TRN) 28-29 Se60
980 55 Javorinky 18-19 Uf57
020 55 Javorové (TRE) 2-3 Tb53
991 21 Jazero (BAN) 32-33 Uc59
034 03 Jazierce (ŽIL) 14-15 Ub54
962 23 Jazovec (BAN) 16-17 Uc57
086 36 Jedlinka (PRE) 8-9 Wc52
951 77 Jedliny (NIT) 26-27 Tb58
951 96 Jedľové Kostoľany (NIT) 26-27 Tc58
023 55 Jedľovník (ŽIL) 2-3 Td52
913 22 Jeleňákov mlyn (TRE) 12-13 Ta56
023 05 Jelenčiakovci (ŽIL) 4-5 Ua53
951 73 Jelenec (BAN) 16-17 Ua55
951 73 Jelenec (NIT) 26-27 Tb58
980 12 Jelenie (BAN) 34-35 Uf58
922 21 Jelenie Jamy (TRN) 26-27 Sf57
023 22 Jelitov (ŽIL) 2-3 Td52
925 23 Jelka (TRN) 28-29 Sd60
026 01 Jelšava (Dolný Kubín) (ŽIL) 4-5 Ub53
049 16 Jelšava (Rožňava) (KOŠ) 18-19 Vb57
049 16 Jelšavská Teplica (BAN) 18-19 Vb57
951 43 Jelšovce (NIT) 26-27 Ta58
969 73 Jelšové 32-33 Tf58
985 32 Jelšovec (BAN) 32-33 Ud59
072 52 Jenkovce (KOŠ) 38 Xb57
976 02 Jergaly (BAN) 16-17 Ub55
969 01 Jergištôlňa (BAN) 16-17 Tf58
957 01 Jerichov (TRE) 12-13 Tb56
065 34 Jeruše (PRE) 6-7 Vc52
935 36 Jesenské (Levice) (NIT) 30-31 Tc59
980 02 Jesenské (Rimavská Sobota) (BAN) 34-35 Va59
980 04 Jestice (BAN) 34-35 Va59
958 45 Ješkova Ves (TRE) 26-27 Tb57
972 25 Ješkova Ves nad Nitricou (TRE) 12-13 Tc56
059 03 Jezersko (PRE) 6-7 Vc53
020 64 Ježovci (TRE) 2-3 Tb54
027 46 Jóbova Ráztoka (ŽIL) 14-15 Ud53
962 61 Joklovci 16-17 Ua57
049 45 Jovice (KOŠ) 18-19 Vd57
072 32 Jovsa (KOŠ) 22-23 Xa56
Jozefov dvor 24-25 Sd59
985 31 Julova Dalina (BAN) 32-33 Ue59
082 66 Jur (NIT) 30-31 Ta60
935 57 Jur nad Hronom (NIT) 30-31 Td60
991 22 Jurajská Dolina (BAN) 32-33 Uc60
Juríkovci (TRE) 10-11 Sd56
089 01 Jurkova Voľa (PRE) 8-9 Wc53
930 04 Jurová (TRN) 28-29 Sc61
059 94 Jurské (PRE) 6-7 Vd53
943 52 Jurský Chlm (NIT) 30-31 Td62
094 12 Juskova Voľa (PRE) 20-21 Wd55

## K

072 05 Kačanov (KOŠ) 20-21 Wf57
054 01 Kačelák (PRE) 18-19 Vd55
906 06 Kadlečíkovci 10-11 Sc56
980 54 Kadlub (BAN) 34-35 Uf57
925 92 Kajal (TRN) 28-29 Se59
960 01 Kajanka (BAN) 16-17 Ub57
034 82 Kalameny (ŽIL) 14-15 Uc54
065 22 Kalembovka (PRE) 6-7 Ve52
934 01 Kalinčiakovo (NIT) 30-31 Td59
900 43 Kalinkovo (BRA) 28-29 Sb60
023 02 Kalinov (Čadca) (ŽIL) 2-3 Tf52
067 51 Kalinov (Svidník) (PRE) 8-9 Wf53
985 01 Kalinovo (BAN) 32-33 Ue58
985 05 Kalmanka (BAN) 16-17 Ue57
935 32 Kalná nad Hronom (NIT) 30-31 Tc59
067 72 Kalná Roztoka (PRE) 22-23 Xb55
913 09 Kalnica (TRE) 10-11 Sf56
087 01 Kalnište (PRE) 8-9 Wc54
985 31 Kalonda (BAN) 32-33 Ud59
982 52 Kaloša (BAN) 34-35 Vb58
044 18 Kalša (KOŠ) 20-21 Wc57
072 36 Kaluža (KOŠ) 22-23 Wf56
Kalvaria (BAN) 16-17 Tf58
038 22 Kaľamenová (ŽIL) 12-13 Te55
053 42 Kaľava (KOŠ) 18-19 Vf55
956 12 Kamanová (NIT) 26-27 Ta58
962 44 Kamasova Kopanica (BAN) 32-33 Ua59
049 62 Kameňany (BAN) 34-35 Va57
Kamenec (BAN) 32-33 Ue58
972 44 Kamenec pod Vtáčnikom (TRE) 26-27 Td56
934 01 Kamenec (Levice) (NIT) 26-27 Te59
908 64 Kamenec (Senica) (TRN) 10-11 Sc56
067 83 Kamenica nad Cirochou (PRE) 22-23 Xa55
943 65 Kamenica nad Hronom (NIT) 30-31 Te61
946 56 Kamenica (Nové Zámky) (NIT) 30-31 Tb61
082 81 Kamenica (Prešov) (PRE) 6-7 Vf53
Kamenická pusta (NIT) 30-31 Te61
018 54 Kameničany (TRE) 12-13 Ta55
946 01 Kameničná (NIT) 30-31 Sf62
133 8 Kameničné 10-11 Se55
943 57 Kamenín (NIT) 30-31 Td61
Kamenínska pustatina (NIT) 30-31 Td61
985 12 Kamenište (BAN) 16-17 Uc58
053 61 Kamenná 18-19 Ve55
Kamenná Molve (KOŠ) 36-37 We58
013 14 Kamenná Poruba (ŽIL) 12-13 Te54
093 03 Kamenná Poruba (Vranov nad Topľou) (PRE) 22-23 Wd55
991 27 Kamenné Kosihy (BAN) 32-33 Ub60
Kamenný Chotár (NIT) 26-27 Te59
943 58 Kamenný Most (NIT) 30-31 Td61
982 62 Kamenný Potok 34-35 Vb57
065 32 Kamienka (PRE) 6-7 Vd53
067 83 Kamienka (Humenné) (PRE) 22-23 Xa55
Kamrlovci (TRE) 2-3 Ta53
985 58 Kanaš (BAN) 32-33 Uf59
082 21 Kanaš (Prešov) (PRE) 20-21 Wb54
972 17 Kanianka (TRE) 12-13 Td56
951 24 Kapince (NIT) 26-27 Sf58
090 01 Kapišová (PRE) 8-9 Wd52
900 84 Kaplná (BRA) 24-25 Sc59
980 21 Kaplna (Rimavská Sobota) (BAN) 34-35 Vb58
076 84 Kapoňa (KOŠ) 38 Xa58
082 12 Kapušany (PRE) 20-21 Wb54
079 01 Kapušianske Kľačany (KOŠ) 38 Xa57
079 01 Kapušianske Vojkovce (KOŠ) 38 Xa57
Karáb (TRN) 28-29 Se61
018 16 Kardošova Vieska (TRE) 12-13 Td54
Karínske (NIT) 30-31 Tc62
Karlov (BAN) 32-33 Ud59
038 15 Karlová (ŽIL) 12-13 Tf55
840 00 Kárlova Ves (BRA) 28-29 Rf60
067 45 Karná (PRE) 22-23 We55
937 01 Karolína (NIT) 30-31 Td60
076 33 Karolov Dvor (KOŠ) 36-37 Wd58
023 56 Kasárne 2-3 Tc53
076 02 Kašov (KOŠ) 36-37 We58
962 34 Kašova Lehôtka (BAN) 16-17 Ua57
Kaštieľ (PRE) 18-19 Vc55
980 04 Katarinka (BAN) 34-35 Va59
985 23 Katarínska Huta (BAN) 16-17 Ud58
919 55 Kátlovce (TRN) 24-25 Sd57
Kátov (TRN) 10-11 Sb55
992 01 Katovka (BAN) 32-33 Uc59
Katúň (KOŠ) 18-19 Ve55
946 65 Kava (NIT) 30-31 Ta62
040 01 Kavečany (KOŠ) 20-21 Wb56
076 13 Kazimír (KOŠ) 36-37 Wd57
013 32 Keblov (ŽIL) 2-3 Td53
044 47 Kecerovce (KOŠ) 20-21 Wc56
044 47 Kecerovský Lipovec (KOŠ) 20-21 Wc55
090 11 Kečkovce (PRE) 8-9 Wd52
049 55 Kečovo (KOŠ) 34-35 Vc58
059 04 Keheľ (PRE) 6-7 Vc53
044 58 Kechnec (KOŠ) 36-37 Wb57
941 09 Kendereš (NIT) 30-31 Sf60
082 01 Kendice (PRE) 20-21 Wb55
980 45 Kesovce (BAN) 34-35 Vc58
951 14 Kesovský Pereš (NIT) 30-31 Ta60
Keť (NIT) 30-31 Td61
038 45 Kevice (ŽIL) 12-13 Tf55
060 01 Kežmarok (PRE) 6-7 Vc54
085 01 Kežmarské Žľaby (PRE) 6-7 Vb53
991 31 Kiarov (BAN) 32-33 Uc60
Kiarovská pustatina (BAN) 32-33 Uc60
Kiátkovci (BAN) 16-17 Uc57
927 01 Kilíč (NIT) 30-31 Sf60
991 41 Kirť (BAN) 32-33 Uc60
059 12 Kišovce 18-19 Vc54
085 01 Kiušovská Zábava (PRE) 8-9 Wb53
979 01 Klačany (BAN) 34-35 Uf58
013 55 Kladivovci (TRE) 2-3 Tc53
094 21 Kladzany (PRE) 22-23 We55
951 53 Klasov (NIT) 26-27 Tb59
969 75 Klastava (BAN) 26-27 Tf59
038 43 Kláštor pod Znievom (ŽIL) 12-13 Te55
Kláštorisko 18-19 Vc55
958 44 Klátova Nová Ves (TRE) 26-27 Tb57
906 21 Klbečkovci (TRE) 10-11 Sd56
053 02 Klčov (PRE) 18-19 Vd54
919 08 Klčovany (TRN) 24-25 Sc58
020 52 Klecenec (TRE) 2-3 Tb53
991 10 Kleňany (BAN) 32-33 Ua60
082 44 Klenov (PRE) 20-21 Wa55
067 72 Klenová (PRE) 22-23 Xc55
980 55 Klenovec (BAN) 18-19 Uf57
018 02 Klieština (TRE) 2-3 Tb53
935 84 Klimov majer (NIT) 32-33 Tf60
982 66 Klimovo 18-19 Va56
076 31 Klin nad Bodrogom (KOŠ) 36-37 We58
023 22 Klin (Čadca) (ŽIL) 2-3 Td52
029 41 Klin (Námestovo) (ŽIL) 4-5 Uc52
980 54 Klinovo (BAN) 34-35 Va57
946 20 Kližska Nemá (NIT) 28-29 Se62
958 45 Klížske Hradište (TRE) 26-27 Tc57
019 01 Klobušice (TRE) 12-13 Tb55
962 25 Klokoč (BAN) 16-17 Uc57
949 11 Klokočina 26-27 Ta59
023 22 Klokočov (Čadca) (ŽIL) 2-3 Td52
072 36 Klokočov (Michalovce) (KOŠ) 22-23 Xa56
023 04 Klubina (ŽIL) 2-3 Tf52
Klučiarove Kračany (TRN) 28-29 Sd61
053 51 Kluknava (KOŠ) 20-21 Vf55
920 64 Kľačany (Trnava) (TRN) 26-27 Sf58
013 19 Kľače (ŽIL) 12-13 Td54
972 15 Kľačno (TRE) 12-13 Td55
966 77 Kľak (BAN) 26-27 Td57
941 09 Kľučiareň (NIT) 30-31 Sf59
914 41 Kľúčové (TRE) 12-13 Ta55
930 07 Kľúčovec (TRN) 28-29 Se62
086 22 Kľušov (PRE) 8-9 Wb53
935 02 Kmeťovce 26-27 Te59
941 62 Kmeťovo (NIT) 30-31 Tb60
013 11 Kňazova Lehota 2-3 Td54
026 01 Kňažia (ŽIL) 4-5 Ub53
953 01 Kňažice (NIT) 26-27 Tc58
049 23 Kobeliarovo (KOŠ) 18-19 Vb56
087 01 Kobylnice (PRE) 8-9 Wd54
086 22 Kobyly (PRE) 8-9 Wb53
Kocáň (BAN) 16-17 Ub57
049 35 Koceľovce (KOŠ) 18-19 Vb56
980 52 Kociha (BAN) 34-35 Uf58
013 05 Kociny (ŽIL) 4-5 Tf53
972 02 Kocurany (TRE) 12-13 Td56
921 01 Kocurice 24-25 Se57
840 07 Kočin (BRA) 24-25 Sa59
Kočín (TRN) 24-25 Sd57
922 04 Kočín-Lančár (TRN) 24-25 Sd57
916 31 Kočovce (TRE) 10-11 Sf56
018 02 Kohútovci (TRE) 2-3 Tb53
966 63 Kohútovo (BAN) 26-27 Te58
086 46 Kochanovce (Bardejov) (PRE) 8-9 Wc53
066 01 Kochanovce (Humenné) (TRE) 22-23 Wf55
078 01 Kochanovce (Michalovce) (KOŠ) 20-21 We56
956 54 Kochnáč (TRE) 12-13 Ta56
082 32 Kojatice (PRE) 20-21 Wa55
082 32 Kojatická Dolina (PRE) 20-21 Wa55
055 52 Kojšov (KOŠ) 20-21 Vf56
985 05 Kokava nad Rimavicou (BAN) 16-17 Ue57
985 06 Kokavka (BAN) 16-17 Ue57
956 21 Kokošová 26-27 Ta57
082 52 Kokošovce (PRE) 20-21 Wb55
044 13 Kokšov-Bakša (KOŠ) 20-21 Wb57
018 51 Kolačín (TRE) 12-13 Tb55
065 11 Kolačkov (PRE) 6-7 Vd53
958 41 Kolačno (TRE) 26-27 Tc57
991 09 Kolare (BAN) 32-33 Ub60
907 01 Kolárikovci (TRE) 10-11 Sd56
013 54 Kolárovice (ŽIL) 2-3 Td53
946 03 Kolárovo (NIT) 30-31 Sf61
067 66 Kolbasov (PRE) 22-23 Xc54
090 31 Kolbovce (PRE) 8-9 We54
023 56 Koleňákovci (ŽIL) 2-3 Tc52
Kolesárová 14-15 Uf55
831 03 Koliba 28-29 Sa59
072 61 Kolibabovce (KOŠ) 38 Xb56
951 78 Kolíňany (NIT) 26-27 Tb58
053 42 Kolinovce 18-19 Vf55
Kolónia (KOŠ) 38 Xa58
Kolónia (KOŠ) 38 Xa58
943 56 Kolónia (NIT) 30-31 Td61
929 01 Kolónia (Dunajská Streda, Kútniky) (TRN) 28-29 Se61
930 35 Kolónia (Dunajská Streda, Michal na Ostrove) (TRN) 28-29 Sd60
Kolónia (Galanta) (TRN) 28-29 Se59
067 61 Kolonica (PRE) 22-23 Xb55
941 33 Kolta (NIT) 30-31 Tc60
076 12 Koltaj (KOŠ) 36-37 Wd57
072 15 Komanica (KOŠ) 38 Wf57
093 01 Komárany 22-23 Wd55
Komárňanská pažiť (NIT) 30-31 Tc62
945 01 Komárno (NIT) 30-31 Ta62
086 11 Komárov (PRE) 8-9 Wb53
Komárovce (KOŠ) 38 Xa56
044 73 Komárovce (Košice-vidiek) (KOŠ) 36-37 Wa57
Komerno (BAN) 16-17 Ud57
941 06 Komjatice (NIT) 30-31 Tb60
034 96 Komjatná (ŽIL) 4-5 Ub54
941 21 Komoča (NIT) 30-31 Ta61
976 52 Komov (BAN) 16-17 Ue56
029 45 Končiny (ŽIL) 4-5 Ud52
Končitá (ŽIL) 4-5 Ua53
023 22 Konečná (ŽIL) 2-3 Td52
956 13 Koniarovce (NIT) 26-27 Ta58
947 01 Konkoľ (NIT) 30-31 Tb61
916 16 Konkušova Dolina (TRE) 10-11 Sd56
980 32 Konrádovce (BAN) 34-35 Uf59
032 04 Konská (ŽIL) 14-15 Ue54
013 13 Konská (Žilina) (ŽIL) 12-13 Td54
038 52 Konske (ŽIL) 14-15 Ua54
072 63 Koňuš (KOŠ) 22-23 Xb56
976 56 Kopačno 16-17 Uf56
Kopaň (BAN) 34-35 Va57
023 31 Kopanica (Považská Bystrica) (TRE) 2-3 Te53
966 04 Kopanica (Žiar nad Hronom, Lovčica-Trubín) (BAN) 26-27 Te57
966 42 Kopanica (Žiar nad Hronom, Malá Lehota) (BAN) 26-27 Td58
Kopanice (BAN) 26-27 Te58
023 56 Kopanice (Čadca) (ŽIL) 2-3 Tc52
971 01 Kopanice (Prievidza) (TRE) 12-13 Td56
830 00 Kopaničiarske (Bratislava-vidiek) (BRA) 24-25 Sa59
906 06 Kopánky 10-11 Sc56
018 02 Kopcovci (TRE) 2-3 Tb53
Kopčany (TRN) 10-11 Sa56
935 68 Kopec (Levice) (NIT) 30-31 Tc60
942 01 Kopec (Nové Zámky) (NIT) 30-31 Ta60
018 31 Kopec (Považská Bystrica) (TRE) 12-13 Tc55
967 01 Kopernica (BAN) 26-27 Tf56
935 02 Koplalov 26-27 Te59
920 01 Koplotovce (TRN) 24-25 Se58
049 16 Kopráš (BAN) 18-19 Vb56
086 45 Koprivnica (PRE) 8-9 Wc54
991 04 Koprovnica (BAN) 32-33 Uc59
916 33 Kopúnová (TRE) 10-11 Sf56
935 83 Korbáš 30-31 Te59
976 34 Kordiky (BAN) 16-17 Tf56
Kordišovci (ŽIL) 2-3 Te52
090 04 Korejovce (PRE) 8-9 Wd52
023 51 Korchanovci (ŽIL) 2-3 Te52
962 63 Korienky (BAN) 16-17 Ub58
980 61 Korimovo 18-19 Uf56
951 53 Korlát (NIT) 26-27 Tc59
023 21 Korňa (ŽIL) 2-3 Td52
023 33 Kornica (ŽIL) 2-3 Td52
072 62 Koromľa (KOŠ) 38 Xb56
090 31 Korunková (PRE) 22-23 We53
962 04 Korytárky (BAN) 16-17 Uc57
053 05 Korytné (Špišská Nová Ves) (PRE) 18-19 Ve54
013 54 Korytné (Žilina) (ŽIL) 2-3 Tc53
916 22 Korytnianske Kopanice (TRE) 24-25 Se56
034 75 Korytnica-kúpele (ŽIL) 16-17 Ub55
991 25 Kosihovce (BAN) 32-33 Ub59
991 11 Kosihy nad Ipľom (BAN) 32-33 Ua60
966 24 Kosorín (BAN) 26-27 Te57
966 71 Kostivrch 26-27 Td58
017 05 Kostolec (TRE) 12-13 Td54
900 62 Kostolište (BRA) 24-25 Rf58
962 11 Kostolna (BAN) 16-17 Uc57
930 34 Kostolná Gala (TRN) 28-29 Sc60
925 25 Kostolná pri Dunaji (BRA) 28-29 Sc59
916 13 Kostolné (Nové Mesto nad Váhom) (TRE) 10-11 Se56
962 75 Kostolné (Zvolen) (BAN) 16-17 Ub58
930 03 Kostolne Kračany (TRN) 28-29 Sd61
913 22 Kostolné Mitice (TRE) 12-13 Ta56
Kostolné Moravce (BAN) 30-31 Te59
942 01 Kostolný Sek (NIT) 30-31 Tb60
044 31 Kostoľany nad Hornádom (KOŠ) 20-21 Wb56
951 77 Kostoľany pod Tríbečom (NIT) 26-27 Tb58
972 41 Koš (TRE) 12-13 Td56
906 15 Košariská (TRE) 10-11 Sd56
023 01 Košariská (ŽIL) 2-3 Tf52
094 06 Košarovce (PRE) 20-21 We54
Košarovka (TRE) 10-11 Sf55
018 64 Košeca (TRE) 12-13 Tb54
018 32 Košecké Rovné (TRE) 12-13 Tc55
040 01 Košice (KOŠ) 20-21 Wa56
044 65 Košická Belá (KOŠ) 20-21 Wa56
040 14 Košická Nová Ves (KOŠ) 20-21 Wb56
044 41 Košická Polianka (KOŠ) 20-21 Wc56
044 42 Košické Oľšany (KOŠ) 20-21 Wc56
044 45 Košický Klečenev (KOŠ) 20-21 Wc56
Košický les (KOŠ) 20-21 Wb56
946 51 Košikáreň (NIT) 30-31 Ta61
977 01 Košíkovo (BAN) 14-15 Ue56
047 12 Koškovce (PRE) 22-23 Wf54
985 12 Koškovci (BAN) 16-17 Uc58
919 01 Košolná (TRN) 24-25 Sc58
958 41 Košovkovci 26-27 Tc57
038 41 Košťany nad Turcom (ŽIL) 12-13 Tf54
Koštialovci (TRE) 10-11 Sd56
925 09 Košúty (TRN) 28-29 Sd59
036 01 Košúty (ŽIL) 12-13 Tf54
946 54 Kotelnica (NIT) 30-31 Tb61
013 61 Kotešová (ŽIL) 2-3 Td53
055 66 Kotlina (KOŠ) 18-19 Ve56
985 53 Kotmanová (BAN) 16-17 Ud58
985 05 Kotoška (BAN) 16-17 Ue57
951 24 Kotrbál 26-27 Sf58
013 02 Kotrčiná Lúčka (ŽIL) 2-3 Tf53
022 01 Kotyrovci (ŽIL) 2-3 Te52
943 66 Kováčov (NIT) 30-31 Te62
962 37 Kováčová (BAN) 16-17 Ua57
049 42 Kováčová (Rožňava) (KOŠ) 18-19 Ve57
991 31 Kováčovce (BAN) 32-33 Uc60
962 44 Kováčove Lazy (BAN) 32-33 Ub59
Koválov (TRN) 10-11 Sb56
Koválovec (TRN) 10-11 Sb56
956 15 Kovarce (NIT) 26-27 Tb58
935 22 Kozárovce (NIT) 26-27 Tc59
065 45 Kozelec (PRE) 6-7 Ve53
966 15 Kozelník (BAN) 16-17 Tf57
Kozinská (ŽIL) 4-5 Ub53
962 41 Kozí Vrbovok (BAN) 32-33 Ua59
086 12 Kožany (PRE) 8-9 Wc53
076 01 Kožuchov (KOŠ) 36-37 We57
090 22 Kožuchovce (PRE) 8-9 We53
Kračany (BAN) 16-17 Tf57
Kračianske lúky 28-29 Sd61
087 01 Kračúnovce (PRE) 8-9 Wc54
985 06 Krahulčovo (BAN) 16-17 Ue57
967 01 Krahule (BAN) 16-17 Tf56
090 05 Krajná Bystrá (PRE) 8-9 We52
090 05 Krajná Poľana (PRE) 8-9 We52
090 04 Krajná Porúbka (PRE) 8-9 Wd52
916 16 Krajné (TRE) 10-11 Se56
090 03 Krajné Čierno (PRE) 8-9 Wd52
922 02 Krakovany (TRN) 24-25 Se57
982 01 Králik (BAN) 34-35 Vb58
976 34 Králiky (BAN) 16-17 Ua56
980 45 Kráľ (BAN) 34-35 Vc59
946 03 Kráľka (NIT) 30-31 Sf61
Kraľová (BAN) 16-17 Ub58
900 01 Kraľová (BRA) 24-25 Sb58
925 91 Kráľová nad Váhom (NIT) 28-29 Se60
032 33 Kraľova-Lehota (ŽIL) 14-15 Ue54
027 51 Kraľovany (ŽIL) 4-5 Ua54
925 24 Kráľová pri Senci (BRA) 28-29 Sc59
925 41 Kráľov Brod (TRN) 28-29 Se60
962 65 Kráľovce (KOŠ) 20-21 Wc56
Kráľovce Krnišov (BAN) 32-33 Tf58
931 01 Kráľovianky (TRN) 28-29 Sc60
930 03 Kráľovičove Kračany (TRN) 28-29 Sd61
077 01 Kráľovský Chlmec (KOŠ) 38 Wf58
976 52 Krám (BAN) 16-17 Ud56
976 63 Kramlište (BAN) 14-15 Uc56
962 65 Krasačník (BAN) 32-33 Ua59
980 26 Kraskovo (BAN) 34-35 Uf57
Krásna (NIT) 30-31 Tc60
044 11 Krásna nad Hornádom (KOŠ) 20-21 Wb56
985 41 Krásna (Lučenec) (BAN) 32-33 Ue59
980 51 Krásna (Rimavská Sobota) (BAN) 34-35 Uf58
027 44 Krásna Hôrka (ŽIL) 4-5 Ud53
082 73 Krásna Lúka (PRE) 6-7 Ve53
831 05 Krasňany (BRA) 28-29 Sa59
013 03 Krasňany (Žilina) (ŽIL) 2-3 Tf53
956 53 Krásna Ves (TRE) 12-13 Tb56
958 43 Krásno (TRE) 26-27 Tb57
023 02 Krásno nad Kysucou (ŽIL) 2-3 Te52
049 45 Krásnohorská Dlhá Lúka (KOŠ) 18-19 Vd57
049 41 Krásnohorské Podhradie (KOŠ) 18-19 Vd57
072 01 Krásnovce (KOŠ) 38 Wf56
067 03 Krásny Brod (PRE) 8-9 Wf53
067 03 Krásny Dub (TRE) 12-13 Sf55

66 SK Chotín

985 13 Kratiny (BAN) ..................16-17 Uc58
976 56 Krátke (BAN) ...................16-17 Uc56
023 11 Kratkovci (ŽIL) ...............2-3 Te52
946 36 Kravany nad Dunajom (NIT)...30-31 Tc62
076 61 Kravany (Michalovce) (KOŠ)...20-21 Wd56
059 18 Kravany (Poprad) (PRE)......18-19 Ub55
072 51 Krčava (KOŠ) ...............38 Xb56
Kremaňovci (ŽIL)............2-3 Td54
969 01 Kremenisko ...............16-17 Tf58
065 21 Kremná (PRE)...............6-7 Ve52
967 01 Kremnica (BAN)............12-13 Tf56
967 03 Kremnické Bane (BAN).....12-13 Tf56
974 01 Kremnička (BAN)............16-17 Uc56
017 05 Kresanovci (ŽIL)...........2-3 Td54
072 55 Kristy (KOŠ) ...............38 Xb56
090 31 Krišľovce (PRE)...........8-9 We54
079 01 Krišovská Liesková (KOŠ)...38 Wf57
Krištofíkovci (ŽIL)........4-5 Ua53
972 28 Krištofovci (TRE)..........12-13 Tc55
023 55 Krivá (ŽIL) ...............4-5 Uc53
962 04 Kriváň (BAN) ..............16-17 Uc57
082 72 Krivany (PRE)...............6-7 Vf54
Krivá Olka (PRE)...........8-9 Wf54
086 04 Krivé (PRE)...............8-9 Wa53
962 05 Krivec I (BAN)...............16-17 Uc57
962 05 Krivec II (BAN)...............16-17 Uc57
018 52 Krivoklát (TRE)............12-13 Ta54
913 11 Krivosúd-Bodovka (TRE).....12-13 Sf56
072 22 Krivoštany (ŽIL)............20-21 Wf55
916 26 Kríž nad Váhom (TRE)......10-11 Sf56
Križanová (ŽIL)............10-11 Sd56
079 01 Križany (KOŠ) ..............38 Xa57
086 04 Kríže (PRE)...............8-9 Wa53
023 51 Krížkovci (ŽIL)............2-3 Td52
991 42 Krížne Cesty (BAN).........32-33 Ua59
082 33 Krížovany (PRE)............20-21 Wa55
919 24 Križovany nad Dudváhom (TRN)...24-25 Sd59
059 01 Križová Ves (PRE)..........6-7 Vc53
032 13 Krmeš (ŽIL)...............14-15 Uc54
985 25 Krná (BAN) ...............16-17 Ud57
956 19 Krnča (NIT)...............26-27 Tb57
982 67 Krokava (BAN)............18-19 Ua57
053 42 Krompachy (KOŠ)..........18-19 Ve55
976 98 Krpáčova (BAN)............16-17 Ud55
980 45 Krpec ...............34-35 Ud58
038 54 Krpeľany (ŽIL)............14-15 Ua54
Krpeľance (TRE)...........12-13 Tf55
935 01 Kršťany (ŽIL)............26-27 Td59
966 77 Kršlovci ...............26-27 Td57
956 73 Krtovce (NIT)...............26-27 Sf57
090 32 Kručov (PRE)...............8-9 Wd54
923 01 Krupina (BAN)............32-33 Ua58
982 66 Krúpovo ...............18-19 Ua56
029 54 Krušetnica (ŽIL)..........4-5 Uc52
091 01 Krušinec (PRE)...............8-9 Wd53
955 04 Krušovce (NIT)...........26-27 Tb57
Krutkova Pustatina (BAN)...32-33 Ue59
086 09 Kružlov (PRE)...............8-9 Wa53
090 02 Kružlová (PRE)...............8-9 Wd52
086 04 Kružlovská Huta (PRE).....8-9 Wa53
049 51 Kružná (KOŠ)...............18-19 Vc57
979 01 Krušno (BAN)...............34-35 Uf58
986 01 Krvavá Dolina (BAN)........32-33 Uf59
Kržel (TRE)...............2-3 Tb53
956 43 Kšinná (TRE)...............12-13 Tc56
988 75 Kubáňovo (NIT)............30-31 Te60
Kubica (BAN)...............16-17 Ue56
906 14 Kubíčovci ...............10-11 Sc56
Kubíková (ŽIL)...............4-5 Tf53
984 01 Kubinička (BAN)............32-33 Ud58
980 26 Kubínovo (BAN)............34-35 Uf58
029 57 Kubínska (ŽIL)...............4-5 Ua52
911 01 Kubrá (TRE)...............12-13 Ta55
911 01 Kubrica (TRE)...............12-13 Ta55
076 75 Kucany (KOŠ)...............36-37 Wf57
980 61 Kučalach (Banská Bystrica) (BAN)...18-19 Uf56
962 42 Kučalach (Zvolen) (BAN).....32-33 Ua58
Kučejovci (TRE)...............2-3 Tb53
972 28 Kučerovci (TRE)............12-13 Tc55
935 84 Kučerov majer (NIT).......30-31 Te60
094 21 Kučín (KOŠ)...............22-23 We55
086 12 Kučín (Bardejov) (PRE).....8-9 Wc53
020 72 Kučín (TRE)...............12-13 Tc55
840 09 Kuchyňa (BRA)............24-25 Sa58
Kuklov (TRN)...............24-25 Sa57
086 04 Kuková (PRE)...............8-9 Wa52
935 54 Kukučínov (NIT)...........30-31 Te60
963 01 Kukučka (BAN)............32-33 Ua58
Kukurica ...............28-29 Se61
935 36 Kulantovo (NIT)...........30-31 Tc60
023 02 Kulijovci (ŽIL)...............2-3 Tf52
013 13 Kunerad (ŽIL)...............12-13 Te54
Kuneradský zámok (ŽIL)...12-13 Te54
967 03 Kunešov (BAN)...............12-13 Tf56
905 01 Kunov (TRN)...............10-11 Sc56
904 33 Kunova Teplica (KOŠ).....18-19 Vc57
017 01 Kunovec (TRE)...............12-13 Tc54
965 01 Kupča ...............26-27 Te57
Kupele (KOŠ)...............36-37 Wd57
935 64 Kuraľany (NIT)............30-31 Td61
966 11 Kuricovci ...............16-17 Tf57
086 12 Kurima (PRE)...............8-9 Wc53
054 01 Kurimany (PRE)...........18-19 Vd54
090 15 Kurimka (PRE)...............8-9 Wd53
979 01 Kurinec (BAN)............34-35 Va58
Kurinci (ŽIL)...............4-5 Ua52
086 04 Kurov (PRE)...............8-9 Wa52
023 54 Kurtáň (ŽIL)...............32-33 Ue59
072 32 Kusín (KOŠ)...............22-23 Xa56
906 05 Kutálkovci ...............10-11 Sc56
929 01 Kutníky (ŽIL)...............28-29 Sd61
Kúty (TRN)...............24-25 Sa57
075 12 Kuzmice (TRE)...............12-13 Tb55
076 12 Kuzmice (Trebišov) (KOŠ)...36-37 Wd57
956 21 Kuzmice Topoľčany...........26-27 Tb57
032 24 Kvačany (Liptovský Mikuláš) (ŽIL)...14-15 Ud53
082 41 Kvačany (Prešov) (PRE).....20-21 Wd54
Kvačany (PRE)...............22-23 We55
020 62 Kvašov ...............12-13 Td54
930 41 Kvašovský dvor (TRE).......12-13 Tc54
930 41 Kvetoslavov (TRE)...........28-29 Sb60
930 41 Kyjatice (BAN)...............32-33 Uf57
094 22 Kyjov (Michalovce) (KOŠ)...22-23 We56

065 48 Kyjov (Stará Ľubovňa) (PRE)...6-7 Vf53
974 01 Kyncelová (BAN)...........16-17 Ub56
044 81 Kynek (NIT)...............26-27 Ta59
930 30 Kysak (KOŠ)...............20-21 Wb55
Kyselica (TRN)...............28-29 Sc61
Kyselka (BAN)...............34-35 Uf59
Kysihýbeľ (BAN)...............16-17 Tf58
080 01 Kyslá voda (PRE)...........20-21 Wa55
962 23 Kyslinky (BAN)...............16-17 Uc57
976 52 Kysuca (BAN)...............16-17 Ud57
976 53 Kysuca (BAN)...............16-17 Ud57
024 01 Kysucké Nové Mesto (ŽIL)...2-3 Te53
023 34 Kysucký Lieskovec (ŽIL)...2-3 Te52

## L

Láb (BRA) ...............24-25 Rf58
Labne (NIT)...............26-27 Sf58
951 48 Lackov (Nitra) (NIT).......26-27 Sf59
962 44 Lackov (Zvolen) (BAN)......32-33 Ub59
065 01 Lacková (KOŠ)...............6-7 Vd53
038 22 Laclavá (ŽIL)...............12-13 Te55
086 04 Lačnov (PRE)...............6-7 Vf54
082 12 Lada (PRE)...............20-21 Wc54
018 63 Ladce (TRE)...............12-13 Tb54
951 77 Ladice (NIT)...............26-27 Tb58
049 64 Ladislava ...............18-19 Va57
034 01 Ladislavov Dvor (NIT).....26-27 Td59
076 34 Ladmovce (KOŠ)...........36-37 We58
018 01 Ladno (BAN)...............16-17 Tf57
965 01 Ladomer (BAN)...............26-27 Tf57
965 01 Ladomerská Vieska (BAN)...26-27 Tf57
067 71 Ladomírov (PRE)...........22-23 Xb55
090 03 Ladomirová (PRE)...........8-9 Wd53
962 67 Ladzany (BAN)...............32-33 Tf59
065 21 Lachovci (ŽIL)...............4-5 Tf53
922 11 Lajdovci (TRN)............24-25 Sd57
Lakšárska Nová Ves (TRN)...24-25 Sb57
Lallkovci (ŽIL)...............2-3 Tf52
013 31 Lalinok (ŽIL)...............2-3 Te53
840 07 Lamač (BRA)...............28-29 Sa59
991 05 Lamica (BAN)...............32-33 Ub59
020 55 Lamže (TRE)...............2-3 Tb53
922 04 Lančár (TRN)...............24-25 Sd57
966 03 Láne ...............26-27 Tf57
049 25 Lánio Huta ...............18-19 Vb56
023 11 Lánikovci (ŽIL)...............2-3 Te52
086 45 Lascov (PRE)...............8-9 Wc54
038 43 Laskár (Martin) (ŽIL).......12-13 Tf55
018 43 Laskár (Prievidza) (TRE)...12-13 Td56
072 37 Lastomír (KOŠ)...............38 Wf56
076 14 Lastovce (KOŠ)...........36-37 Wd57
072 01 Laškovce (KOŠ)...........20-21 Wf56
Lašná (NIT)...............16-17 Uc58
957 01 Látkovce (TRE)...............12-13 Tc56
985 45 Látky (BAN)...............16-17 Ud57
966 78 Laurovci ...............26-27 Td57
972 11 Lazany (TRE)...............12-13 Td56
032 11 Lazisko (ŽIL)...............14-15 Ud54
Lázky (ŽIL)...............12-13 Tf54
966 03 Lazy ...............12-13 Tc54
020 55 Lazy pod Makytou (TRE).....2-3 Tb53
985 31 Lazy (Fiľakovo) (BAN)......32-33 Ue59
985 12 Lazy (Lučenec) (BAN).......16-17 Ud58
017 01 Lazy (Považská Bystrica, Beluša) (TRE)...12-13 Tc54
Lazy (Považská Bystrica, Dohňany) (TRE)...2-3 Tb54
Lazy (Veľký Krtíš, Vinica) (BAN)...32-33 Ua60
962 51 Lazy Raj (BAN)...............32-33 Ua59
082 32 Lažany (PRE)...............20-21 Wa54
020 63 Lednica (TRE)...............12-13 Tb54
020 61 Lednické Rovne (TRE)......12-13 Tb54
914 45 Lefantovce (NIT)...........26-27 Ta58
065 46 Legnava (PRE)...............6-7 Vf53
018 16 Lehana (TRE)...............28-29 Sc60
951 36 Lehota (NIT)...............26-27 Sf59
980 53 Lehota nad Rimavicou (BAN)...34-35 Uf57
972 51 Lehota pod Vtáčnikom (TRE)...12-13 Td56
985 11 Lehôtka (BAN)...............32-33 Ud58
985 11 Lehôtka pod Brehmi (BAN)...26-27 Te57
029 57 Lehotská (ŽIL)...............4-5 Ua52
980 04 Lehy (BAN)...............34-35 Va59
059 06 Lechnica (PRE)...............6-7 Vc52
072 54 Lekárovce (KOŠ)...............38 Xa57
076 84 Leles (KOŠ)...............38 Xa58
943 65 Leľa (NIT)...............30-31 Te61
972 47 Lemešany (PRE)...........20-21 Wb55
086 06 Lenartov (PRE)...............8-9 Wa53
980 44 Lenartovce (BAN)...........34-35 Vb59
059 07 Lendak (PRE)...............6-7 Vc54
Lengrub (BAN)...............6-7 Vc53
034 84 Lenková (BAN)...............34-35 Vc58
985 13 Lentvora (BAN)...............32-33 Ud58
920 41 Leopoldov (TRN)...........24-25 Se58
Leperi (BAN)...............34-35 Va58
991 08 Lesenice (BAN)...............32-33 Ub60
082 01 Lesíček (PRE)...............20-21 Wc55
071 01 Lesné (KOŠ)...............22-23 We56
065 33 Lesnica (PRE)...............6-7 Vc52
059 31 Leština (ŽIL)...............14-15 Ua53
053 13 Letanovce (KOŠ)...........18-19 Vc55
Letničie (NIT)...............10-11 Sb56
982 62 Levare ...............34-35 Va57
934 01 Levapovce (NIT)...........26-27 Tc58
934 01 Levice (NIT)...............30-31 Td59
059 72 Levkovce (PRE)...............6-7 Vc54
054 01 Levkuška (BAN)...............34-35 Vb58
054 01 Levoča (KOŠ)...............18-19 Va54
054 01 Levočská Dolina (PRE).......6-7 Vd54
054 01 Levočské Lúky (PRE)........18-19 Vd55
034 01 Levočská (ŽIL)...............12-13 Tf55
951 88 Líščná nad Žitavou (NIT)...17-18 Tb59
956 38 Libichava (TRE)...............26-27 Ta58
082 03 Ličartovce (PRE)...........20-21 Wb55
929 01 Lidér Tejed ...............28-29 Sd61
027 12 Liesek (PRE)...............4-5 Ud52
Lieskova (KOŠ)...............38 Xa57
Lieskovany (KOŠ)...........18-19 Vd55
Lieskové (Bratislava) (BRA)...28-29 Sb60
906 33 Lieskové (Senica) (TRN)...24-25 Sc57

067 45 Lieskovec (Humenné) (PRE)...22-23 We55
020 55 Lieskovec (Považská Bystrica) (TRE)...2-3 Tb53
960 04 Lieskovec (Zvolen) (BAN)...16-17 Ub57
913 03 Liešna (Trenčín) (TRE).......10-11 Sf55
962 04 Liešna (Zvolen) (BAN)......16-17 Ub57
985 05 Liešnica (BAN)...............16-17 Ua57
038 22 Liešno (ŽIL)...............12-13 Te55
972 27 Liešťany (TRE)...............12-13 Tc56
013 18 Lietava (ŽIL)...............2-3 Td53
013 11 Lietavská Lúčka (ŽIL).......2-3 Te53
013 11 Lietavská Svinná (ŽIL).....2-3 Te53
013 11 Lietavská Svinná-Babkov (ŽIL)...2-3 Td54
013 31 Lietavská Závadka (ŽIL)...2-3 Te53
985 06 Lichovo (BAN)...............16-17 Ue57
034 95 Likavka (ŽIL)...............14-15 Ub54
981 01 Likier (BAN)...............34-35 Uf57
Limbach (BRA)...............24-25 Sb59
985 07 Línia (BAN)...............16-17 Ue57
082 71 Lipany (PRE)...............6-7 Vf54
935 21 Lipník (NIT)...............26-27 Td59
972 32 Lipník (TRE)...............12-13 Te56
081 16 Lipníky (PRE)...............20-21 Wc54
941 02 Lipová (NIT)...............30-31 Tb60
086 13 Lipová (Bardejov) (PRE).....8-9 Wc53
985 31 Lipovany (BAN)...............32-33 Ua59
082 36 Lipovce (PRE)...............20-21 Vf54
049 14 Lipové (Hnúšťa) (BAN).......18-19 Va57
946 14 Lipové (Komárno) (NIT).....28-29 Sf61
038 61 Lipovec (Martin) (ŽIL).....12-13 Tf54
980 23 Lipovec (Rimavská Sobota) (BAN)...34-35 Va57
049 42 Lipovník (Rožňava) (KOŠ)...18-19 Vd57
956 01 Lipovník (Topoľčany) (TRE)...26-27 Ta57
034 74 Liptovská Anna (ŽIL).......4-5 Uc54
032 44 Liptovská Kokava (ŽIL).....14-15 Ua54
034 72 Liptovská Lúžna (ŽIL)......14-15 Ub55
031 01 Liptovská Ondrašová (ŽIL)...14-15 Ud53
034 73 Liptovská Osada (ŽIL)......14-15 Ub55
033 01 Liptovská Porúbka (ŽIL)...14-15 Ub55
032 23 Liptovská Sielnica (ŽIL)...4-5 Ud54
034 01 Liptovská Štiavnica (ŽIL)...14-15 Uc54
034 83 Liptovská-Teplá (ŽIL).......14-15 Uc54
059 40 Liptovský Ján (ŽIL).......18-19 Va55
034 72 Liptovské Beharovce (ŽIL)...4-5 Ud54
032 14 Liptovské Kľačany (ŽIL)...14-15 Uc54
032 23 Liptovské Matiašovce (ŽIL)...4-5 Ud54
034 74 Liptovské Revúce (ŽIL).....14-15 Ub55
033 01 Liptovský Hrádok (ŽIL).....14-15 Ua54
032 03 Liptovský Ján (ŽIL).......14-15 Ua54
034 83 Liptovský-Michal (ŽIL).....14-15 Uc54
031 01 Liptovský Mikuláš (ŽIL)...14-15 Uc54
032 04 Liptovský Ondrej (ŽIL).....14-15 Ua54
033 01 Liptovský-Peter (ŽIL).....14-15 Ua54
032 22 Liptovský Trnovec (ŽIL)...14-15 Ud54
935 35 Liska (NIT)...............30-31 Td59
962 34 Lisková (ŽIL)...............14-15 Uc54
023 16 Liščákovci (ŽIL)...............2-3 Tf52
963 01 Líška (BAN)...............32-33 Ua58
962 69 Líšov (BAN)...............26-27 Tf59
065 81 Litaš (NIT)...............30-31 Te59
962 44 Litava (BAN)...............32-33 Ua59
Litavská Chotár (BAN)......32-33 Ua59
065 31 Litmanová (PRE)...............6-7 Vd52
956 32 Livina (TRE)...............26-27 Tb57
956 32 Livinské Opatovce (TRE)...24-25 Se58
086 05 Livov (PRE)...............8-9 Wa53
086 05 Livovská Huta (PRE)........8-9 Wa53
991 02 Ľuboriečka (BAN)...........32-33 Ud59
023 34 Lodno (ŽIL)...............2-3 Tf52
946 01 Lohot (NIT)...............30-31 Ta61
Lohyna (BAN)...............16-17 Ub58
951 93 Lok (NIT)...............30-31 Tc59
029 51 Lokca (ŽIL)...............4-5 Uc52
976 53 Lom nad Rimavicou (BAN)...16-17 Ud57
930 33 Lomná (TRE)...............4-5 Ub52
090 33 Lomné (PRE)...............8-9 Wd54
093 03 Lomnica ...............22-23 Wd55
059 01 Lomnica (PRE)...............6-7 Vd54
962 62 Lomno (BAN)...............16-17 Ub58
962 63 Lonec (BAN)...............32-33 Ub58
935 75 Lontov (NIT)...............30-31 Te60
Lopašov (TRN)...............10-11 Sb56
Lopaty (BAN)...............32-33 Ub58
976 98 Lopej (BAN)...............14-15 Uc56
086 43 Lopúchov (PRE)...............8-9 Wc54
023 36 Lopušné Pažite (ŽIL).......2-3 Te53
040 01 Lorinčík (KOŠ)...............20-21 Wa56
919 04 Lošonec (BAN)...............24-25 Sc58
053 32 Lovasovci (ŽIL)...............2-3 Tc52
951 92 Lovce (NIT)...............26-27 Tc59
076 01 Lovča (BAN)...............32-33 Ua58
966 23 Lovčica-Trubín (BAN).......26-27 Te57
985 54 Lovinobaňa (BAN)...........16-17 Ud58
Lozorno (BRA)...............24-25 Sa59
072 04 Ložín (KOŠ)...............20-21 Wf57
049 18 Lubeník (BAN)...............18-19 Vb57
049 18 Lubina (TRE)...............10-11 Se56
067 11 Lubiša (PRE)...............22-23 Wf54
013 02 Lúč na Ostrove (NIT).......28-29 Sd61
976 61 Lučatín (BAN)...............14-15 Ub56
082 07 Lúčina (PRE)...............20-21 Wc55
059 31 Lúčivná (PRE)...............18-19 Va54
Lúčivná (ŽIL)...............14-15 Ua53
086 44 Lúčka (Giraltovce) (PRE)...8-9 Wc54
053 03 Lúčka (Levoča) (PRE).......18-19 Va57
049 42 Lúčka (Rožňava) (KOŠ).....18-19 Va57
082 71 Lúčka (Sabinov) (PRE).......6-7 Vf53
072 03 Lúčkovce ...............20-21 Wa56
977 01 Lúčky (BAN)...............14-15 Uc56
034 82 Lúčky (Levoča) (PRE).......14-15 Ua53
032 51 Lúčky (Liptovský Mikuláš, Liptovský Hrádok) (ŽIL)...14-15 Uc53
072 34 Lúčky (Michalovce) (KOŠ)...22-23 Xa56
991 42 Lúčky (Veľký Krtíš) (BAN)...32-33 Ua60
967 01 Lúčky (Žiar nad Hronom) (BAN)...12-13 Tf56
951 88 Lúčnica nad Žitavou (NIT)...17-18 Tb59
034 01 Lúčky Dvor (BRA)...........28-29 Sd59
956 11 Ludanice (NIT)...............26-27 Tb58
034 71 Ludrová (ŽIL)...............14-15 Uc54
Ludvíkov Dvor (KOŠ).......20-21 Wf56
Luhoviny (BAN)...............30-31 Ta61
076 14 Luhyňa (KOŠ)...............36-37 Wd58
916 34 Lúka (TRE)...............26-27 Sf57
Lukáč ...............10-11 Sd56
951 23 Lukáčovce (Hlohovec) (NIT)...26-27 Sf58

067 24 Lukáčovce (Humenné) (PRE)...20-21 We54
013 55 Lukáčovci (ŽIL)...............2-3 Tc53
962 31 Lukavica (ŽIL)...............2-3 Tc53
966 81 Lukavica (Banská Štiavnica) (BAN)...26-27 Te58
086 21 Lukavica (Bardejov) (PRE)...8-9 Wb53
949 11 Lukov Dvor ...............26-27 Ta59
960 01 Lukové (BAN)...............16-17 Ub57
960 01 Lukovištia (BAN)...........34-35 Va58
985 42 Lukva (BAN)...............34-35 Uf59
020 53 Lúky (Považská Bystrica) (TRE)...2-3 Tb53
013 31 Lúky (Žilina) (ŽIL)........2-3 Td53
935 35 Lula (NIT)...............30-31 Tc59
020 54 Luliakovci (TRE)...............2-3 Tb53
Lun (NIT)...............26-27 Tb59
991 02 Lupín (BAN)...............32-33 Uc59
985 11 Lupoč (BAN)...............32-33 Ud58
916 16 Luskovica (TRE)...............10-11 Sd56
965 04 Lutila (BAN)...............26-27 Tf57
023 04 Lutiše (ŽIL)...............4-5 Tf53
952 01 Lužany (NIT)...............26-27 Sf58
087 01 Lužany pri Topli (PRE).......8-9 Wc54
949 09 Lužianky (NIT)...............26-27 Sf58
061 01 Lysá nad Dunajcom (PRE)...6-7 Vb52
020 54 Lysá pod Makytou (TRE).....2-3 Tb53
013 05 Lysica (ŽIL)...............2-3 Tf53

## Ľ

943 53 Ľubá (NIT)...............30-31 Td61
032 14 Ľubeľa (ŽIL)...............14-15 Uc54
059 71 Ľubica (PRE)...............6-7 Vc54
976 55 Ľubietová (BAN)...........16-17 Uc56
034 91 Ľubochňa (ŽIL)...............14-15 Ub54
914 41 Ľuborča (TRE)...............12-13 Ta55
985 11 Ľuboreč (BAN)...............32-33 Ud59
080 06 Ľubotice (PRE)...............20-21 Wb54
065 41 Ľubotín (PRE)...............6-7 Vf53
082 42 Ľubovec (PRE)...............20-21 Wb55
065 02 Ľubovnianske Kúpele (PRE)...6-7 Vf53
Ľudovítov (NIT)...............30-31 Ta60
951 44 Ľudovitová (NIT)...........26-27 Ta58
Ľuiovka (Ban)...............16-17 Ub58
086 05 Ľukov (PRE)...............8-9 Wa53
082 57 Ľutina (PRE)...............8-9 Wa54
957 03 Ľutov (TRE)...............12-13 Tb56

## M

962 23 Macákova (BAN)...............16-17 Uc57
969 01 Macko ...............16-17 Tf58
985 13 Mackovci (BAN)............32-33 Uc58
930 32 Macov (TRN)...............28-29 Sc60
962 70 Mačkáš ...............30-31 Te59
925 41 Mačonáš (TRN)...............28-29 Sf60
930 14 Mad (TRN)...............28-29 Sd61
985 13 Maderét (NIT)...............30-31 Te59
Maderét II (NIT)...............30-31 Sf61
034 83 Madočany (ŽIL)...............14-15 Uc54
922 42 Madunice (TRN)...........24-25 Se58
013 62 Madzín (ŽIL)...............2-3 Td53
Magnezitka (BAN)...........18-19 Vb56
049 11 Magnezitovce (BAN).......18-19 Vb56
962 05 Magura (BAN)...............16-17 Ud57
032 15 Magurka (ŽIL)...............14-15 Uc55
Machnač (TRE)...............10-11 Sf55
962 31 Majcichov (TRN)...........24-25 Sd59
082 57 Majdan (Sabinov) (PRE).....8-9 Wa53
919 03 Majdan (Trnava) (PRE)......24-25 Sc58
Majer (Levice) (NIT).......30-31 Te60
972 21 Majer (Prievidza) (TRE)...12-13 Tc56
013 18 Majer (Žilina) (ŽIL).......2-3 Te53
020 64 Majer (Považská Bystrica) (TRE)...2-3 Tb54
Majerčík (ŽIL)...............10-11 Sc56
059 94 Majerka (PRE)...............6-7 Vd53
994 09 Majerov (PRE)...............22-23 We55
962 11 Majerovo (BAN)...............16-17 Uc57
Majet (BAN)...............18-19 Vb57
979 01 Majša (BAN)...............34-35 Uf58
023 41 Majtánky (BAN)...............2-3 Te53
Majtánovci ...............10-11 Sd56
023 56 Makov (ŽIL)...............2-3 Tc52
090 23 Makovce (PRE)...............8-9 Wd54
Maky (BAN)...............32-33 Ue58
965 01 Makýtka (TRE)...............26-27 Tf57
966 23 Malá (BAN)...............26-27 Te57
943 65 Malá nad Hronom (NIT).....30-31 Te61
076 32 Malá Bara (KOŠ)...........36-37 We58
Malá Budata (TRN)...........28-29 Sc61
014 01 Malá Bytča (ŽIL)...............2-3 Td53
Malacky (BRA)...............24-25 Rf58
991 08 Malá Čalomija (BAN)........32-33 Ub60
971 01 Malá Čausa (TRE)...........12-13 Te56
015 01 Malá Čierna (ŽIL)...........12-13 Td54
Malá Dolina (KOŠ)...........16-17 Ud58
951 15 Malá Dolina (Lučenec) (BAN)...16-17 Ud58
094 02 Malá Domaša (PRE)........20-21 We55
059 78 Malá Franková (PRE)........6-7 Vb53
027 05 Malá Havrania (ŽIL)........18-19 Vc55
956 54 Malá Hradná (TRE)...........12-13 Tc56
Malá Ida (KOŠ)...............16-17 Ua56
946 45 Malá Chrasť (NIT)...........30-31 Tb61
044 20 Malá Ida (KOŠ)...............20-21 Wa56
966 42 Malá Lehota (BAN)..........26-27 Te57
982 51 Malá Lehota (Prievidza) (BAN)...12-13 Td56
971 01 Malá Lehôtka (TRE).........12-13 Td56
044 32 Malá Lodina (KOŠ)...........20-21 Wb56
935 35 Malá Lula (NIT)...............30-31 Tc59
941 45 Malá Maňa (NIT)...............30-31 Tb60
974 06 Malá Máčka (NIT)...........16-17 Ub56
941 51 Malá Mužla (NIT)...............30-31 Td61
Malá-Paka (BAN)...............28-29 Sc60
090 24 Malá Poľana (BAN)...........8-9 Wc54
941 51 Malá Pozba (NIT)...............30-31 Td60
Malá Pustatina (NIT).......30-31 Ta61
935 67 Málaš (BAN)...............30-31 Td60
027 01 Malatiná (ŽIL)...............14-15 Uc54
032 15 Malatíny (ŽIL)...............14-15 Uc54

076 82 Malá Tŕňa (KOŠ)...............36-37 We58
984 01 Malá Ves (BAN)...............32-33 Ue59
086 06 Malcov (PRE)...............8-9 Wa53
072 06 Malčice (KOŠ)...............36-37 Wf57
955 01 Malé Bedzany (NIT).......26-27 Tb57
958 04 Malé Bielice (NIT).......26-27 Tb57
929 01 Malé Blahovo (NIT).......28-29 Sd60
027 46 Malé Borové (ŽIL)........14-15 Ud53
929 01 Malé Dvorníky (TRN)........28-29 Sd60
956 37 Malé Hoste (TRE)...........12-13 Ta56
957 01 Malé Chlevany (TRE).......12-13 Tb56
951 53 Malé Chrašťany (NIT).......26-27 Tb59
951 54 Malé Chyndice (NIT)........26-27 Tb59
Malejov ...............10-11 Sc56
943 61 Malé Kosihy (NIT)...........30-31 Te61
946 21 Malé Kosihy (Komárno) (NIT)...30-31 Sf62
018 31 Malé Košecké Podhradie (TRE)...12-13 Tb55
935 21 Malé Kozmálovce (NIT).....26-27 Td59
935 01 Malé Krškany (NIT)...........30-31 Td59
958 03 Malé Krštenany (NIT).......26-27 Tc57
018 16 Malé Lednice (TRE)...........12-13 Td54
908 74 Malé Leváre (BRA)...........24-25 Rf57
937 01 Malé Ludince (NIT)...........30-31 Te61
034 01 Malé Orvište (TRE)...........24-25 Se57
956 34 Malé Ostratice (TRE).......26-27 Tb57
076 63 Malé Ozorovce (KOŠ).......20-21 Wd56
966 81 Malé Podzámčie (BAN).......26-27 Te57
956 07 Malé Ripňany (NIT)...........26-27 Sf58
990 01 Malé Straciny (BAN)........32-33 Uc59
990 51 Malé Teriakovce (BAN).....34-35 Uf58
076 42 Malé Trakany (KOŠ)...........38 Xa58
958 03 Malé Uherce (NIT)...........26-27 Tc59
951 82 Malé Vozokany (NIT).......26-27 Tc59
072 34 Malé Zalužice (KOŠ).......22-23 Wf56
951 24 Malé Zálužie (NIT)...........26-27 Tb58
991 22 Malé Zlievce (BAN).........32-33 Uc59
023 21 Malíkovci (ŽIL)...............2-3 Td52
985 26 Malinec (BAN)...............16-17 Ud58
Malinik ...............26-27 Td57
972 13 Malinová (TRE)...............12-13 Td55
935 87 Malinovec (NIT)...............30-31 Te60
900 45 Malinovo (BRA)...............28-29 Sb60
946 65 Maloland (NIT)...............30-31 Ta61
032 34 Malužiná (ŽIL)...............14-15 Ua55
951 34 Malý Báb (NIT)...............24-25 Sd59
900 24 Malý Biel ...............24-25 Sc59
951 05 Malý Cetín (NIT)...............26-27 Tb59
038 45 Malý Čepčín (ŽIL)...........12-13 Te55
Malý Háj (BRA)...............24-25 Rf59
076 52 Malý Horeš (KOŠ)...............38 Wf58
941 09 Malý Jatov (NIT)...........30-31 Sf60
934 01 Malý Kiar (NIT)...............30-31 Te59
Malý Kiarov (BAN)...........32-33 Uc60
990 01 Malý Krtis (BAN)...........32-33 Uc59
951 04 Malý Lapáš (NIT)...........26-27 Tb59
Malý Lég (TRN)...............28-29 Sc60
065 46 Malý Lipník (PRE)...............6-7 Vf52
900 44 Malý Madaráš (BRA)........28-29 Sc60
985 58 Malý Mlyn (BAN)...........32-33 Ue59
946 03 Malý Ostrov (NIT)...........30-31 Sf61
935 54 Malý Pesek (NIT)...........30-31 Te60
075 01 Malý Ruskov (KOŠ)........20-21 Wd57
Malý Saneč (BAN)...........16-17 Uc57
060 01 Malý Slavkov (PRE)...........6-7 Vc54
962 02 Malý Sliač (BAN)...........32-33 Uc59
032 67 Malý Slivník (PRE)...........8-9 Wb54
065 46 Malý Šulín (PRE)...............6-7 Vf52
982 65 Malý Šváb (PRE)...........20-21 Wb54
900 29 Malý Šúr (BRA)...............28-29 Sc59
919 29 Malženice (TRE)...........24-25 Sd58
941 45 Maňa (NIT)...............30-31 Tb60
Maňutovo (BAN)...............16-17 Ud57
951 91 Mankovce (NIT)...............26-27 Tb58
946 32 Marcelová (NIT)...............30-31 Tb62
013 32 Marčín (ŽIL)...............2-3 Td53
924 01 Margecany (NIT)...........20-21 Vf55
985 32 Margócova Osada (BAN)...32-33 Ud59
086 45 Marhaň (PRE)...............8-9 Wc54
Mária (NIT)...............30-31 Tc62
Maričalád (NIT)...............30-31 Tc60
943 53 Mária dvor (NIT)...........30-31 Td61
056 01 Mária Huta (KOŠ)...........20-21 Vf55
Marianka (BRA)...............24-25 Sa59
Mariáš ...............24-25 Se57
013 62 Markovce (ŽIL)...............2-3 Td53
072 06 Markovce (KOŠ)...............20-21 Wf57
076 61 Markov Laz (TRE)...........12-13 Tc54
049 34 Markuška (KOŠ)...............18-19 Vb55
053 21 Markušovce (KOŠ)...........18-19 Vd55
013 51 Maršová (ŽIL)...............2-3 Td53
036 01 Martin (ŽIL)...............12-13 Tf54
903 01 Martin nad Žitavou (NIT)...26-27 Tb58
903 01 Martin (Bratislava-vidiek) (BRA)...24-25 Sc59
906 13 Martincová (ŽIL)...........10-11 Sd56
034 95 Martinček (ŽIL)...............14-15 Ub54
023 05 Martinskovci (ŽIL).........4-5 Ua52
Martinská (ŽIL)...............30-31 Tc60
980 41 Martinová (Rimavská Sobota) (BAN)...34-35 Va59
946 61 Martovce (NIT)...............30-31 Ta61
Martusová (ŽIL)...............4-5 Ua52
956 42 Marušiná (TRE)...............12-13 Tc56
966 71 Maruškova dolina ...........26-27 Te57
930 39 Maslovce (TRE)...............28-29 Sc60
023 52 Maslovenka (ŽIL)...............2-3 Td52
Masníkovo (TRN)...........28-29 Sc60
Mást (BRA)...............24-25 Sa59
985 24 Maša (Lučenec) (BAN).......16-17 Ud58
981 01 Maša (Rimavská Sobota) (BAN)...18-19 Uf57
053 11 Maša (Spišská Nová Ves) (KOŠ)...18-19 Vd55
935 11 Mašková (NIT)...............32-33 Ud59
067 32 Maškovce (KOŠ)...............22-23 Wf54
987 01 Maštinec (Lučenec) (BAN)...32-33 Ue58
Maštinec (Rimavská Sobota) (BAN)...32-33 Ue58
086 04 Mašková (BAN)...............16-17 Ue57
059 51 Matejov (Poprad) (PRE).....6-7 Vd54
053 21 Matejovce (Spišská Nová Ves) (KOŠ)...18-19 Ve55
916 16 Matejovce (TRE)...........10-11 Sd56
Matejovo ...............26-27 Te58
094 32 Matiašovce (PRE)...........22-23 Wd54
059 05 Matiašovce (PRE)...........18-19 Vc55
090 42 Matovce (PRE)...............8-9 Wd54
Matovce (KOŠ)...............38 Xa57
079 01 Maťovské Vojkovce (KOŠ)...38 Xa57

A B C Č D Ď E F G H Ch I J K L Ľ M N O P R S Š T U V X Z Ž

|  |  |  |
|---|---|---|
|  | Matru (BAN) | 34-35 Uf59 |
| 020 55 | Matúše (TRE) | 2-3 Tb53 |
| 020 53 | Matúšikovci (TRE) | 12-13 Tc55 |
| 924 03 | Matúškovo (TRN) | 28-29 Se59 |
| 065 46 | Matysova (PRE) | 6-7 Ve53 |
|  | Mazan (ŽIL) | 12-13 Tf55 |
| 977 01 | Mazorníkovo (BAN) | 14-15 Ud56 |
| 023 04 | Mazúrovci (ŽIL) | 2-3 Tf53 |
| 013 06 | Mažgutovci (ŽIL) | 4-5 Tf53 |
| 053 14 | Medcelovce | 18-19 Vc55 |
| 980 55 | Medené (BAN) | 18-19 Uf57 |
| 020 61 | Medné (TRE) | 12-13 Tb54 |
| 962 55 | Medovarce (BAN) | 32-33 Ua59 |
| 935 82 | Medvecké (NIT) | 30-31 Tc60 |
| 090 04 | Medvedie (Svidník) (PRE) | 8-9 Wd52 |
| 018 03 | Medvedinec (TRE) | 2-3 Tb53 |
| 027 44 | Medveďov (Dolný Kubín) (ŽIL) | 4-5 Ud53 |
|  | Medveďov (NIT) | 16-17 Ud56 |
| 930 07 | Medveďov (Dunajská Streda) (TRN) | 28-29 Se62 |
| 082 21 | Medzany (PRE) | 20-21 Wa54 |
| 044 25 | Medzev (KOŠ) | 20-21 Vf56 |
| 094 31 | Medzianky (PRE) | 20-21 Wa54 |
| 976 96 | Medzibrod (BAN) | 14-15 Uc56 |
| 065 22 | Medzibrodie (PRE) | 6-7 Ve52 |
| 026 01 | Medzibrodie nad Oravou (ŽIL) | 4-5 Uc53 |
| 917 01 | Medzihaje | 24-25 Sd58 |
| 916 32 | Medzihorie (TRE) | 10-11 Sf56 |
| 026 01 | Medzihradné (ŽIL) | 14-15 Ub53 |
| 068 01 | Medzilaborce (PRE) | 8-9 Wf53 |
|  | Medzi vŕškami (BAN) | 16-17 Ub58 |
| 049 18 | Medznik (BAN) | 18-19 Vb57 |
| 071 01 | Medzov (KOŠ) | 38 Wf56 |
| 951 46 | Mechenice | 26-27 Ta58 |
|  | Mechnovci | 10-11 Sc56 |
| 023 02 | Mekyňovci (ŽIL) | 2-3 Te52 |
| 913 05 | Melčice-Lieskové (TRE) | 10-11 Sf55 |
| 951 63 | Melek (NIT) | 30-31 Tc59 |
| 049 12 | Meliata (BAN) | 34-35 Vc57 |
|  | Melišikovci (ŽIL) | 4-5 Tf53 |
| 023 04 | Melišovci (ŽIL) | 2-3 Tf53 |
| 059 36 | Mengusovce (PRE) | 6-7 Va54 |
| 029 63 | Menzdrovka (ŽIL) | 4-5 Ub52 |
| 920 61 | Meračice (TRN) | 26-27 Sf58 |
| 082 42 | Merníce | 20-21 Wa55 |
| 094 23 | Merník (PRE) | 22-23 Wd55 |
| 962 71 | Merovce (NIT) | 32-33 Tf59 |
| 020 52 | Mestečko (TRE) | 2-3 Tb53 |
| 090 41 | Mestisko (PRE) | 8-9 Wd53 |
| 023 52 | Mesto (ŽIL) | 2-3 Td52 |
| 991 35 | Meštrov Laz (BAN) | 32-33 Ub59 |
| 044 12 | Mexiko | 20-21 Wa56 |
| 087 01 | Mičakovce (PRE) | 8-9 Wd54 |
| 023 51 | Mičkové (ŽIL) | 2-3 Te52 |
| 013 62 | Mičovci (ŽIL) | 2-3 Td52 |
| 930 41 | Mierovo (TRN) | 28-29 Sc60 |
| 957 01 | Miezgovce (TRE) | 12-13 Tb56 |
| 085 01 | Mihaľov (PRE) | 8-9 Wb53 |
| 067 73 | Michajlov (PRE) | 22-23 Xb55 |
| 930 35 | Michal na Ostrove (TRN) | 28-29 Sb60 |
| 941 61 | Michal nad Žitavou (NIT) | 30-31 Tb59 |
| 023 22 | Michaliskovci (ŽIL) | 2-3 Td52 |
| 962 61 | Michalková (BAN) | 16-17 Ua57 |
| 023 02 | Michálkovci (ŽIL) | 2-3 Tf52 |
| 094 23 | Michalok (PRE) | 22-23 Wd55 |
| 976 57 | Michalová (BAN) | 16-17 Ue56 |
| 071 01 | Michalovce (KOŠ) | 38 Wf56 |
|  | Michalovci (TRE) | 12-13 Tc55 |
| 076 14 | Michaľany (KOŠ) | 36-37 Wd57 |
| 985 23 | Miklášovo (TRE) | 16-17 Ud58 |
| 082 44 | Miklušovce (PRE) | 20-21 Wa55 |
| 049 13 | Miklóčany | 18-19 Vb57 |
| 090 24 | Miková (PRE) | 8-9 We53 |
| 040 18 | Mikov Majer | 20-21 Wc56 |
| 014 01 | Mikšová (ŽIL) | 2-3 Tc53 |
| 937 01 | Mikula (NIT) | 30-31 Te60 |
|  | Mikulášová | 24-25 Sd58 |
| 086 36 | Mikulášová (PRE) | 8-9 Wc52 |
|  | Mikulášov Sad (NIT) | 30-31 Tc61 |
| 916 01 | Mikulovci (TRE) | 10-11 Sd56 |
|  | Mikušmec (TRE) | 12-13 Sf55 |
| 984 01 | Mikušovce (Lučenec) (BAN) | 32-33 Ue59 |
| 018 57 | Mikušovce (Púchov) (TRE) | 12-13 Ta56 |
|  | Mikušove Lazy (BAN) | 32-33 Ua59 |
| 044 58 | Milhosť (KOŠ) | 36-37 Wb57 |
| 076 22 | Milhostov (KOŠ) | 20-21 We57 |
| 929 01 | Milinovice (TRE) | 28-29 Se61 |
| 900 42 | Miloslavov (TRN) | 28-29 Sb60 |
| 082 71 | Milpoš (PRE) | 8-9 Wa53 |
| 906 13 | Minárčiny (TRE) | 10-11 Sd56 |
| 090 32 | Miňovce (PRE) | 20-21 Wc54 |
| 082 06 | Mirkovce (PRE) | 20-21 Wb55 |
| 090 06 | Miroľa (PRE) | 8-9 We53 |
| 978 39 | Mistríky | 16-17 Ub55 |
| 020 64 | Miščovci (TRE) | 2-3 Tb54 |
| 916 12 | Miškech-Dedinka (TRE) | 10-11 Sd56 |
|  | Miškech salaš (TRE) | 10-11 Sd56 |
| 962 56 | Miškov Laz (BAN) | 32-33 Ua59 |
| 976 39 | Mišúty | 16-17 Ud58 |
| 916 16 | Mitalovec | 10-11 Se56 |
| 962 04 | Mitterovce (BAN) | 16-17 Uc57 |
| 907 01 | Mizerákovci (PRE) | 10-11 Sd56 |
| 962 66 | Mladá Hora (BAN) | 32-33 Tf59 |
| 020 55 | Mladoňov (TRE) | 2-3 Tb53 |
|  | Mladý Háj (NIT) | 26-27 Sf59 |
| 985 02 | Mládzovo (BAN) | 16-17 Ue58 |
|  | Mláka (ŽIL) | 4-5 Ua53 |
| 985 51 | Mláka (Zvolen) (BAN) | 16-17 Uc57 |
|  | Mlaky (BAN) | 16-17 Ud57 |
| 929 01 | Mliečany (TRN) | 28-29 Sd61 |
| 931 01 | Mliečno (TRN) | 28-29 Sb60 |
| 027 55 | Mlyn (ŽIL) | 4-5 Uc53 |
| 985 26 | Mlynárka (Hriňová) (BAN) | 16-17 Ud57 |
| 980 11 | Mlynárka (Rimavská Sobota) (BAN) | 34-35 Uf58 |
| 090 16 | Mlynárovce (PRE) | 8-9 Wc53 |
| 951 14 | Mlynárske domčeky (NIT) | 30-31 Sf60 |
| 059 76 | Mlynčeky (PRE) | 6-7 Vc53 |
| 059 91 | Mlynica (PRE) | 6-7 Va54 |
| 930 24 | Mlynisko | 28-29 Sd61 |
| 018 22 | Mlynište (TRE) | 2-3 Tc53 |
| 044 12 | Mlynky (Prešov) (PRE) | 20-21 Wa56 |
| 053 76 | Mlynky (Spišská Nová Ves) (KOŠ) | 18-19 Vc55 |
| 991 23 | Mlynská Dolina (BAN) | 32-33 Ub59 |
| 913 21 | Mnichova Lehota (TRE) | 12-13 Ta56 |
|  | Mníšany (PRE) | 8-9 Wb53 |
| 055 64 | Mníšek nad Hnilcom (KOŠ) | 18-19 Vc56 |

|  |  |  |
|---|---|---|
| 065 22 | Mníšek nad Popradom (PRE) | 6-7 Ve52 |
| 976 02 | Môce (BAN) | 16-17 Ub55 |
| 972 28 | Môcikovci (TRE) | 12-13 Tc55 |
| 946 37 | Moča (NIT) | 30-31 Tc62 |
| 071 01 | Mockovce (KOŠ) | 20-21 Wf56 |
| 082 53 | Močarmany (PRE) | 20-21 Wb55 |
| 951 31 | Močenok (NIT) | 26-27 Sf59 |
|  | Močiar (BAN) | 16-17 Ue57 |
|  | Močiar (BAN) | 16-17 Ue58 |
|  | Močiar (BAN) | 32-33 Ua58 |
| 935 02 | Močiar (Levice) (NIT) | 26-27 Te59 |
|  | Močiar (Lučenec) (BAN) | 32-33 Ud58 |
| 985 07 | Močiar (Rimavská Sobota) (BAN) | 16-17 Ue57 |
| 969 82 | Močiar (Žiar nad Hronom) (BAN) | 16-17 Tf57 |
| 020 62 | Močičer (TRE) | 12-13 Tb54 |
|  | Močidľany (PRE) | 20-21 Wa54 |
|  | Močidla (BAN) | 34-35 Va59 |
| 072 51 | Močidlá (Veľké Kapušany) (KOŠ) | 38 Xb56 |
|  | Močidlany (TRN) | 10-11 Sb56 |
| 946 37 | Močský majer (NIT) | 30-31 Tc62 |
| 018 03 | Modlatín (TRE) | 2-3 Tb53 |
|  | Modlatín (TRE) | 2-3 Tb53 |
| 935 02 | Modorík | 26-27 Te59 |
| 951 96 | Modoš | 26-27 Tc58 |
| 900 01 | Modra (BRA) | 24-25 Sb58 |
| 067 82 | Modra nad Cirochou (PRE) | 22-23 Xa55 |
| 917 05 | Moravany (TRN) | 24-25 Sd58 |
| 946 33 | Modrany (NIT) | 30-31 Tc62 |
| 916 35 | Modrová (TRE) | 26-27 Sf57 |
| 916 35 | Modrovka | 26-27 Sf57 |
| 992 01 | Modrý Kameň (BAN) | 32-33 Uc59 |
|  | Mojín (BAN) | 34-35 Uf58 |
| 951 15 | Mojmírovce (NIT) | 30-31 Ta59 |
| 010 01 | Mojš (ŽIL) | 2-3 Te53 |
| 010 01 | Mojšova-Lúčka (ŽIL) | 2-3 Te53 |
| 020 72 | Mojtín (TRE) | 12-13 Tc55 |
| 941 04 | Mojzesovo (NIT) | 30-31 Tb60 |
| 026 01 | Mokrad (ŽIL) | 14-15 Ub53 |
| 050 01 | Mokrá Lúka (BAN) | 18-19 Va56 |
| 045 01 | Mokrance (KOŠ) | 20-21 Wa57 |
|  | Mokriny (NIT) | 30-31 Ta60 |
| 086 01 | Mokroluh (PRE) | 8-9 Wb53 |
|  | Mokrý Háj (TRN) | 10-11 Sb56 |
| 045 01 | Moldava nad Bodvou (KOŠ) | 20-21 Wa57 |
| 067 03 | Monastier (PRE) | 22-23 Wf53 |
| 072 03 | Moravany (PRE) | 22-23 Wf53 |
| 922 21 | Moravany nad Váhom (TRN) | 24-25 Sf57 |
| 919 03 | Moravské Kračany (TRN) | 28-29 Sd61 |
| 916 42 | Moravské Lieskové (TRE) | 10-11 Sf56 |
|  | Moravský-Svätý Ján (TRN) | 24-25 Rf57 |
| 972 31 | Morovno (TRE) | 12-13 Te56 |
|  | Mosnákovci (TRN) | 24-25 Sd57 |
| 020 51 | Mostište (TRE) | 2-3 Tb53 |
| 925 01 | Mostová (TRN) | 28-29 Se60 |
| 900 46 | Most pri Bratislave (BRA) | 28-29 Sb60 |
| 038 44 | Moškovec | 12-13 Te55 |
| 038 21 | Moškovce (Martin) (ŽIL) | 12-13 Tf55 |
| 916 26 | Moškovce (Trenčín) (TRE) | 10-11 Se56 |
| 976 61 | Moštenica (BAN) | 14-15 Ub56 |
| 082 67 | Mošurov (PRE) | 8-9 Wb54 |
| 913 26 | Motešice (TRE) | 12-13 Tb56 |
| 960 01 | Môťová (BAN) | 16-17 Ua57 |
| 976 02 | Motyčky (BAN) | 16-17 Ua57 |
|  | Mozoľovci (BAN) | 16-17 Ud57 |
|  | Mozoľovci (TRN) | 10-11 Se56 |
| 023 54 | Mravcovci (ŽIL) | 2-3 Td52 |
|  | Mravcov Vŕšok (BAN) | 16-17 Uf57 |
| 913 03 | Mrázikovci (TRE) | 12-13 Sf55 |
| 090 34 | Mrázovce (PRE) | 8-9 We54 |
|  | Mrzáčka (ŽIL) | 4-5 Ub52 |
| 029 57 | Mrzáčka (Dolný Kubín, Namestovo) (ŽIL) | |
|  |  | 4-5 Ub52 |
| 985 31 | Mudroňovo (NIT) | 32-33 Ua59 |
| 946 32 | Mudroňovo (NIT) | 30-31 Tb62 |
| 044 47 | Mudrovce (KOŠ) | 20-21 Wc56 |
| 962 75 | Muchov Laz (BAN) | 16-17 Ub58 |
| 991 22 | Muľa (BAN) | 32-33 Ud59 |
| 985 31 | Muľka (BAN) | 32-33 Ua59 |
| 049 01 | Muráň (BAN) | 18-19 Va56 |
| 032 32 | Muránska (ŽIL) | 18-19 Uf54 |
| 049 19 | Muránska Dlha Lúka (BAN) | 18-19 Va56 |
| 049 02 | Muránska Huta (BAN) | 18-19 Va56 |
| 049 01 | Muránska Lehota (BAN) | 18-19 Va56 |
| 050 01 | Muránska Zdychava (BAN) | 18-19 Va56 |
|  | Múťňanský Dúľov (ŽIL) | 4-5 Ub52 |
| 029 63 | Mútne (ŽIL) | 4-5 Ub52 |
|  | Mútnianska Píla (ŽIL) | 4-5 Ub52 |
| 981 01 | Mútnik (BAN) | 34-35 Va59 |
| 943 52 | Mužla (NIT) | 30-31 Tb62 |
| 907 01 | Myjava (TRE) | 10-11 Sd56 |
|  | Mýlna (TRE) | 10-11 Sd56 |
| 040 16 | Myslava (KOŠ) | 20-21 Wb56 |
|  | Myslenice (BRA) | 24-25 Sb59 |
| 066 01 | Myslina (PRE) | 20-21 We55 |
|  | Mysliry (BAN) | 16-17 Ud57 |
| 985 53 | Mytna (NIT) | 16-17 Ud58 |
| 956 11 | Mýtna Nová Ves (NIT) | 26-27 Ta58 |
| 935 56 | Mýtne Ludany (NIT) | 30-31 Te60 |
|  | Mýto (KOŠ) | 18-19 Uc55 |
| 064 01 | Mýto (PRE) | 6-7 Vd53 |
| 976 44 | Mýto pod Ďumbierom (BAN) | 16-17 Ud55 |

|  |  |  |
|---|---|---|
|  | **N** | |
| 023 12 | Na Bahne (ŽIL) | 2-3 Te52 |
| 072 21 | Nacina Ves (KOŠ) | 22-23 Wf56 |
| 048 01 | Nadabula | 18-19 Vc56 |
|  | Nadbranské (PRE) | 4-5 Uf54 |
| 962 42 | Nad Chrastím (BAN) | 32-33 Ua58 |
| 956 32 | Nadlice (TRE) | 26-27 Tb57 |
| 930 05 | Nad Mlynom (TRN) | 28-29 Sd61 |
|  | Nad Vrbovkom Konské (BAN) | 32-33 Ua59 |
| 068 01 | Ňagov (PRE) | 8-9 Wf53 |
| 919 06 | Naháč (TRN) | 24-25 Sd57 |
|  | Na Kúte (TRN) | 24-25 Sd57 |
| 053 33 | Nálepkovo (KOŠ) | 18-19 Vb55 |
| 923 01 | Nana (NIT) | 4-5 Uc52 |
| 943 02 | Nána (NIT) | 30-31 Tb62 |
| 049 61 | Nandraž (BAN) | 18-19 Vb57 |
| 991 41 | Náprudie (BAN) | 34-35 Uf58 |
| 993 06 | Nárad (BAN) | 28-29 Sc60 |
| 991 22 | Náriaš (BAN) | 32-33 Ud59 |
| 958 04 | Návojovce (NIT) | 26-27 Tc57 |

|  |  |  |
|---|---|---|
|  | Na Závoze | 16-17 Tf58 |
| 925 31 | Nebojsa (TRN) | 24-25 Se59 |
| 038 12 | Necpaly (ŽIL) | 14-15 Tf55 |
| 958 43 | Nedanovce (TRE) | 26-27 Tb57 |
| 956 35 | Nedašovce (NIT) | 26-27 Tb57 |
| 924 85 | Neded (NIT) | 30-31 Sf60 |
| 013 02 | Nededza (ŽIL) | 2-3 Tf53 |
|  | Nedelište (BAN) | 32-33 Uc58 |
| 972 12 | Nedožery (TRE) | 12-13 Td56 |
| 972 12 | Nedožery-Brezany (TRE) | 12-13 Td56 |
| 067 33 | Nechválova Polianka (PRE) | 22-23 Xa54 |
| 985 07 | Nekleň (BAN) | 16-17 Ue57 |
| 930 25 | Nekyje na Ostrove (TRN) | 28-29 Sd61 |
| 974 01 | Nemce | 16-17 Ub56 |
| 086 12 | Nemcovce (Bardejov) (PRE) | 8-9 Wc53 |
| 082 12 | Nemcovce (Prešov) (PRE) | 20-21 Wc54 |
|  | Nemčeky (NIT) | 26-27 Sd58 |
| 955 01 | Nemčice (NIT) | 26-27 Ta57 |
| 951 81 | Nemčiňany (NIT) | 26-27 Tc59 |
| 976 97 | Nemecká (BAN) | 14-15 Uc56 |
| 976 97 | Nemecká (Detva) (BAN) | 16-17 Ud57 |
| 956 22 | Nemečky (NIT) | 26-27 Ta58 |
| 053 02 | Nemešany (PRE) | 18-19 Vb54 |
| 914 41 | Nemšová (TRE) | 12-13 Ta55 |
| 962 63 | Nenince (BAN) | 32-33 Ub60 |
| 980 45 | Neporadza (Tornaľa) (BAN) | 34-35 Vc58 |
| 913 26 | Neporadza (Trenčín) (TRE) | 12-13 Ta56 |
|  | Neresnica (BAN) | 16-17 Ua58 |
| 960 01 | Neresnica (Zvolen, Zvolen) (BAN) | 16-17 Ua57 |
| 023 41 | Nesluša (ŽIL) | 2-3 Te53 |
| 946 51 | Nesvady (NIT) | 30-31 Ta61 |
| 951 72 | Neverice (NIT) | 26-27 Tb58 |
| 951 62 | Nevidzany (Nitra) (NIT) | 26-27 Tc59 |
| 972 27 | Nevidzany (Prievidza) (NIT) | 12-13 Td56 |
| 976 01 | Nevoľné (BAN) | 16-17 Tf57 |
| 013 24 | Nezbudská Lúčka (ŽIL) | 2-3 Tf53 |
| 082 06 | Neverše (PRE) | 20-21 Wb55 |
| 020 71 | Nimnica (TRE) | 12-13 Tc54 |
| 949 01 | Nitra (NIT) | 26-27 Ta59 |
| 985 57 | Nitra nad Ipľom (BAN) | 32-33 Ue59 |
| 956 04 | Nitrianska Blatnica (NIT) | 26-27 Sf57 |
| 942 01 | Nitrianska osada (NIT) | 30-31 Ta60 |
| 956 16 | Nitrianska Streda (NIT) | 26-27 Ta58 |
| 951 01 | Nitrianske Hrnčiarovce (NIT) | 26-27 Ta58 |
| 972 13 | Nitrianske Pravno (TRE) | 12-13 Td56 |
| 972 26 | Nitrianske Rudno (TRE) | 12-13 Tc56 |
| 972 21 | Nitrianske Sučany (TRE) | 12-13 Tc56 |
| 942 01 | Nitriansky Hrádok (NIT) | 30-31 Tb60 |
| 951 12 | Nitrica (TRE) | 12-13 Tc56 |
| 821 01 | Nivy | 28-29 Sa60 |
| 934 01 | Nixbado (NIT) | 26-27 Td59 |
| 027 43 | Nižná (Dolný Kubín) (ŽIL) | 4-5 Ud53 |
| 922 06 | Nižná (Trnava) (TRN) | 24-25 Sd57 |
| 034 74 | Nižná Boca (ŽIL) | 14-15 Ue55 |
| 040 18 | Nižná Hutka (KOŠ) | 20-21 Wc57 |
| 067 34 | Nižná Jablonka (PRE) | 22-23 Xa54 |
| 089 01 | Nižná Jedľová (PRE) | 8-9 Wd52 |
|  | Nižná Kaloša (BAN) | 34-35 Va58 |
| 044 45 | Nižná Kamenica (KOŠ) | 20-21 Wc56 |
| 023 21 | Nižná Korňa (ŽIL) | 2-3 Td52 |
| 049 21 | Nižná Maša (BAN) | 18-19 Vc56 |
| 044 15 | Nižná Myšľa (KOŠ) | 20-21 Wc57 |
| 090 32 | Nižná Oľšava (PRE) | 8-9 Wd54 |
| 090 01 | Nižná Pisaná (PRE) | 8-9 Wd52 |
|  | Nižná Pokoradz (BAN) | 34-35 Va58 |
| 086 36 | Nižná Polianka (PRE) | 8-9 Wc52 |
| 034 74 | Nižná Revúca (ŽIL) | 14-15 Ub55 |
| 073 01 | Nižná Rybnica (KOŠ) | 38 Xa56 |
| 094 07 | Nižná Sitnica (PRE) | 22-23 Wd55 |
| 049 23 | Nižná Slaná (KOŠ) | 18-19 Vc56 |
| 000 06 | Nižná Šebastová (PRF) | 20-21 Wb54 |
| 059 39 | Nižná-Šuňava (PRE) | 18-19 Va54 |
| 090 23 | Nižná Vladiča (PRE) | 8-9 We53 |
| 086 21 | Nižná Voľa (PRE) | 8-9 Wc53 |
|  | Nižné Hágy (PRE) | 6-7 Va54 |
|  | Nižné Hankovce (PRE) | 22-23 Wf54 |
| 053 34 | Nižné Hrable | 18-19 Vc56 |
|  | Nižné Kamence (ŽIL) | 4-5 Tf53 |
|  | Nižné Malatíny (PRE) | 14-15 Uc54 |
|  | Nižné Matiašovce (ŽIL) | 4-5 Ud54 |
| 072 52 | Nižné Nemecké (KOŠ) | 38 Xb57 |
| 985 45 | Nižné Polianky (BAN) | 16-17 Ud57 |
|  | Nižné Raslavice (PRE) | 8-9 Wb54 |
| 053 71 | Nižné Repaše (PRE) | 6-7 Vd54 |
| 062 01 | Nižné Ružbachy (PRE) | 6-7 Vd53 |
| 982 52 | Nižné Valice (BAN) | 34-35 Vb58 |
| 023 02 | Nižné Vane (ŽIL) | 2-3 Tf52 |
|  | Nižní-Jankovci (ŽIL) | 4-5 Uab53 |
| 049 23 | Nižnoslanská Baňa | 18-19 Vc56 |
| 044 16 | Nižný Čaj (KOŠ) | 20-21 Wc57 |
| 094 21 | Nižný Hrabovec (PRE) | 20-21 Wd56 |
| 094 22 | Nižný Hrušov (PRE) | 22-23 Wd56 |
| 032 32 | Nižný Chmelienec (ŽIL) | 18-19 Uf54 |
| 023 55 | Nižný Kelčov (ŽIL) | 2-3 Td52 |
| 049 12 | Nižný Klátov (KOŠ) | 18-19 Vb56 |
| 090 05 | Nižný Komárnik (PRE) | 8-9 We52 |
| 023 01 | Nižný Koniec (ŽIL) | 2-3 Te52 |
| 980 13 | Nižný Koplalov (NIT) | 34-35 Uf58 |
| 093 01 | Nižný Kručov (PRE) | 22-23 Wd55 |
| 044 73 | Nižný Lánec (KOŠ) | 36-37 Wa57 |
| 090 11 | Nižný Mirošov (PRE) | 8-9 Wc52 |
| 029 46 | Nižný Mlyn (ŽIL) | 4-5 Uc51 |
| 090 11 | Nižný Orlík (PRE) | 8-9 Wd52 |
| 985 52 | Nižný Petrovec (BAN) | 32-33 Ue58 |
| 980 52 | Nižný Skálnik (BAN) | 34-35 Uf58 |
| 082 75 | Nižný Slavkov (PRE) | 6-7 Ve54 |
|  | Nižný-Sliač (ŽIL) | 14-15 Uc54 |
| 034 91 | Nižný Tajch (ŽIL) | 14-15 Ud54 |
| 976 17 | Nižný Tvarožec (PRE) | 8-9 Wb52 |
| 013 62 | Nižný Žarnov (ŽIL) | 2-3 Td53 |
| 076 17 | Nižný Žipov (ŽIL) | 36-37 Wd57 |
| 018 54 | Nolčovo (ŽIL) | 14-15 Ua54 |
| 956 39 | Norovce (NIT) | 26-27 Tb57 |
| 068 01 | Nosice (TRE) | 12-13 Tc54 |
| 968 01 | Nová Baňa (NIT) | 26-27 Te58 |
| 980 34 | Nová Bašta (BAN) | 34-35 Vb59 |
|  | Nová Belá (NIT) | 28-29 Se61 |
| 913 08 | Nová Bošáca (TRE) | 10-11 Se55 |
| 023 05 | Nová Bystrica (ŽIL) | 4-5 Tf52 |
| 044 22 | Nováčany (Košice) (KOŠ) | 20-21 Wa56 |
| 049 13 | Nováčany (Rožňava) (KOŠ) | 34-35 Vb57 |
| 935 25 | Nová Dedina (NIT) | 26-27 Td59 |
| 900 29 | Nová Dedinka (BAN) | 28-29 Sc60 |
| 018 51 | Nová Dubnica (TRE) | 12-13 Ta55 |

|  |  |  |
|---|---|---|
| 991 05 | Nová Hora (BAN) | 32-33 Ua58 |
| 925 55 | Nová hora (Trnava) (TRN) | 24-25 Se58 |
| 094 04 | Nová Kelča (PRE) | 22-23 We54 |
| 972 71 | Nováky (TRE) | 12-13 Tc56 |
| 972 35 | Nová Lehota (Prievidza) (NIT) | 26-27 Tc56 |
| 916 36 | Nová Lehota (Trenčín) (TRE) | 26-27 Sf57 |
| 059 86 | Nová Lesná (PRE) | 6-7 Vb54 |
| 900 42 | Nová Lipnica (BRA) | 28-29 Sb60 |
| 066 11 | Nová Ľubovňa (PRE) | 6-7 Vd53 |
| 976 69 | Nová Maša (BAN) | 16-17 Ud55 |
|  | Nová Nemsová (TRE) | 12-13 Ta55 |
| 945 01 | Nová Osada (NIT) | 30-31 Ta62 |
| 972 45 | Nová Paučica (TRE) | 12-13 Ta56 |
| 044 44 | Nová Polhora (KOŠ) | 20-21 Wb56 |
| 059 83 | Nová Polianka (PRE) | 6-7 Va54 |
| 089 01 | Nová Polianka (Svidník) (PRE) | 8-9 Wd53 |
| 067 68 | Nová Sedlica (PRE) | 22-23 Xd54 |
| 944 11 | Nová Stráž (NIT) | 30-31 Ta62 |
| 947 03 | Nová Trstená (NIT) | 30-31 Tb61 |
| 991 05 | Nová Ves (BAN) | 32-33 Ua58 |
| 916 31 | Nová Ves nad Váhom (TRE) | 10-11 Sf56 |
| 951 51 | Nová Ves nad Žitavou (NIT) | 26-27 Tb59 |
| 900 27 | Nova Ves pri Dunaji (BRA) | 28-29 Sc59 |
| 943 41 | Nová Vieska (NIT) | 30-31 Tb61 |
| 076 35 | Nová Ves pri Bodrogu (KOŠ) | 36-37 We58 |
|  | Nové Brádno (BAN) | 34-35 Va58 |
| 985 42 | Nové Hony (BAN) | 32-33 Uf58 |
| 900 42 | Nové Košariská (BRA) | 28-29 Sb60 |
| 931 03 | Nové Mesto (BRA) | 28-29 Sa59 |
| 040 11 | Nove Mesto (KOŠ) | 20-21 Wb56 |
|  | Nové Mesto (PRE) | 18-19 Vb54 |
| 915 01 | Nové Mesto nad Váhom (TRE) | 10-11 Se56 |
| 925 22 | Nové Osady (TRN) | 28-29 Sd60 |
| 941 08 | Nové Rastislavice (NIT) | 30-31 Ta60 |
| 951 24 | Nové Sady (NIT) | 26-27 Sf58 |
|  | Novet (ŽIL) | 14-15 Ud53 |
|  | Novohrady (NIT) | 30-31 Tc61 |
| 919 01 | Nové Vinohrady (Trnava) (TRN) | 24-25 Sc58 |
| 940 51 | Nové Zámky (NIT) | 30-31 Tb60 |
| 911 01 | Nové Zlatovce (TRE) | 12-13 Ta55 |
| 956 43 | Novina (TRE) | 12-13 Tc56 |
| 963 01 | Noviny | 32-33 Tf58 |
| 076 02 | Novosad (KOŠ) | 36-37 We57 |
|  | Novošský Dulov (ŽIL) | 4-5 Ub52 |
| 029 55 | Novoť (ŽIL) | 4-5 Ub52 |
| 053 31 | Novoveská Huta (KOŠ) | 18-19 Vc55 |
| 951 17 | Nový Cabaj | 26-27 Ta59 |
| 946 19 | Nový Čičov (NIT) | 28-29 Se62 |
|  | Nový dvor (BRA) | 24-25 Sa58 |
| 930 40 | Nový dvor (TRN) | 24-25 Sd59 |
| 932 01 | Nový Dvor (TRN) | 28-29 Se61 |
| 925 22 | Nový Dvor (Galanta, Jelka) (TRN) | 28-29 Sd60 |
| 951 44 | Nový Dvor (Galanta,Trhovce nad Váhom) (TRN) | 30-31 Sf60 |
| 935 87 | Nový Dvor (Levice, Santovka) (NIT) | 30-31 Te59 |
| 935 77 | Nový Dvor (Levice, Sazdice) (NIT) | 32-33 Tf60 |
| 925 71 | Nový dvor (Nitra, Poľný Kesov) (NIT) | 30-31 Ta60 |
| 962 41 | Nový Dvor (Zvolen) (BAN) | 32-33 Ua59 |
| 930 28 | Nový Goľyáš | 28-29 Sf61 |
|  | Nový Kamenec (KOŠ) | 36-37 We58 |
|  | Nový Koronč (KOŠ) | 20-21 We57 |
|  | Nový dvor (BAN) | 28-29 Se60 |
| 980 21 | Nový Mikulov | 34-35 Va58 |
| 075 01 | Nový Ruskov (KOŠ) | 20-21 Wd57 |
| 985 41 | Nový Sad (BAN) | 32-33 Ue59 |
| 044 17 | Nový Salaš (Košice) (KOŠ) | 20-21 Wc57 |
| 991 03 | Nový Salaš (Veľký Krtíš) (BAN) | 32-33 Uc59 |
| 049 64 | Nový Sirk | 18-19 Va57 |
| 062 01 | Nový Smokovec (PRE) | 6-7 Va54 |
| 942 01 | Nový Svet (NIT) | 30-31 Ta60 |
| 925 26 | Nový Svet (Galanta) (TRN) | 24-25 Se59 |
| 985 45 | Nový Svet (Hriňová) (BAN) | 16-17 Ud57 |
| 985 07 | Nový Svet (Kokava nad Rimavicou) (BAN) | 16-17 Ue57 |
| 951 31 | Nový Svet (Nitra) (NIT) | 26-27 Sf59 |
| 935 33 | Nový Tekov (NIT) | 26-27 Tc59 |
| 900 44 | Nový Tomášov | 28-29 Sc60 |
| 946 18 | Nový Trávnik (NIT) | 28-29 Se62 |
| 930 39 | Nový trh | 28-29 Sc60 |
| 930 38 | Nový Život (TRN) | 28-29 Sc60 |
| 911 01 | Nozdrkovce (TRE) | 12-13 Sf55 |
| 018 64 | Nozdrovice (TRE) | 12-13 Ta56 |
| 935 67 | Nýrovce (NIT) | 30-31 Td60 |

|  |  |  |
|---|---|---|
|  | **O** | |
| 991 05 | Obeckov (BAN) | 32-33 Ub59 |
|  | Obecné lúky (NIT) | 30-31 Sf61 |
| 962 26 | Obchoditá (BAN) | 16-17 Uc57 |
| 044 81 | Obid (NIT) | 30-31 Td62 |
| 013 61 | Oblazov (ŽIL) | 2-3 Td53 |
| 076 75 | Oborin (KOŠ) | 38 Wf57 |
| 023 56 | Obracanovci (ŽIL) | 2-3 Tc52 |
| 985 58 | Obručná (BAN) | 34-35 Uf59 |
| 065 42 | Obručné (PRE) | 6-7 Vf53 |
| 956 08 | Obsolovce (NIT) | 26-27 Tc58 |
| 951 95 | Obyce (NIT) | 26-27 Tc59 |
| 962 41 | Očenášov Dvor (BAN) | 32-33 Ua59 |
| 916 22 | Očkov (TRE) | 24-25 Se57 |
| 060 01 | Očová (BAN) | 16-17 Ub57 |
| 054 01 | Odorica (KOŠ) | 18-19 Vb55 |
| 053 22 | Odorín (KOŠ) | 18-19 Vb55 |
| 930 12 | Ohrady (TRN) | 28-29 Se61 |
| 067 22 | Ohradzany (PRE) | 20-21 Wf55 |
| 023 35 | Ochodnica (ŽIL) | 2-3 Te53 |
|  | Ochodničkovci (TRE) | 10-11 Sd55 |
| 946 21 | Okánikovo (NIT) | 30-31 Sf62 |
| 930 28 | Okoč (TRN) | 28-29 Se61 |
| 946 13 | Okoličná na Ostrove (NIT) | 30-31 Sf62 |
| 946 13 | Okoličná na Ostrove Lúky (NIT) | 30-31 Sf61 |
| 031 01 | Okoličné (ŽIL) | 14-15 Ud54 |
| 090 42 | Okrúhle (PRE) | 22-23 Wd53 |
| 962 65 | Okrúhliak (PRE) | 20-21 Wb54 |
| 966 81 | Okrut | 26-27 Te58 |
| 082 12 | Okružná (PRE) | 20-21 Wc54 |
| 053 61 | Oľšava (ŽIL) | 18-19 Vc55 |
| 082 57 | Olejníkov (PRE) | 8-9 Wa53 |
| 023 52 | Olešná (ŽIL) | 2-3 Td52 |
| 951 87 | Olichov (NIT) | 26-27 Tc58 |

|  |  |  |
|---|---|---|
| 067 04 | Olka (PRE) | 8-9 Wf54 |
| 991 22 | Olováry (BAN) | 32-33 Uc60 |
| 090 22 | Oľšavica (Svidník) (TRE) | 8-9 Wc53 |
|  | Oľše (KOŠ) | 18-19 Vd55 |
| 067 16 | Oľšinkov (PRE) | 22-23 Xa53 |
| 044 19 | Oľšovany (KOŠ) | 20-21 Wc56 |
| 930 39 | Oľdza (TRN) | 28-29 Sc60 |
| 086 46 | Oľšavce (PRE) | 8-9 Wc53 |
| 053 73 | Oľšavica (PRE) | 6-7 Ve54 |
| 053 61 | Oľšavka (Spišská Nová Ves) (KOŠ) | 18-19 Vc55 |
| 082 76 | Oľšov (PRE) | 6-7 Vf53 |
| 956 42 | Omastiná (TRE) | 12-13 Tc56 |
| 914 43 | Omšenie (TRE) | 12-13 Ta55 |
| 076 52 | Onča (KOŠ) | 38 Wf58 |
| 086 36 | Ondavka (PRE) | 8-9 Wc52 |
| 094 01 | Ondavské Matiašovce (PRE) | 20-21 We55 |
| 038 22 | Ondrašovás (ŽIL) | 12-13 Te55 |
| 958 41 | Ondrašovce (Topoľčany) (TRE) | 20-21 Wa55 |
| 082 33 | Ondrašovce (PRE) | 20-21 Wa55 |
| 976 62 | Ondrej nad Hronom (BAN) | 14-15 Uc56 |
| 972 28 | Ondrejkovci (TRE) | 12-13 Tc55 |
| 935 51 | Ondrejovce (NIT) | 30-31 Td60 |
| 020 54 | Ondríčkovce (PRE) | 2-3 Ta53 |
| 941 02 | Ondrochov (NIT) | 30-31 Tb60 |
| 985 42 | Opátik (BAN) | 34-35 Uf58 |
| 044 65 | Opátka (KOŠ) | 20-21 Vf56 |
| 935 25 | Opatová (Levice) (NIT) | 26-27 Td59 |
| 984 01 | Opatová (Lučenec) (BAN) | 32-33 Ud58 |
| 911 01 | Opatová (Trenčín) (TRE) | 12-13 Ta55 |
| 913 11 | Opatovce (TRE) | 12-13 Sf55 |
| 972 02 | Opatovce nad Nitrou (TRE) | 12-13 Td56 |
| 953 01 | Opatovce (Nitra) (NIT) | 26-27 Tc58 |
|  | Opatovská Dolina | 12-13 Ta55 |
| 991 07 | Opatovská Nová Ves (BAN) | 32-33 Ud60 |
| 930 28 | Opatovský Sokolec (TRN) | 28-29 Se61 |
| 991 25 | Opava (BAN) | 32-33 Ua59 |
|  | Opavské Lazy (BAN) | 32-33 Ub59 |
| 044 47 | Opiná (KOŠ) | 20-21 Wc55 |
| 919 32 | Opoj (TRN) | 24-25 Sd59 |
| 956 14 | Oponice (NIT) | 26-27 Ta58 |
| 900 44 | Oraľa (BRA) | 28-29 Sc60 |
| 976 33 | Oravce (BAN) | 16-17 Ub56 |
| 027 12 | Oravice (TRN) | 4-5 Ue53 |
| 029 64 | Orávka (BAN) | 34-35 Vb59 |
| 917 01 | Oravné | 24-25 Sd58 |
| 029 64 | Oravská Jasenica (ŽIL) | 4-5 Uc52 |
| 029 57 | Oravská Lesná (ŽIL) | 4-5 Ub52 |
| 029 47 | Oravská Polhora (ŽIL) | 4-5 Uc51 |
| 027 54 | Oravská Poruba (ŽIL) | 14-15 Ub53 |
| 028 01 | Oravská Priehrada (ŽIL) | 4-5 Uc52 |
| 029 62 | Oravské Veselé (ŽIL) | 4-5 Ub52 |
| 027 42 | Oravský Biely Potok (ŽIL) | 4-5 Ud53 |
|  | Oravský Mlyn (TRN) | 24-25 Sd57 |
| 027 41 | Oravský Podzámok (ŽIL) | 4-5 Ud53 |
| 053 06 | Ordzovany (PRE) | 18-19 Ve54 |
| 072 51 | Orechová (KOŠ) | 38 Xb56 |
| 930 02 | Orechová Potôň (TRN) | 28-29 Se61 |
|  | Orechová-Potôň-Lúky (TRN) | 28-29 Sd60 |
| 911 05 | Orechové (TRE) | 12-13 Ta55 |
|  | Oremov Laz (BAN) | 32-33 Ub58 |
|  | Ore-Chové (TRE) | 10-11 Sb56 |
| 072 23 | Oreské (Humenné) (KOŠ) | 22-23 Wf55 |
| 956 06 | Orešany (TRE) | 26-27 Sf57 |
| 083 01 | Orkucany (PRE) | 8-9 Wa54 |
| 065 43 | Orlov (PRE) | 6-7 Vf53 |
| 017 01 | Orlové (TRE) | 12-13 Tc54 |
| 966 52 | Orovnica (BAN) | 26-27 Te58 |
|  | Orviště (KOŠ) | 20-21 Wf56 |
| 985 42 | Ortáš (Fiľakovo) (BAN) | 34-35 Uf59 |
| 991 06 | Ortáš (Veľký Krtíš) (BAN) | 32-33 Uc60 |
| 044 11 | Ortáše | 20-21 Wc56 |
| 072 14 | Ortov (KOŠ) | 38 Xa57 |
| 086 13 | Ortuľové (PRE) | 8-9 Wb54 |
| 028 01 | Osada (Námestovo) (ŽIL) | 4-5 Ud52 |
| 049 11 | Osada (Rožňava) (KOŠ) | 34-35 Va58 |
| 038 43 | Osada pri stanici (ŽIL) | 12-13 Tf55 |
| 027 01 | Osádka (ŽIL) | 14-15 Uc53 |
| 067 34 | Osadné (PRE) | 22-23 Xa54 |
|  | Osádka (ŽIL) | 4-5 Uc52 |
| 086 42 | Osikov (PRE) | 8-9 Wb54 |
|  | Osikovci (TRE) | 10-11 Sd56 |
| 956 22 | Osikový potok (NIT) | 12-13 Ta56 |
| 966 71 | Oslanovci | 26-27 Te58 |
| 972 47 | Osľany (TRE) | 26-27 Tc57 |
| 020 53 | Osmek (TRE) | 2-3 Tb53 |
| 976 45 | Osrblie (BAN) | 16-17 Ua58 |
| 962 61 | Ostrá Lúka (BAN) | 16-17 Ua57 |
| 980 26 | Ostrany (BAN) | 34-35 Va58 |
| 930 12 | Ostrov (Dunajská Streda) (TRN) | 28-29 Se60 |
| 072 55 | Ostrov (Prešov) (PRE) | 38 Xb56 |
| 922 01 | Ostrov (Trnava) (TRN) | 24-25 Se57 |
| 082 22 | Ostrovany (PRE) | 8-9 Wa54 |
| 966 77 | Ostrý Grúň (BAN) | 26-27 Td57 |
| 059 79 | Osturňa (PRE) | 6-7 Vd52 |
| 906 12 | Osuské (TRE) | 10-11 Sd56 |
| 991 02 | Osušie (BAN) | 32-33 Ud59 |
| 023 01 | Oščadnica (ŽIL) | 2-3 Td52 |
| 023 32 | Oškerda (ŽIL) | 2-3 Te53 |
| 916 22 | Ošmek | 10-11 Se56 |
| 957 01 | Otrhánky (TRE) | 12-13 Tb56 |
| 982 62 | Otročok (BAN) | 34-35 Vb58 |
| 010 04 | Ovčiarsko (ŽIL) | 2-3 Td53 |
| 082 38 | Ovčie (PRE) | 20-21 Vf55 |
| 851 04 | Ovsište | 28-29 Sa60 |
| 985 24 | Ozdin (NIT) | 16-17 Ue58 |
| 020 53 | Ozimovci (TRE) | 2-3 Tb53 |
| 980 11 | Ožďany (BAN) | 34-35 Uf58 |

|  |  |  |
|---|---|---|
|  | **P** | |
| 018 03 | Packovce (TRE) | 2-3 Tb53 |
| 972 48 | Pacov | 26-27 Tc57 |
| 044 41 | Pača (KOŠ) | 18-19 Vc56 |
| 929 01 | Padáň (TRN) | 28-29 Sd61 |
| 980 24 | Padarovce (BAN) | 34-35 Va58 |
| 919 30 | Padina (BAN) | 24-25 Sd58 |
|  | Paľova Raveň (BAN) | 32-33 Ua59 |
| 916 16 | Pagáčovci | 24-25 Sd56 |
| 018 03 | Pagaňov (TRE) | 2-3 Tb53 |
| 094 07 | Pakostov (PRE) | 22-23 Wd54 |
| 941 11 | Palárikovo (NIT) | 30-31 Ta60 |
| 053 76 | Palcmanská Maša | 18-19 Vc55 |

Pálenčiareň (KOŠ) 18-19 Ve55
Pálenica 26-27 Td57
072 13 Palín (KOŠ) 38 Wf57
067 51 Palota (PRE) 8-9 Xa53
925 92 Palovce (TRN) 28-29 Se60
Paluchovc (ŽIL) 2-3 Td52
031 01 Palúozka (ŽIL) 14-15 Ud54
951 05 Paňa (NIT) 26-27 Tb59
985 32 Panické Dravce (BAN) 32-33 Ud59
907 01 Pánikovci (TRE) 10-11 Sd56
Paňoský les (KOŠ) 20-21 Wa57
044 71 Paňovce (KOŠ) 20-21 Wa57
982 01 Panská 34-35 Vc58
Panská Lúka (ŽIL) 4-5 Ua53
Panský les (BAN) 34-35 Va58
Panský les (KOŠ) 20-21 Wc57
023 56 Papajovci (ŽIL) 2-3 Tc52
980 23 Papča (BAN) 34-35 Va58
Papežov Laz (TRE) 12-13 Tc54
985 05 Papiereň (BAN) 16-17 Ue57
Papiereň (KOŠ) 18-19 Vb56
067 33 Papín (PRE) 22-23 Xa54
018 13 Papradno (TRE) 2-3 Tc53
Papraď (TRE) 10-11 Sd56
985 53 Paprčkovo (BAN) 16-17 Ud58
023 54 Papučovci (ŽIL) 2-3 Td52
076 62 Parchovany (KOŠ) 20-21 We56
075 01 Paričov (KOŠ) 20-21 We57
067 35 Parihuzovce (PRE) 22-23 Xb54
Paríž (NIT) 30-31 Td61
027 52 Párnica (ŽIL) 14-15 Ua53
Parobkov Laz 16-17 Ua58
949 01 Párovské Háje (NIT) 26-27 Ta59
032 15 Partizánska Ľupča (ŽIL) 14-15 Uc54
958 01 Partizánske (TRE) 26-27 Tb57
980 55 Paseka (Rimavská Sobota) (BAN) 16-17 Ue57
Paseka (Veľké Kapušany) (KOŠ) 38 Xa57
049 01 Paseky (Brezno) (BAN) 18-19 Uf56
985 45 Paseky (Detva) (BAN) 16-17 Ud57
982 66 Paseky (Revúca) (BAN) 18-19 Va57
Pasienky (TRN) 28-29 Se61
Pasník 24-25 Sc57
935 74 Pastovce (NIT) 30-31 Te61
920 63 Pastuchov (TRN) 26-27 Sf58
925 04 Pašienka 28-29 Se60
049 33 Pašková (KOŠ) 18-19 Vc57
013 41 Paština-Závada (ŽIL) 2-3 Td53
925 53 Pata (TRN) 24-25 Se59
018 03 Patákovci (TRE) 2-3 Tc53
929 01 Pataš (TRN) 28-29 Sd61
946 39 Patince (NIT) 30-31 Tb62
962 68 Patkoš 32-33 Tf59
980 55 Patošovo (BAN) 34-35 Uf57
031 01 Pavčina Lehota (ŽIL) 14-15 Ud54
945 04 Pavel (NIT) 30-31 Ta62
Pavková (BAN) 18-19 Va56
919 42 Pavlice (TRN) 24-25 Sd59
Pavlíkov Mlyn (TRN) 24-25 Sc57
980 55 Pavlinka 18-19 Uf57
943 59 Pavlová (Štúrovo) (NIT) 30-31 Te61
Pavlová (Veľký Krtíš) (BAN) 32-33 Ub60
032 21 Pavlova Ves (ŽIL) 14-15 Ud54
072 14 Pavlovce nad Uhom (KOŠ) 38 Xa57
980 01 Pavlovce (Rimavská Sobota) (BAN) 34-35 Va59
094 31 Pavlovce (Vranov nad Topľou) (PRE) 20-21 Wc54
947 01 Pavlov Dvor (NIT) 30-31 Ta61
980 55 Pavlov Grúň (BAN) 16-17 Uf57
966 42 Pavlov štál (BAN) 26-27 Td58
916 33 Pavlusova Kopanica (TRE) 12-13 Sf56
053 71 Pavľany (PRE) 6-7 Ve54
958 41 Pažiť (TRE) 26-27 Tc57
067 35 Pčoliné (PRE) 22-23 Xa54
922 07 Pečeňady (Trnava) (TRN) 24-25 Se58
956 36 Pečeňany (Topoľčany) (TRE) 26-27 Tb56
935 03 Pečenice (NIT) 26-27 Te59
082 56 Pečovská Nová Ves (PRE) 8-9 Wa54
044 05 Peder (KOŠ) 36-37 Vf57
044 05 Pederský Mlyn (KOŠ) 36-37 Vf57
013 41 Peklina (ŽIL) 2-3 Td53
Peklisko (KOŠ) 18-19 Vd56
023 14 Peňákovci (ŽIL) 2-3 Tf52
Peres (BAN) 16-17 Ue57
951 17 Pereš (NIT) 26-27 Sf59
946 35 Pereš (Komárno) (NIT) 30-31 Tc62
040 11 Pereš (Košice) (KOŠ) 20-21 Wb56
991 35 Pereš (Veľký Krtíš) (BAN) 32-33 Ub59
Perín (KOŠ) 36-37 Wb57
044 74 Perín-Chym (KOŠ) 36-37 Wa57
951 14 Perješ (NIT) 30-31 Sf60
951 26 Perkovce (NIT) 26-27 Ta58
Pernek (BRA) 24-25 Sa58
991 05 Peserany (BAN) 32-33 Ub60
Peteň (TRN) 28-29 Sd61
985 13 Petercová (BAN) 16-17 Uc58
094 33 Petkovce (PRE) 22-23 Wd55
Petov (BAN) 32-33 Uc60
991 31 Peťov (BAN) 32-33 Ua60
Petovcovo (BAN) 18-19 Uf56
Peťovka (TRE) 12-13 Ta55
072 06 Petríkovce (KOŠ) 36-37 We57
972 29 Petriskovci (TRE) 12-13 Tc55
Petrová (ŽIL) 4-5 Ua53
086 02 Petrová (Bardejov) (PRE) 8-9 Wa52
023 51 Petrová (Čadca) (ŽIL) 2-3 Te52
985 45 Petrová (Rimavská Sobota) (BAN) 16-17 Ue57
913 26 Petrova Lehota (TRE) 12-13 Tb55
082 53 Petrovany (PRE) 20-21 Wb55
Petrova Ves (TRN) 10-11 Sb56
072 21 Petrovce nad Laborcom (KOŠ) 22-23 Wf56
072 62 Petrovce (Michalovce) (KOŠ) 38 Xb56
980 35 Petrovce (Rimavská Sobota) (BAN) 34-35 Va59
094 31 Petrovce (Vranov nad Topľou) (PRE) 20-21 Wc55
013 35 Petrovice (ŽIL) 2-3 Td53
049 44 Petrov Laz 18-19 Ve57
049 35 Petrovo (KOŠ) 18-19 Vc56
850 00 Petržalka (BRA) 28-29 Sa60
902 01 Pezinok (BRA) 24-25 Sb59
935 55 Pežerňa (NIT) 30-31 Te60
059 04 Pienkalovka (PRE) 6-7 Vc52
974 01 Piesky (Banská Bystrica) (BAN) 14-15 Ua56
072 04 Piesky (Michalovce) (KOŠ) 20-21 We56
Piesok (BRA) 24-25 Sb58
976 43 Piesok (Banská Bystrica) (BAN) 14-15 Ud56
962 12 Piešť (BAN) 16-17 Uc57
921 01 Piešťany (TRN) 24-25 Se57
962 12 Piešť I. (BAN) 16-17 Uc57
962 12 Piešť II. (BAN) 16-17 Uc57
069 01 Pichne (PRE) 22-23 Xa54
963 01 Pijavice (BAN) 32-33 Ua58
Piková (NIT) 30-31 Ta60
059 72 Pikovce (PRE) 18-19 Vc54
Píla (BAN) 26-27 Td57
Píla (KOŠ) 20-21 Wc57
900 89 Píla (Bratislava-vidiek) (BRA) 24-25 Sb58
985 53 Píla (Lučenec) (BAN) 16-17 Uc58
980 13 Píla (Rimavská Sobota) (BAN) 16-17 Uf58
966 74 Píla (Žiar nad Hronom, Šášovské Podhradie) (BAN) 16-17 Tf57
065 22 Pílhov (PRE) 6-7 Ve52
065 22 Pilhovčík (PRE) 6-7 Ve52
971 01 Píly (TRE) 12-13 Td56
984 01 Pinciná (BAN) 32-33 Ue58
984 01 Pincinský Mlyn (BAN) 32-33 Ue58
072 54 Pinkovce (KOŠ) 38 Xa57
962 68 Pirovské (BAN) 32-33 Tf59
090 34 Piskorovce (PRE) 8-9 We54
972 28 Pištekovci (TRE) 12-13 Tc55
966 11 Pitelová (BAN) 16-17 Tf57
Pižikovci (BAN) 16-17 Uc57
Plachtinské Lazy (BAN) 32-33 Ub59
906 32 Pláňava 24-25 Sc57
013 53 Pláne (ŽIL) 2-3 Td53
935 02 Planý Vrch 26-27 Te59
935 82 Pláštovce (NIT) 32-33 Tf60
Plavecké Podhradie (BRA) 24-25 Sb58
Plavecký Mikuláš (BRA) 24-25 Sb57
Plavecký Štvrtok (BRA) 24-25 Rf58
065 44 Plaveč (PRE) 6-7 Ve53
935 69 Plavé Vozokany (NIT) 30-31 Tc60
065 45 Plavnica (PRE) 6-7 Ve53
076 11 Plechotice (KOŠ) 20-21 Wd57
076 11 Plechotický Dvor (KOŠ) 20-21 Wd57
985 31 Pleš (BAN) 32-33 Ue59
Plešivá (ŽIL) 4-5 Ub53
049 11 Plešivec (KOŠ) 34-35 Vc57
906 06 Plešovci 10-11 Sc56
018 26 Plevnik-Drienové (TRE) 2-3 Td53
991 35 Pliešky (BAN) 32-33 Ub59
962 63 Pliešovce (BAN) 16-17 Ua58
044 44 Ploské (Košice) (KOŠ) 20-21 Wb56
982 65 Ploské (Rimavská Sobota) (BAN) 18-19 Va57
031 01 Ploštín (ŽIL) 14-15 Ud54
916 23 Pobedim (TRE) 24-25 Se57
018 15 Počarová (TRE) 12-13 Td54
044 25 Počkaj 20-21 Vf56
969 81 Počúvadlianske Jazero (BAN) 26-27 Te58
969 75 Počúvadlo (BAN) 26-27 Te58
929 01 Pódata 28-29 Sd61
032 42 Podbanské (PRE) 4-5 Uf54
027 42 Podbieľ (ŽIL) 4-5 Uc53
960 01 Pod Borovou Horoup (BAN) 16-17 Ua57
906 41 Podbranč (TRN) 10-11 Sc56
Pod Braniskom (PRE) 20-21 Vf55
976 81 Podbrezová (BAN) 14-15 Uc56
985 45 Podbykovo (BAN) 16-17 Ud57
094 09 Podčičva (PRE) 20-21 We55
Pod Dedovou (BAN) 32-33 Ub59
Poddolina (ŽIL) 4-5 Ua53
Pod Flochovou (ŽIL) 14-15 Tf56
023 12 Pod Grapami (ŽIL) 2-3 Te52
Podhaj (BAN) 16-17 Ue58
Podháj (NIT) 30-31 Tc61
Podháj (NIT) 30-31 Tb61
Podháj (TRN) 28-29 Sc60
036 01 Podháj (Martin) (ŽIL) 12-13 Tf54
941 48 Podhájska (NIT) 30-31 Tb60
Podhájsky majer (NIT) 30-31 Tb60
Podhanková (BAN) 16-17 Ua58
013 06 Podhate (ŽIL) 4-5 Ua53
913 08 Pod Hlbokou (TRE) 10-11 Se55
976 64 Podholie 16-17 Ue55
962 61 Podholienec 16-17 Ua58
951 46 Podhorany (NIT) 26-27 Ta58
059 93 Podhorany (Poprad) (PRE) 6-7 Vc53
082 12 Podhorany (Prešov) (PRE) 8-9 Wb54
969 82 Podhorie (KOŠ) 36-37 Wd57
013 18 Podhorie (ŽIL) 2-3 Td53
018 61 Podhorie (Považská Bystrica, Beluša) (TRE) 12-13 Tb54
018 54 Podhorie (Považská Bystrica, Slavnica) (TRE) 12-13 Ta54
906 11 Podhorie (Senica) (TRN) 10-11 Sc56
969 82 Podhorie (Žiar nad Hronom) (BAN) 16-17 Tf57
072 64 Podhoroď (KOŠ) 22-23 Xb56
013 06 Podhorskovci (ŽIL) 4-5 Ua53
094 31 Podhrabina (PRE) 8-9 Wc54
038 52 Podhradie (Martin) (ŽIL) 14-15 Ua54
972 42 Podhradie (Prievidza) (TRE) 12-13 Td56
955 01 Podhradie (Topoľčany) (TRE) 26-27 Ta57
080 06 Podhradík (PRE) 20-21 Wb54
Podhradová (KOŠ) 20-21 Wb56
962 02 Pod Chvojnom (BAN) 16-17 Uc57
962 25 Podjavor (BAN) 16-17 Ub58
018 13 Podjavorník (TRE) 2-3 Tc52
946 03 Pod kamenným (NIT) 30-31 Sf61
976 41 Podkonice (BAN) 14-15 Ub56
962 26 Podkoreň (BAN) 16-17 Ub58
916 12 Podkozince 10-11 Se56
985 51 Podkriváň (BAN) 16-17 Uc57
Podkýčerová (ŽIL) 4-5 Ua52
916 16 Podkylava (TRE) 10-11 Sd56
972 29 Podlán (TRE) 12-13 Tc55
974 01 Podlavice (BAN) 16-17 Ua56
053 15 Podlesok (KOŠ) 18-19 Vc55
976 55 Podlipa (BAN) 16-17 Uc56
094 31 Podlipníky (PRE) 20-21 Wc54
935 27 Podlužany (Levice) (NIT) 26-27 Td59
956 52 Podlužany (Topoľčany) (TRE) 12-13 Tb56
Podlysec (BAN) 16-17 Ub58
Podlysec (Zvolen, Detva) (BAN) 16-17 Ub58
018 61 Podmalenica (TRE) 12-13 Tc54
017 01 Podmanín (TRE) 12-13 Tc54
960 01 Podnásad (BAN) 16-17 Ub57
916 22 Podolie (TRE) 24-25 Se56
065 03 Podolínec (PRE) 6-7 Vd53
916 22 Podolské Kopanice (TRE) 10-11 Se56
962 11 Pod Pôjdy (BAN) 16-17 Uc57
962 25 Pod Polomom (BAN) 16-17 Ub57
053 73 Podproč (PRE) 6-7 Ve54
985 55 Podrečany (BAN) 32-33 Ud58
962 63 Podrimáň (BAN) 16-17 Ub58
013 06 Podrozsutec (ŽIL) 4-5 Ua53
064 01 Podsadek (PRE) 6-7 Ve53
962 63 Podsekier (BAN) 16-17 Ub58
027 05 Podskalie (Dolný Kubín) (ŽIL) 4-5 Ua53
018 22 Podskalie (Považská Bystrica) (TRE) 12-13 Tc54
066 01 Podskalka (Humenné) (PRE) 22-23 Wf55
962 62 Podskalka (Zvolen) (BAN) 16-17 Ua58
059 21 Pod Skalkou (PRE) 18-19 Va54
Pod Skalou (TRE) 10-11 Sf55
059 56 Podspády (PRE) 6-7 Va53
034 03 Podsucha (ŽIL) 14-15 Ub55
049 22 Podsúľová 18-19 Vc56
Pod Tlstou horou (TRE) 10-11 Sf55
033 01 Podtureň (ŽIL) 14-15 Ue54
820 14 Podunajské Biskupice (BRA) 28-29 Sb60
017 04 Podvážie (TRE) 2-3 Tc53
018 52 Podvažie (TRE) 12-13 Tb54
916 11 Pod Višňovým 10-11 Se55
985 31 Podvrch (Lučenec) (BAN) 32-33 Ue59
916 16 Podvrch (Nové Mesto nad Váhom) (TRE) 10-11 Se56
962 65 Podvršok 32-33 Tf59
023 53 Podvysoká (ŽIL) 2-3 Td52
962 61 Podzámčok (BAN) 16-17 Ua57
065 44 Podzámok (Kežmarok) (PRE) 6-7 Ve53
906 42 Podzámok (Senica) (TRN) 10-11 Sc56
022 01 Podzávoz (ŽIL) 2-3 Te52
018 13 Podžiar (TRE) 2-3 Tc53
962 42 Pod Žobrákom (BAN) 32-33 Ua58
976 69 Pohorelá (BAN) 18-19 Va55
976 69 Pohorelská Maša (BAN) 18-19 Va55
951 02 Pohranice (NIT) 26-27 Tb59
976 56 Pohronská Polhora (BAN) 16-17 Ue56
976 62 Pohronsky-Bukovec (BAN) 16-17 Uc55
935 62 Pohronský Ruskov (NIT) 30-31 Td61
969 75 Pochabany (TRE) 12-13 Ta56
Pokovci (BAN) 26-27 Te58
026 01 Pokryváč (ŽIL) 14-15 Uc53
Poláček (TRE) 12-13 Sf54
Polena (BAN) 18-19 Uf57
038 22 Polerieka 12-13 Te55
086 11 Poliakovce (PRE) 8-9 Wc53
907 01 Polianka (TRE) 10-11 Sd56
985 45 Polianky (BAN) 16-17 Ue57
985 13 Polichno (BAN) 32-33 Ud58
962 43 Polichno (Zvolen) (BAN) 32-33 Ua58
982 63 Polina (BAN) 34-35 Vb58
976 02 Polkanová (BAN) 14-15 Ua56
Polníky (TRE) 12-13 Sf55
Polôčik (BAN) 32-33 Uc60
981 01 Polom (BAN) 18-19 Uf57
094 05 Poloma (Prešov) (PRE) 22-23 We55
082 73 Poloma (Stará Ľubovňa) (PRE) 6-7 Vf54
Poloma (Zvolen) (BAN) 32-33 Ua58
976 66 Polomka (Banská Bystrica) (BAN) 16-17 Ue55
985 13 Polomka (Detva) (BAN) 16-17 Uc58
Polomy (BAN) 16-17 Ub58
Polomy (Zvolen, Detva) (BAN) 16-17 Ub58
991 42 Poloveň (BAN) 32-33 Ua59
987 01 Poltár (BAN) 16-17 Ue58
972 16 Poluvsie (Prievidza) (TRE) 12-13 Td55
013 13 Poluvsie (Žilina) (ŽIL) 12-13 Te54
Poľana (TRE) 10-11 Sd56
053 05 Poľanovce (PRE) 18-19 Vf54
076 84 Poľany (KOŠ) 38 Wf58
Poľka (NIT) 30-31 Tc61
951 14 Poľný Kesov (NIT) 30-31 Ta60
040 15 Poľov (KOŠ) 20-21 Wa57
053 05 Pongrácovce (PRE) 18-19 Ve54
976 33 Ponická Huta (BAN) 16-17 Ub56
Ponická Lehôika (BAN) 16-17 Ub56
976 33 Poniky (BAN) 16-17 Ub56
Poništovci (ŽIL) 4-5 Ua52
058 01 Poprad (PRE) 18-19 Vb54
044 24 Poproč (Košice) (KOŠ) 20-21 Vf56
982 67 Poproč (Rimavská Sobota) (BAN) 18-19 Va57
Popudinské Močidľany (TRN) 10-11 Sb56
Popudiny (TRN) 10-11 Sb56
053 23 Poráč (KOŠ) 18-19 Ve55
053 23 Poráčska Dolina (KOŠ) 18-19 Ve55
906 22 Poriadie (TRE) 10-11 Sd56
029 56 Poriečie (ŽIL) 4-5 Ub52
072 55 Porostov (KOŠ) 38 Xa56
972 11 Poruba (TRE) 12-13 Td56
072 32 Poruba pod Vihorlatom (KOŠ) 22-23 Xa56
086 46 Porúbka (Bardejov) (PRE) 8-9 Wc53
067 41 Porúbka (Humenné) (PRE) 22-23 Wf55
072 61 Porúbka (Michalovce) (KOŠ) 38 Xb56
013 11 Porúbka (Žilina) (ŽIL) 2-3 Te54
920 56 Posádka (TRN) 24-25 Se58
094 21 Poša (PRE) 22-23 We55
Pôšta (TRN) 28-29 Sc61
085 01 Poštárka (PRE) 8-9 Wb53
985 53 Poštárovo (BAN) 16-17 Uc58
946 39 Potkanovo (NIT) 30-31 Tb62
091 01 Potôčky (Stropkov) (PRE) 22-23 We53
Potôčky (Trnava) (TRN) 24-25 Sd58
Potok (PRE) 6-7 Vb52
935 84 Potok (Levice) (NIT) 30-31 Tf60
034 83 Potok (Liptovský Mikuláš) (ŽIL) 14-15 Uc54
020 55 Potok (Považská Bystrica) (TRE) 2-3 Tb53
982 67 Potok (Rimavská Sobota) (BAN) 34-35 Va57
980 55 Potok-Brezovian (BAN) 16-17 Ue57
082 71 Potoky (Prešov) (PRE) 6-7 Vf53
091 01 Potoky (Svidník) (PRE) 8-9 Wd53
013 62 Potoky (Žilina) (ŽIL) 2-3 Td53
991 03 Pôtor (BAN) 32-33 Uc59
916 25 Potvorice (TRE) 10-11 Se56
916 26 Považany (TRE) 10-11 Se56
017 01 Považská Bystrica (TRE) 12-13 Tc54
017 05 Považská Teplá (TRE) 2-3 Tc54
017 04 Považské Podhradie (TRE) 2-3 Tc54
010 03 Považský Chlmec (ŽIL) 2-3 Te53
Poveň (BAN) 32-33 Ub59
023 33 Povina (ŽIL) 2-3 Te53
Povojne (BAN) 16-17 Ub58
976 55 Povrazník (BAN) 16-17 Ub56
941 51 Pozba (NIT) 30-31 Tc60
072 01 Pozdišovce (KOŠ) 20-21 We56
958 41 Pôždol 26-27 Tc57
Požehy 12-13 Te55
Pradidove (BAN) 16-17 Uf57
985 11 Praha (BAN) 32-33 Ud58
956 22 Prašice (NIT) 26-27 Ta57
976 02 Prašnica 16-17 Ua55
922 11 Prašník (TRN) 24-25 Se57
972 16 Pravenec (TRE) 12-13 Td55
991 21 Pravica (BAN) 32-33 Uc59
956 35 Pravotice (TRE) 12-13 Tb56
017 01 Praznov (TRE) 12-13 Td54
955 01 Práznovce (NIT) 26-27 Tb57
018 15 Prečín (TRE) 12-13 Td54
976 63 Predajná (BAN) 14-15 Uc56
Preddechtárka 14-15 Uc55
018 22 Predhorie (TRE) 12-13 Tc54
013 55 Predjastrabie (ŽIL) 2-3 Tc53
023 54 Predmier (Čadca) (ŽIL) 2-3 Td52
013 51 Predmier (Žilina) (ŽIL) 2-3 Td53
Predná hora (BAN) 18-19 Va56
977 01 Predné-Halny (BAN) 14-15 Ud56
985 53 Predné Lazy (BAN) 16-17 Ud57
018 41 Prejta (TRE) 12-13 Tb55
969 73 Prenčov (BAN) 32-33 Tf58
Preoná Huta 18-19 Vd55
956 12 Preseľany (NIT) 26-27 Ta58
936 01 Preseľany nad Ipľom (NIT) 30-31 Tf60
966 05 Prestavlky (BAN) 26-27 Te57
080 01 Prešov (PRE) 20-21 Wb55
991 25 Príbelce (BAN) 32-33 Ub59
076 51 Pribeník (KOŠ) 38 Xa58
946 55 Pribeta (NIT) 30-31 Tb61
027 41 Pribiš (ŽIL) 14-15 Uc53
029 57 Pribišská (ŽIL) 4-5 Ub52
980 53 Príboj (Rimavská Sobota) (BAN) 34-35 Uf58
Pribol (BAN) 32-33 Uc58
038 42 Príbovce (ŽIL) 12-13 Tf55
032 42 Pribylina (ŽIL) 14-15 Ue54
Priečne (BRA) 24-25 Sa57
985 51 Priehonisko (BAN) 16-17 Uc57
Priehyba 18-19 Uf55
976 11 Priechod (BAN) 14-15 Ub56
036 08 Priekopa (Martin) (ŽIL) 12-13 Tf54
072 61 Priekopa (Michalovce) (KOŠ) 38 Xb56
985 01 Priekopa (Rimavská Sobota) (BAN) 32-33 Ue58
023 51 Prielač (ŽIL) 2-3 Te52
991 02 Prieloh (BAN) 32-33 Ud59
906 15 Priepasné (TRE) 10-11 Sd56
985 26 Prieraz (BAN) 16-17 Ud57
962 44 Priesek (BAN) 32-33 Ua59
906 11 Prietrž (TRN) 24-25 Sc56
Prietržka (TRN) 10-11 Sb56
971 01 Prievidza (TRE) 12-13 Td56
820 00 Prievoz (BRA) 28-29 Sa60
987 01 Prievrana (BAN) 32-33 Ue58
049 14 Prihradzany (BAN) 18-19 Vb57
Pri Húšti 10-11 Sc56
090 05 Príkra (PRE) 8-9 We52
Prikriži (TRE) 10-11 Sf56
953 02 Prilepy (NIT) 26-27 Tc58
914 01 Príles (TRE) 12-13 Ta55
020 64 Prílesie (TRE) 2-3 Tb54
059 12 Primovce (PRE) 18-19 Vc54
067 66 Prislop (PRE) 22-23 Xb54
962 41 Prišinove-Lazy (BAN) 32-33 Ua59
018 13 Pri Škole (ŽIL) 2-3 Tc53
094 08 Prituľany (PRE) 8-9 We54
022 01 Prívarovci (ŽIL) 2-3 Te52
962 52 Pri veľa štádlach (BAN) 32-33 Ua59
082 14 Próč (PRE) 8-9 Wc54
966 04 Prochot (BAN) 26-27 Te57
094 31 Prosačov (PRE) 20-21 Wd54
032 23 Prosiek (ŽIL) 4-5 Uc54
018 01 Prosné (TRE) 2-3 Tc53
974 06 Prostredná Môlča (BAN) 16-17 Ub56
Prostredné diely 24-25 Sd59
053 76 Prostredny Hámor (KOŠ) 18-19 Vc55
023 45 Prostredný Vadičov (ŽIL) 2-3 Tf53
985 41 Prša (BAN) 32-33 Ue59
992 01 Prše (BAN) 32-33 Ub59
018 52 Pruské (TRE) 12-13 Tb54
957 03 Prusy (TRE) 12-13 Tb56
018 22 Pružina (TRE) 12-13 Tc54
966 53 Psiare (NIT) 26-27 Td59
090 06 Pstrina (PRE) 8-9 We53
Pstruša (Zvolen, Detva) (BAN) 16-17 Ub57
014 01 Pšurnovice (ŽIL) 2-3 Tc53
067 41 Ptičie (PRE) 22-23 Wf55
076 77 Ptrukša (KOŠ) 38 Xa58
026 01 Pucov (ŽIL) 14-15 Uc53
Pud kopcom (ŽIL) 4-5 Ub52
020 01 Púchov (TRE) 12-13 Tb54
935 05 Pukanec (NIT) 26-27 Te58
Pukanecké Majere 26-27 Te58
018 02 Pupkovci 2-3 Tc53
023 12 Purašovci (ŽIL) 2-3 Te51
951 75 Pustatina (NIT) 26-27 Tb59
976 52 Pusté (BAN) 16-17 Ue56
072 22 Pusté Čemerné (KOŠ) 20-21 We55
976 73 Pusté Pole (Revúca) (BAN) 18-19 Vb55
065 41 Pusté Pole (Stará Ľubovňa) (PRE) 6-7 Vf53
925 54 Pusté Sady (TRN) 24-25 Se59
925 28 Pusté Úľany (TRN) 24-25 Sd59
059 95 Pustovec (PRE) 6-7 Vc53
951 75 Pustý Chotár (NIT) 26-27 Tb58
082 14 Pušovce (PRE) 8-9 Wc54
971 01 Púšť 12-13 Td56
023 13 Putyrovci (ŽIL) 2-3 Tf52


## R


029 44 Rabča (ŽIL) 4-5 Uc52
029 45 Rabčice (ŽIL) 4-5 Ud51
830 05 Rača (BRA) 28-29 Sa59
972 22 Račice (TRE) 12-13 Tc56
076 37 Rad (KOŠ) 36-37 Wf58
082 42 Radatice (PRE) 20-21 Wb55
941 47 Radava (Nové Zámky) (NIT) 30-31 Tb60
991 22 Radava (Veľký Krtíš) (BAN) 32-33 Uc60
Radimov (TRN) 10-11 Sb56
956 42 Radiša (TRE) 12-13 Tc56
980 42 Radnovce (BAN) 34-35 Vb58
972 48 Radobica (TRE) 26-27 Tc57
024 03 Radoľa (ŽIL) 2-3 Te53
090 42 Radoma (PRE) 22-23 Wd53
Radostka (ŽIL) 2-3 Tf53
956 05 Radošina (NIT) 26-27 Sf57
Radošovce (TRN) 10-11 Sb56
919 30 Radošovce (Trnava) (TRN) 24-25 Sd57
974 01 Radvaň (BAN) 16-17 Ua56
946 38 Radvaň nad Dunajom (NIT) 30-31 Tc62
067 01 Radvaň nad Laborcom (PRE) 8-9 Wf54
094 31 Radvanovce (PRE) 20-21 Wc54
985 58 Radzovce (BAN) 32-33 Uf59
094 05 Rafajovce (PRE) 20-21 We54
935 91 Raj (BAN) 32-33 Ua60
956 32 Rajčany (NIT) 26-27 Tb57
015 01 Rajec (ŽIL) 12-13 Td54
013 15 Rajecká Lesná (ŽIL) 12-13 Td54
013 13 Rajecké Teplice (ŽIL) 12-13 Te54
914 42 Rajkovec (TRE) 12-13 Ta54
966 42 Rajnohov štál 26-27 Td57
Rakoluby (TRE) 10-11 Sf56
049 61 Rákos (BAN) 18-19 Va57
986 01 Rákoš (Fiľakovo) (BAN) 34-35 Uf59
044 16 Rákoš (Košice-vidiek) (KOŠ) 20-21 Wc57
049 61 Rákošská Baňa (BAN) 18-19 Va57
980 11 Rakov (BAN) 34-35 Uf58
023 51 Raková (ŽIL) 2-3 Te52
090 41 Rakovčík (PRE) 8-9 Wd53
072 03 Rakovec nad Ondavou (KOŠ) 20-21 We56
072 03 Rakovec (Dobšiná) (KOŠ) 18-19 Vc55
962 65 Rakovec (Zvolen) (BAN) 32-33 Tf59
922 08 Rakovice (TRN) 24-25 Se57
049 31 Rakovnica (KOŠ) 18-19 Vc57
023 51 Rakovo (ŽIL) 12-13 Tf55
039 01 Rakša (ŽIL) 16-17 Tf55
059 76 Rakúsy (PRE) 6-7 Vc53
Rakytie (BAN) 32-33 Ub59
Rakytie (Kolárovo) (NIT) 30-31 Sf61
980 21 Rakytník (BAN) 34-35 Vb58
976 32 Rakytovce (BAN) 16-17 Ua56
044 46 Rankovce (KOŠ) 20-21 Wc56
985 31 Rapovce (BAN) 32-33 Ue59
991 02 Raroš (BAN) 32-33 Ud59
086 41 Raslavice (PRE) 8-9 Wb54
930 39 Rastice 28-29 Sc60
941 08 Rastislavice (NIT) 30-31 Ta60
982 62 Rašice (BAN) 34-35 Vb58
982 62 Rašická Samota 34-35 Vb58
013 51 Rašov (ŽIL) 2-3 Td53
986 01 Ratka (BAN) 32-33 Ue59
982 65 Ratková (BAN) 18-19 Va57
920 42 Ratkovce (TRN) 24-25 Se58
038 54 Ratkovo (ŽIL) 4-5 Ua54
982 64 Ratkovská Lehota (BAN) 34-35 Va57
982 67 Ratkovská Suchá (BAN) 34-35 Va57
982 67 Ratkovská Zdychava (BAN) 18-19 Va57
982 66 Ratkovské Bystré (BAN) 18-19 Va57
922 31 Ratnovce (TRN) 24-25 Sf57
082 66 Ratvaj (PRE) 8-9 Wb54
Rázitočný Potok (BAN) 16-17 Ue57
980 55 Ráztočné (BAN) 16-17 Ue57
972 31 Ráztočno (TRE) 12-13 Te56
976 97 Ráztoka (Banská Bystrica) (BAN) 14-15 Uc56
018 03 Ráztoka (Považská Bystrica) (TRE) 2-3 Tb53
Ráztoky (ŽIL) 4-5 Ua53
053 32 Ráztoky (Spišská Nová Ves) (KOŠ) 18-19 Vd55
013 62 Ráztoky (Žilina) (ŽIL) 2-3 Td52
082 61 Ražňany (PRE) 8-9 Wa54
925 26 Reca (BRA) 24-25 Sc59
023 13 Rediška (ŽIL) 2-3 Tf52
086 35 Regetovka (PRE) 8-9 Wb52
049 26 Rejdová (KOŠ) 18-19 Vb56
980 61 Rejkovo 18-19 Uf57
059 03 Reľov (PRE) 6-7 Vc53
962 68 Remanencia (BAN) 32-33 Tf59
972 51 Remata (TRE) 12-13 Te56
094 31 Remeniny (PRE) 20-21 Wd54
072 41 Remetské Hámre (KOŠ) 22-23 Xb55
082 62 Renčišov (PRE) 6-7 Vf54
913 33 Repákovci (TRE) 12-13 Ta55
067 05 Repejov (PRE) 22-23 We53
032 51 Repiská 14-15 Ud55
966 03 Repište (BAN) 26-27 Tf57
982 65 Repištia (BAN) 18-19 Va57
044 73 Rešica (KOŠ) 36-37 Wa57
086 21 Rešov (Bardejov) (PRE) 8-9 Wc53
Rešov (Košice) (KOŠ) 20-21 Wb56
943 54 Réva (NIT) 30-31 Tc61
Revišné (ŽIL) 14-15 Ub53
960 01 Revištie (BAN) 16-17 Ub57
966 81 Revištské Podzámčie (BAN) 26-27 Te57
050 01 Revúca (BAN) 18-19 Va56
Revúca (ŽIL) 4-5 Uc51
049 18 Revúcka Lehota (BAN) 18-19 Va56
050 01 Revúčka (BAN) 18-19 Va56
072 16 Ridzina (KOŠ) 20-21 Wf57
974 01 Riečka (Banská Bystrica) (BAN) 16-17 Ua56
980 45 Riečka (Rimavská Sobota) (BAN) 34-35 Vc58
023 22 Riečky (Turzovka) (ŽIL) 2-3 Td52
992 01 Riečky (Veľký Krtíš) (BAN) 32-33 Ub59
023 05 Riečnica (ŽIL) 4-5 Ua53
951 17 Riegler 30-31 Sf59
022 01 Rieka (Čadca) (ŽIL) 2-3 Te52
038 54 Rieka (Martin) (ŽIL) 4-5 Ua54
020 55 Rieka (Považská Bystrica) (TRE) 2-3 Tb53
044 61 Rieka (Prešov) (PRE) 20-21 Wa56
053 51 Richnava (KOŠ) 20-21 Vf55
018 02 Richtárovce 2-3 Tc53
085 01 Richvald (PRE) 8-9 Wb53
962 63 Rimáň (BAN) 16-17 Ub58
980 53 Rimavica (BAN) 34-35 Uf57
980 53 Rimavská Baňa (BAN) 34-35 Uf57
980 61 Rimavská Píla (BAN) 18-19 Uf57
980 42 Rimavská Sec (BAN) 34-35 Vb59
979 01 Rimavská Sobota (BAN) 34-35 Uf58
980 54 Rimavské Brezovo (BAN) 34-35 Uf57
980 01 Rimavské Janovce (BAN) 34-35 Va58
980 53 Rimavské Zalužany (BAN) 34-35 Uf57
951 21 Rišňovce (NIT) 26-27 Sf58
013 06 Rogoňovci (ŽIL) 4-5 Ua53
Rohov (TRN) 10-11 Sb56
930 30 Rohovce (TRN) 28-29 Sc61
977 01 Rohozna (BAN) 14-15 Ue56
Rohožnica (NIT) 26-27 Tc59
Rohožnica (Nitra) (NIT) 26-27 Tc59
Rohožník (BRA) 24-25 Sb58
094 07 Rohožník (PRE) 8-9 We54
049 36 Rochovce (KOŠ) 18-19 Vb56
034 92 Rojkov (ŽIL) 4-5 Ua54


A B C Č D Ď E F G H Ch I J K L Ľ M N O P R S Š T U V X Z Ž

Rojkov SK 69

Štefanov (TRN)....................24-25 Sb56
027 44 Štefanov nad Oravou...............4-5 Uc52
900 86 Štefanová (Bratislavavidiek) (BRA)..24-25 Sc58
906 06 Štefanová (Senica) (TRN)......10-11 Sc56
082 35 Štefanovce (PRE).................20-21 Vf54
Štefanovce (PRE)..................22-23 We55
951 15 Štefanovová (NIT)...............30-31 Ta59
907 01 Štefčákovci (TRE)...............10-11 Sc56
069 03 Štefultov (BAN).................26-27 Tf58
090 42 Štefúrov (PRE)....................8-9 Wc53
907 01 Štemberek (TRE).................10-11 Sd56
922 03 Šterusy (TRN)...................24-25 Se57
Štetanská Huta (KOŠ).............20-21 Vf55
913 33 Štetina (TRE)...................12-13 Sf55
Štiavnica (BAN).................34-35 Uf59
069 81 Štiavnicke Bane (BAN)..........26-27 Te58
034 01 Štiavnička (ŽIL)...............14-15 Uc54
013 55 Štiavnik (ŽIL)....................2-3 Tc53
072 48 Štiefleje.......................26-27 Tc57
049 32 Štítnik (KOŠ)..................18-19 Vc57
059 37 Štôla (PRE)......................6-7 Va54
062 06 Štoliansko (BAN)...............16-17 Ud57
053 32 Štolvek (KOŠ)..................18-19 Vc55
044 26 Štós (KOŠ).....................18-19 Vc56
044 27 Štós-kúpele (KOŠ)..............18-19 Vc56
059 38 Štrba (PRE)....................18-19 Va54
972 28 Štrbíkovci (TRE)...............12-13 Tc55
059 85 Štrbské Pleso (PRE).............6-7 Va54
980 45 Štrkovec (Rimavská Sobota) (BAN)..34-35 Vb58
925 52 Štrkovec (Šaľa) (TRN)..........28-29 Sf59
976 02 Štubne (BAN)...................16-17 Ub55
946 13 Štúrova (NIT)..................30-31 Sf61
043 01 Šturovo (NIT)..................30-31 Td62
013 05 Štvrtok (TRE)..................10-11 Sf56
930 40 Štvrtok na Ostrove (TRN).......28-29 Sc60
018 35 Štyri Lipy (TRE)...............12-13 Tb55
044 25 Šugov..........................20-21 Vf56
015 01 Šuja (ŽIL).....................12-13 Ta54
985 53 Šulanovci (BAN)...............16-17 Ud58
920 03 Šulekovo (TRN).................24-25 Se58
962 75 Šulské (BAN)...................16-17 Ub58
991 01 Šuľa (BAN).....................32-33 Uc58
976 71 Šumiac (BAN)...................18-19 Va55
962 61 Šúplatka (BAN).................16-17 Ua57
042 01 Šurany (NIT)...................30-31 Tb60
951 26 Šurianky (NIT).................26-27 Ta58
980 33 Šurice (BAN)...................34-35 Uf59
919 25 Šúrovce (TRN)..................24-25 Se59
020 54 Šustovo (TRE)...................2-3 Tb53
985 23 Šútová Jama (BAN)..............16-17 Ud58
072 01 Šutovce (TRE)..................12-13 Td56
038 54 Šútovo (ŽIL)....................4-5 Ua54
063 01 Šváb (KOŠ).....................32-33 Ua58
059 12 Švábovce (PRE).................18-19 Vc54
906 23 Švancárova Dolina..............10-11 Sd56
023 01 Švancarovci (ŽIL)...............2-3 Tf52
053 34 Švedlár (KOŠ)..................18-19 Ve56
916 16 Švehlová.......................10-11 Se56
020 54 Švehlovci (TRE).................2-3 Ta53
034 91 Švošov (ŽIL)...................14-15 Ud54
906 41 Švrčkov Jarok (TRN)...........10-11 Sc56

## T

040 01 Ťahanovce (KOŠ)................20-21 Wb56
072 14 Ťahyňa (KOŠ)....................38 Xa57
980 34 Tachty (BAN)...................34-35 Uf60
Tájlok (TRN)...................28-29 Se61
952 01 Tajná (NIT)....................26-27 Tc59
976 34 Tajov (BAN)....................16-17 Ua56
976 51 Tále (BAN).....................16-17 Ud55
082 12 Taľka (PRE)....................20-21 Wc54
093 01 Tamáš (PRE)....................20-21 Wd55
908 75 Tančíbokovci (BRA)............24-25 Sa57
029 57 Tanečník (ŽIL)..................4-5 Ua52
985 45 Táňovo (BAN)...................16-17 Ud57
029 51 Ťapešovo (ŽIL)..................4-5 Uc52
023 11 Tarabovci (ŽIL).................2-3 Te52
086 01 Tarnov (PRE)....................8-9 Wa53
Taroavy (BAN)..................16-17 Uc57
Taskovka (PRE).................4-5 Uc52
972 52 Ťašuľa (KOŠ)....................38 Xa57
023 33 Tatárovci (ŽIL).................2-3 Tf53
059 56 Tatranská Javorina (PRE).......6-7 Va53
085 01 Tatranská Kotlina (PRE)........6-7 Vb54
059 55 Tatranská Lesná (PRE)..........6-7 Vb54
059 60 Tatranská Lomnica (PRE)........6-7 Vb54
059 82 Tatranská Polianka (PRE).......6-7 Vb54
Tatranská Štrba (PRE)..........6-7 Va54
059 53 Tatranské Matliare (PRE).......6-7 Vb53
062 01 Tatranské Zruby (PRE)..........6-7 Vb54
054 01 Tehelňa (NIT)..................30-31 Ta62
035 35 Tehla (NIT)....................30-31 Tc59
980 11 Tehlovňa (BAN).................34-35 Uf58
935 35 Tejke (TRN)....................28-29 Sd61
920 62 Tekoldamý (TRN)................26-27 Sf58
066 52 Tekovská Breznica (BAN)........26-27 Td58
066 54 Tekovská Namce (NIT)...........26-27 Td58
935 35 Tekovská Nová Ves..............26-27 Td59
935 41 Tekovské Lužany (NIT)..........30-31 Tc60
935 41 Tekovské Lužianky (NIT)........30-31 Tc60
Tekovské hon (NIT).............30-31 Td61
935 51 Tekovský Hrádok (NIT)..........30-31 Tc60
Telek (BAN)....................32-33 Ub60
074 73 Telgárt (BAN)..................18-19 Va55
951 61 Telince (NIT)..................26-27 Tc59
Telka (BAN)....................32-33 Ua59
972 29 Temeš (TRE)....................12-13 Tc55
Teplá (BAN)....................16-17 Tf57
980 42 Teplá Dolina (BAN)............34-35 Vb59
049 16 Teplá Voda (Revúca) (BAN)......18-19 Vb57
980 34 Teplá Voda (Žiar nad Hronom) (BAN)..26-27 Te58
980 61 Teplica........................18-19 Uf56
053 05 Tepličká (KOŠ).................18-19 Ud55
013 01 Teplička nad Váhom (ŽIL)........2-3 Te53
020 66 Tepličky (TRE).................26-27 Sf58
062 66 Teplý Vrch (BAN)...............34-35 Va58
062 68 Terany (BAN)...................30-31 Tf59
920 03 Terezov (TRN)..................24-25 Se58
913 06 Terchová (ŽIL)..................4-5 Ua53
980 05 Teriakovce (PRE)...............20-21 Wb55
982 67 Terňa (PRE).....................8-9 Wb54

955 03 Tesáre (NIT)...................26-27 Ta57
951 76 Tesárske Mlyňany (NIT).........26-27 Tc58
925 82 Tešedíkovo (NIT)...............28-29 Se60
936 01 Tešmak (NIT)...................32-33 Tf60
073 01 Tibava (KOŠ).....................38 Xb56
Ticháčkovci....................10-11 Sd56
Tichá voda (KOŠ)...............18-19 Vd56
082 74 Tichý Potok (PRE)...............6-7 Ve54
956 52 Timoradza (TRE)................12-13 Tb56
091 01 Tisinec (PRE)..................22-23 Wd53
985 13 Tisová (BAN)...................32-33 Uc58
020 55 Tisové (TRE)....................2-3 Tb53
980 61 Tisovec (BAN)..................18-19 Uf56
Tistie (TRE)...................12-13 Tc54
951 35 Titvaň (NIT)...................26-27 Sf59
Tlacháčovci (ŽIL)...............4-5 Ua53
953 21 Tlmače (NIT)...................26-27 Td59
018 54 Tlstá Hora (TRE)...............12-13 Ta54
962 69 Tlstý Vrch....................26-27 Te59
Töbörétè (TRN).................28-29 Se61
984 01 Točnica (BAN)..................32-33 Ud58
090 34 Tokajík (PRE)...................8-9 We54
945 01 Tomáš (NIT)....................30-31 Ta62
925 04 Tomášikovo (TRN)...............28-29 Se60
900 44 Tomášov (BRA)..................28-29 Sc60
980 21 Tomášovce (BAN)................34-35 Va58
985 56 Tomášovce (Lučenec) (BAN)......32-33 Ud58
Tomborov Salaš (TRN)............2-3 Td53
036 01 Tomčany (ŽIL)..................14-15 Tf54
Tomky (TRN)....................24-25 Sa57
946 15 Tôň (NIT)......................28-29 Se62
930 38 Tonkovce (TRN).................28-29 Sc60
Tonská Pustatina (NIT).........28-29 Se61
Topolany (NIT).................20-21 Wf56
916 01 Topolecká (TRE)...............10-11 Sd56
067 65 Topoľa (PRE)...................22-23 Xb54
955 01 Topoľčany (NIT)................26-27 Ta57
959 93 Topoľčianky (NIT)..............26-27 Tc58
925 92 Topoľnica (TRN)................28-29 Se59
067 45 Topoľovka (PRE)................20-21 We55
059 95 Toporec (PRE)...................6-7 Vc53
972 28 Torysa (PRE)...................12-13 Tc55
076 12 Torkoš (KOŠ)...................36-37 Wd57
982 01 Tornaľa (BAN)..................34-35 Vb58
082 76 Torysa (PRE)....................6-7 Vf54
053 72 Torysky (PRE)...................6-7 Ve54
094 01 Tovarné (PRE)..................20-21 We55
094 01 Tovarnianska Polianka (PRE)....22-23 We55
955 01 Tovarniky (NIT)................26-27 Ta57
919 33 Trakovice (TRN)................24-25 Se58
941 46 Trávnica (NIT).................30-31 Tc60
946 18 Trávnik (NIT)..................28-29 Se62
916 01 Trávniky.......................10-11 Se56
956 34 Trebašovce....................26-27 Ta57
922 10 Trebatice (TRE)................24-25 Se57
972 28 Trebejov.......................20-21 Wb56
985 31 Trebeľovce (BAN)...............32-33 Ue59
956 53 Trebichava (TRE)...............12-13 Tb56
075 01 Trebišov (KOŠ).................20-21 We57
038 41 Trebostovo (ŽIL)...............12-13 Tf54
991 27 Trebušovce (BAN)...............32-33 Ub60
Trégánov (KOŠ)..................38 Wf56
985 32 Trenč (BAN)....................32-33 Ud59
914 01 Trenčianska Teplá (TRE)........12-13 Ta55
913 21 Trenčianska Turná (TRE)........12-13 Ta55
914 41 Trenčianska Závada (TRE).......12-13 Ta55
913 06 Trenčianske Bohuslavice (TRE)..10-11 Sf56
913 22 Trenčianske Jastrabie (TRE)....12-13 Ta56
913 22 Trenčianske Mitice (TRE).......12-13 Ta56
913 11 Trenčianske Stankovce (TRE)....12-13 Sf56
914 51 Trenčianske Teplice (TRE)......12-13 Ta55
911 01 Trenčín (TRE)..................12-13 Ta55
Tretí Hámor (KOŠ)..............18-19 Vd56
038 22 Trhanová.......................12-13 Te55
972 28 Trhanovci (TRE)................12-13 Tc55
930 13 Trhová Hradská (TRN)...........28-29 Se60
072 04 Trhovište (KOŠ)................20-21 We56
935 53 Trhyňa (NIT)...................30-31 Te60
032 51 Tri Domky.....................14-15 Ud55
Tri Vodi (BAN).................16-17 Uc56
917 01 Trnava (TRN)...................24-25 Sd58
966 11 Trnava Hora (BAN)..............16-17 Tf57
072 31 Trnava pri Laborci (KOŠ).......22-23 Wf56
821 01 Trnávka (BRA)..................28-29 Sa59
Trnávka (TRN)..................12-13 Sf55
930 32 Trnávka (TRN)..................28-29 Sc60
018 01 Trnávka (KOŠ)..................20-21 Wd56
Trnávka (Senica) (TRN).........24-25 Sc57
962 34 Trnie (NIT)....................16-17 Uas57
082 12 Trnkov (PRE)...................20-21 Wc54
980 35 Trnková (BAN)..................34-35 Va59
010 01 Trnové (ŽIL)....................2-3 Te53
Trnové (ŽIL)...................10-11 Sb56
925 71 Trnovec nad Váhom (NIT)........30-31 Sf60
038 41 Trnovo (ŽIL)...................12-13 Tf54
086 41 Tročany (PRE)...................8-9 Wb53
Troinec (SK)...................32-33 Ub58
023 56 Trojačka (ŽIL)..................2-3 Tc52
018 56 Trokanovo (TRE)................12-13 Ta54
Trosky (KOŠ)...................18-19 Vc55
962 44 Trpín (BAN)....................32-33 Ua59
962 44 Trpinský Dvor (BAN)............32-33 Ua59
Trsťany (NIT)..................18-19 Ve55
044 45 Trsťany (Košice) (KOŠ).........20-21 Wc56
930 09 Trstená na Ostrove (TRN).......28-29 Sd61
028 01 Trstená (Čadca) (ŽIL)..........2-3 Te52
028 01 Trstená (Dolný Kubín) (ŽIL)....4-5 Ud52
013 15 Trstená (Žilina) (ŽIL).........12-13 Td54
032 21 Trstené (ŽIL)..................14-15 Ud54
044 14 Trstené pri Hornáde (KOŠ)......36-37 Wc57
925 42 Trstice (TRN)..................28-29 Se60
919 05 Trtín (TRN)....................24-25 Sc57
919 05 Trsťyová (TRN).................10-11 Sd56
985 12 Tuhár (BAN)....................16-17 Ud58
976 70 Vaľkovňa (BAN).................18-19 Va56
985 12 Tuhársky Mlyn (BAN)............32-33 Uc58
082 07 Tuhrina (BAN)..................20-21 Wc55
018 55 Tuchyňa (TRE)..................12-13 Tb54
082 13 Tulčík (PRE)....................8-9 Wb54
018 63 Tunežice (TRE).................12-13 Tb54
935 51 Tupá (NIT).....................32-33 Tf60
953 51 Turá (NIT).....................30-31 Td60
907 03 Turá Lúka (TRE)................10-11 Sd56
038 53 Turany (ŽIL)...................14-15 Ua54
090 33 Turany nad Ondavou (PRE).......8-9 Wd54
067 23 Turcovce (PRE).................20-21 Wf54

038 48 Turček (ŽIL)...................16-17 Tf56
958 44 Turčianky (TRE)................26-27 Tb57
038 51 Turčianska Štiavnička (ŽIL)....14-15 Ua54
038 02 Turčianska Jasena (ŽIL)........14-15 Tf54
036 07 Turčianske Kračany (ŽIL).......14-15 Tf54
039 01 Turčianske Teplice (ŽIL).......16-17 Tf55
038 43 Turčiansky Ďur (ŽIL)...........12-13 Te55
038 41 Turčiansky Peter (ŽIL).........12-13 Tf54
049 66 Turček (BAN)...................18-19 Va57
976 02 Turecká (BAN)..................16-17 Ua55
Turecký Vrch (BRA).............24-25 Sa58
903 01 Tureň (BRA)....................28-29 Sc59
076 82 Turčká Trňa (KOŠ)..............36-37 We58
027 54 Turie (ŽIL).....................2-3 Te54
034 83 Turik (ŽIL)....................14-15 Uc54
023 54 Turkov (ŽIL)....................2-3 Td52
044 02 Turňa nad Bodvou (KOŠ).........18-19 Vf57
044 04 Turnianska Nová Ves (KOŠ)......36-37 Vf57
962 52 Turnište (BAN).................32-33 Ua59
Turnište (BAN).................32-33 Ub59
962 34 Turová (BAN)...................16-17 Ua57
Turovskýháj (BAN)..............18-19 Ua57
023 54 Turzovka (ŽIL)..................2-3 Td52
072 02 Tušice (KOŠ)...................20-21 We56
072 02 Tušická Nová Ves (KOŠ).........20-21 We56
962 05 Tušimka (BAN)..................16-17 Ud57
972 14 Tužina (TRE)...................12-13 Td55
059 71 Tvarožná (PRE)..................6-7 Vc54
Tvarožná (ŽIL).................14-15 Uc54
956 22 Tvrdomestice (NIT).............26-27 Ta57
027 44 Tvrdošín (ŽIL)..................4-5 Uc52
941 10 Tvrdošovce (NIT)...............30-31 Ta60

## U

946 21 U Ambruša (NIT)................30-31 Sf62
067 73 Ubľa (PRE).....................22-23 Xc55
072 42 Ubrež (KOŠ)....................22-23 Xa56
067 31 Udavské (PRE)..................22-23 Wf55
985 55 Uderiná (BAN)..................16-17 Ud58
018 01 Udiča (TRE).....................2-3 Tc54
018 03 Udiča (TRE).....................2-3 Tb53
065 45 Údol (PRE)......................6-7 Vc53
935 05 Uhliska (NIT)..................26-27 Te58
962 63 Uhliská (Detva) (BAN)..........16-17 Ub58
907 01 Uhliská (Senica) (TRN).........10-11 Sd56
Uhliské Majere.................26-27 Te58
013 62 Uholne (ŽIL)....................2-3 Td53
023 11 U Holých (ŽIL)..................2-3 Te52
055 67 Uhorná (KOŠ)...................18-19 Ve56
032 03 Uhorská Ves (ŽIL)..............14-15 Ud54
985 25 Uhorské (BAN)..................16-17 Ue58
956 41 Uhrovec (TRE)..................12-13 Tc56
956 42 Uhrovské Podhradie (TRE).......12-13 Tc56
018 01 Uhry (TRE)......................2-3 Tc54
913 31 Ujazd (TRE)....................12-13 Ta55
023 11 U Klukov (ŽIL)..................2-3 Te52
067 67 Ulič (PRE).....................22-23 Xc55
067 67 Uličské Krivé (PRE)............22-23 Xc55
053 71 Uloža (PRE)....................18-19 Vd54
976 03 Uľanka (BAN)...................14-15 Ua56
942 03 Úľany nad Žitavou (NIT)........30-31 Tb60
962 41 Uhatín (BAN)...................32-33 Ua59
908 46 Unín (TRN).....................10-11 Sb56
924 03 Úňovce I. (TRN)................24-25 Se59
924 03 Úňovce II. (TRN)...............24-25 Se59
Upohav (TRE)....................2-3 Tc54
Úpor (KOŠ).....................36-37 Wd57
956 02 Urmince (NIT)..................26-27 Ta57
022 01 U Siheľnika (ŽIL)...............2-3 Te52
022 01 Uskodovci (ŽIL).................2-3 Tf52
028 01 Ústie nad Priehradou (ŽIL).....4-5 Ud52
018 03 Usudička (TRE)..................2-3 Tb53
Úsvit (PRE)....................34-35 Uf59
Úsvit (PRE)....................18-19 Vc54
906 21 Úšiakovci (TRE)................10-11 Sd56
985 06 Utekáč (BAN)...................16-17 Ue57
991 35 Utlaky (BAN)...................32-33 Ub59
082 66 Uzovce (PRE)....................8-9 Wa54
980 22 Uzovská Panica (BAN)...........34-35 Va58
082 66 Uzovské Pekľany (PRE)..........6-7 Vf54
082 61 Uzovský Šalgov (PRE)...........6-7 Wa54

## V

916 13 Vaďuovce (TRE).................10-11 Sc56
090 03 Vagrinec (PRE)..................8-9 Wd53
925 62 Váhovce (TRN)..................24-25 Se59
951 88 Vajka nad Žitavou (NIT)........26-27 Tb59
044 43 Vajkovce (KOŠ).................20-21 Wc56
830 06 Vajnory (BRA)..................24-25 Sb59
958 41 Valachovie....................26-27 Tc57
044 13 Valaliky (KOŠ).................20-21 Wb57
976 46 Valaská (BAN)..................18-19 Uf56
972 28 Valaská Belá (TRE).............12-13 Tc55
034 96 Valaská Dubová (ŽIL)...........4-5 Ub54
066 01 Valaškovce....................22-23 Xa55
985 12 Válavča (BAN)..................16-17 Ud58
046 01 Valča (ŽIL)....................12-13 Tf54
976 02 Valentová (Banská Bystrica) (BAN)..16-17 Ua55
038 43 Valentová (Martin) (ŽIL).......12-13 Tf55
067 01 Valentovce (PRE)...............22-23 Wf53
982 52 Valice.........................34-35 Vb58
Valkov (PRE)...................22-23 Wd54
090 42 Valkovce (PRE)..................8-9 Wd54
Valkovce (BAN).................16-17 Ud58
Valková (BAN)..................26-27 Te58
906 06 Valúchovci....................10-11 Sc56
985 06 Valuška (NIT)..................16-17 Ue57
959 77 Vaľkovňa (BAN).................18-19 Va56
029 52 Vaňovka (PRE)...................4-5 Uc52
029 52 Vaňovka (PRE)...................4-5 Uc52
090 02 Vápenik (PRE)...................8-9 Wd53
086 36 Varadka (PRE)...................8-9 Wc52
090 23 Varechovce (PRE)..............22-23 We53
082 67 Varhaňovce (PRE)...............20-21 Wc55
013 03 Varín (ŽIL).....................2-3 Te53
919 25 Várov Šúr (TRN)................24-25 Se58
029 51 Vasiľov (ŽIL)...................4-5 Uc52
919 03 Vátovce (BAN)..................32-33 Uc59
029 01 Vavrečka (ŽIL)..................4-5 Uc52

094 31 Vavrinec (PRE).................20-21 Wd54
032 41 Vavrišovo (ŽIL)...............14-15 Ue54
032 61 Važec (ŽIL).....................6-7 Uf54
044 02 Včeláre (KOŠ)..................18-19 Ve57
Včelince (BAN).................34-35 Vb58
976 55 Včelínec (BAN).................16-17 Uc56
907 01 Vdoviakovci...................10-11 Sd56
927 01 Veča (NIT).....................30-31 Sf59
980 34 Večelkov (BAN).................34-35 Uf60
972 46 Vechec (PRE)...................20-21 Wd55
947 01 Vék (NIT)......................30-31 Ta61
951 71 Velčíce (NIT)..................26-27 Tb58
076 82 Veľká Trňa (KOŠ)...............36-37 We58
027 54 Velíná (ŽIL)...................14-15 Ub53
Veľká Dolina (BAN).............16-17 Ud57
027 05 Veľká-Havrania (ŽIL)...........4-5 Ub53
072 34 Veľká-Zalužice (KOŠ)............38 Wf56
991 25 Veľký Klin (BAN)...............32-33 Ub60
Veľký Ruskov (KOŠ).............20-21 We57
065 46 Veľký-Sulín (PRE)..............6-7 Ve52
955 01 Veľušovce (NIT)................26-27 Ta57
076 15 Veľaty (KOŠ)...................36-37 Wd57
Veľká (KOŠ)....................36-37 We58
058 01 Veľká (PRE).....................6-7 Vb54
985 32 Veľká nad Iplom (BAN)..........32-33 Ud59
930 34 Veľká Budafa (TRN).............28-29 Sc61
991 09 Veľká Čalomija (BAN)...........32-33 Ub60
971 01 Veľká Čausa (TRE)..............12-13 Td56
015 01 Veľká Čierna (ŽIL).............12-13 Td54
951 15 Veľká Dolina (NIT).............30-31 Ta59
946 03 Veľká Gúta (NIT)...............30-31 Ta61
913 24 Veľká Hradná (TRE).............12-13 Ta56
044 55 Veľká Ida (KOŠ)................20-21 Wa57
Veľká Lehota (TRE).............12-13 Td56
966 41 Veľká Lehota (Žiar nad Hronom) (BAN)..26-27 Td58
971 01 Veľká Lehotka (TRE)............12-13 Td56
065 34 Veľká Lesná (PRE)..............6-7 Vc53
046 03 Veľká Lodina (KOŠ).............20-21 Wa55
059 52 Veľká Lomnica (PRE)............6-7 Vb54
962 31 Veľká Lúka (BAN)...............16-17 Ua57
985 41 Veľká Mača (TRN)...............24-25 Se59
941 45 Veľká Maňa (NIT)...............30-31 Tb60
930 51 Veľká Paka (TRN)...............28-29 Sc60
980 13 Veľká Suchá (BAN)..............16-17 Uf58
985 01 Veľká Ves (BAN)................32-33 Ud58
Veľká Ves nad Iplom (BAN)......32-33 Ua60
991 10 Veľké Bedzany (NIT)............26-27 Tc58
958 04 Veľké Bielice (TRE)............26-27 Tb57
913 11 Veľké Bierovce (TRE)...........12-13 Sf55
985 41 Veľké Blahovo (TRN)............28-29 Sd60
027 46 Veľké Borové (ŽIL).............14-15 Uc53
Veľké Dálovce (BAN)............32-33 Ub59
985 42 Veľké Dravce (BAN).............32-33 Ud58
956 54 Veľké Držkovce (TRE)...........12-13 Ta56
956 01 Veľké Dvorany (NIT)............26-27 Ta57
929 01 Veľké Dvorníky (TRN)...........28-29 Sd60
956 55 Veľké Hoste (TRE)..............26-27 Tb56
956 55 Veľké Chlievany (TRE)..........12-13 Tb56
951 53 Veľké Chrašťany (NIT)..........26-27 Tb59
951 54 Veľké Chyndice (NIT)...........26-27 Tb59
079 01 Veľké Kapušany (KOŠ)............38 Xa57
946 21 Veľké Kosihy (NIT).............30-31 Sf62
922 07 Veľké Kostoľany (TRE)..........24-25 Se57
018 31 Veľké Košecké Podhradie (TRE)..12-13 Tb55
935 21 Veľké Kozmálovce (NIT).........26-27 Tc59
935 01 Veľké Krškany (NIT)............26-27 Tc59
956 51 Veľké Ripňany (TRE)............26-27 Ta57
Veľké Leváre (BRA).............24-25 Rf58
941 42 Veľké Lovce (NIT)..............30-31 Tb60
935 65 Veľké Ludince (NIT)............30-31 Tc61
985 42 Veľké Orvište (TRE)............24-25 Se57
956 34 Veľké Ostratice (TRE)..........26-27 Tb57
076 63 Veľké Ozorovce (KOŠ)...........20-21 Wd57
966 74 Veľké Pole (BAN)...............26-27 Td58
072 43 Veľké Revištia (KOŠ)............38 Xa56
956 07 Veľké Ripňany (NIT)............26-27 Ta57
013 62 Veľké Rovné (ŽIL)..............2-3 Td53
076 77 Veľké Slemence (KOŠ)............38 Xa57
990 01 Veľké Straciny (BAN)...........32-33 Uc59
980 51 Veľké Teriakovce (BAN).........34-35 Uf58
076 42 Veľké-Trakany (KOŠ).............38 Xa58
935 81 Veľké Turovce (NIT)............32-33 Tf60
958 41 Veľké Uherce (TRE).............26-27 Tc57
980 04 Veľké Úľany (TRN)..............28-29 Sc59
951 82 Veľké Vozokany (NIT)...........26-27 Tc59
935 35 Veľké Záluzie (NIT)............26-27 Tc59
991 23 Veľké Zlievce (BAN)............32-33 Uc59
Veľkolélesky ostrov (NIT)......30-31 Sf62
091 01 Veľkrop (PRE)...................8-9 We53
951 34 Veľký Báb (NIT)................26-27 Sf59
900 24 Veľký Biel (BRA)...............24-25 Sb59
980 22 Veľký Blh (BAN)................34-35 Va58
026 01 Veľký Bysterec (ŽIL)...........14-15 Ub53
951 05 Veľký Cetín (NIT)..............26-27 Tb59
038 45 Veľký Čepčín (ŽIL).............12-13 Te55
937 01 Veľký Dvor (NIT)...............30-31 Td60
935 34 Veľký Ďur (NIT)................26-27 Tc59
055 51 Veľký Folkmar (KOŠ)............20-21 Wa55
951 05 Veľký Grob (NIT)...............24-25 Sc59
945 01 Veľký Harčáš (NIT).............30-31 Tb62
076 51 Veľký Horeš (KOŠ)..............38 Wf58
076 36 Veľký Kamenec (KOŠ)............36-37 We58
076 82 Veľký Kindeš (NIT).............30-31 Ta61
958 35 Veľký Kíž (TRE)................26-27 Tc57
076 82 Veľký Krtíš (BAN)..............32-33 Uc59
941 07 Veľký Kýr (NIT)................30-31 Tb60
951 04 Veľký Lapáš (NIT)..............26-27 Ta59
935 12 Veľký Lég (NIT)................28-29 Sc60
946 12 Veľký Lél (NIT)................30-31 Sf62
065 33 Veľký Lipník (PRE).............6-7 Vd53
991 01 Veľký Lom (BAN)................32-33 Uc58
932 01 Veľký Meder (TRN)..............28-29 Se61
932 01 Veľký Ostrov (NIT).............30-31 Sf61
933 53 Veľký Pesek (NIT)..............30-31 Te60
023 05 Veľký Potok (ŽIL)..............4-5 Ub53
930 28 Veľký Šek (TRN)................30-31 Sf61
059 91 Veľký Slavkov (PRE)............6-7 Vb53
082 67 Veľký Slivník (PRE)............8-9 Wb54
082 21 Veľký Šariš (PRE)..............20-21 Wb54
067 31 Veľopolie (PRE)................22-23 Wf55
Venécia (BAN)...................8-9 Wb54
991 27 Verestóveň (BAN)...............32-33 Ub60
929 01 Vermešov majer (TRN)...........28-29 Sd60

059 17 Vernár (PRE)...................18-19 Vb55
Veselá (NIT)...................30-31 Td60
922 08 Veselé (TRN)...................24-25 Se57
079 01 Veškovce (KOŠ)..................38 Xa57
031 04 Veterná-Poruba (ŽIL)...........14-15 Ue54
962 26 Vevericová (BAN)...............16-17 Ub57
966 78 Vicianovci....................26-27 Td57
914 01 Vidiná (BAN)...................32-33 Ud58
980 33 Vidoslav (BAN).................34-35 Uf59
049 11 Vidová (KOŠ)...................34-35 Vc57
982 01 Vidova Vieska..................34-35 Vb58
Vieska (BAN)...................26-27 Tf57
Vieska (TRN)...................10-11 Sb56
980 21 Vieska nad Blhom (BAN).........34-35 Vb58
951 52 Vieska nad Žitavou (NIT).......26-27 Tc59
930 02 Vieska (Dunajská Streda) (TRN)..28-29 Sd60
972 45 Vieska (Prievidza) (TRE).......26-27 Td56
951 06 Vieska (Trenčín) (TRE).........10-11 Sf56
991 02 Vieska (Veľký Krtíš) (BAN).....32-33 Uc59
020 01 Vieska-Bezdedov (TRE)..........12-13 Tb54
962 26 Vigľašská Huta (BAN)...........16-17 Ub58
962 02 Vígľaš (BAN)...................16-17 Ub57
962 26 Vigľašská Huta-Kalinka (BAN)...16-17 Ub58
930 28 Viharoš (Dunajská Streda) (TRN)..28-29 Se61
982 01 Vihatoš (NIT)..................30-31 Sf62
059 19 Vikartovce (PRE)...............18-19 Va55
980 55 Viliamová (BAN)................16-17 Uf57
935 83 Vilma (NIT)....................30-31 Tf60
935 06 Vináre.........................26-27 Te59
946 02 Vindišláptňa...................26-27 Te58
991 28 Vinica (BAN)...................32-33 Ua60
979 01 Vinice (BAN)...................34-35 Va58
Viničky (KOŠ)..................36-37 We58
962 41 Viničky (Veľký Krtíš) (BAN)....32-33 Ua59
900 23 Viničné (BRA)..................24-25 Sb59
072 31 Vinné (BAN)....................22-23 Wf56
951 06 Vinodol (NIT)..................30-31 Tb59
901 01 Vinohrádok (BRA)...............24-25 Rf58
925 55 Vinohrady nad Váhom (TRN)......24-25 Se59
931 03 Vinohrady (Bratislava-mesto) (BRA)..28-29 Sa59
851 73 Vinohrady (Nitra) (NIT)........26-27 Tb58
902 01 Vinosady (BRA).................24-25 Sb59
946 02 Violín (NIT)...................30-31 Sf61
386 01 Virt (NIT).....................30-31 Tb62
065 41 Vislanka (PRE)..................6-7 Vf53
090 21 Vislava (PRE)...................8-9 Wd53
018 61 Visolaje (TRE).................12-13 Tc54
076 61 Višňov (KOŠ)...................20-21 We56
980 42 Višňové (Rimavská Sobota, Rimavská Seč) (BAN)..34-35 Vb59
982 63 Višňové (Rimavská Sobota, Skereešovo) (BAN)..34-35 Vb57
916 15 Višňové (Trenčín) (TRE)........10-11 Se56
013 23 Višňové (Žilina, Lietavská Lúčka) (ŽIL)..2-3 Te54
013 55 Višňové (Žilina, Štiavnik) (ŽIL)..24-25 Se54
900 85 Víšťuk (BRA)...................24-25 Sc58
031 04 Vitálišovce (ŽIL)..............14-15 Ud54
027 12 Vitanová (ŽIL)..................4-5 Ue52
062 38 Vítaz (PRE)....................20-21 Vf55
067 24 Vítázovce (PRE)................20-21 We54
053 63 Vítkovce (KOŠ).................18-19 Ve55
094 31 Vlača (PRE)....................20-21 Wc54
090 23 Vladiča (PRE)...................8-9 We53
049 24 Vlachovo (KOŠ).................18-19 Vc56
049 24 Vlachovo závod (KOŠ)...........18-19 Vc56
032 13 Vlachy (ŽIL)...................14-15 Uc54
Vlárka (TRE)...................12-13 Ta55
032 13 Vlašky (ŽIL)...................14-15 Uc54
925 84 Vičany (NIT)...................30-31 Sf60
919 09 Vlčia dolina..................24-25 Sd58
051 01 Vlčie Kúty.....................12-13 Td56
010 01 Vlčince (ŽIL)...................2-3 Te53
913 33 Vlčí Vrch (TRE)................12-13 Sf55
919 23 Vlčkovce (TRN).................24-25 Se59
023 02 Vlčkovci (Čadca) (ŽIL)..........2-3 Te52
972 28 Vlčkovci (Prievidza) (TRE).....12-13 Tc55
957 03 Vlčkovo (TRE)..................12-13 Tb56
963 01 Vlčok (BAN)....................32-33 Ua58
985 26 Vlčovo (BAN)...................16-17 Ua56
974 07 Vlkanová (BAN).................16-17 Ua56
946 54 Vlkas (NIT)....................30-31 Tb61
941 44 Vlkas (NIT)....................30-31 Tb60
Vlkolínec (ŽIL)................14-15 Ub54
018 03 Vlkov (TRE).....................2-3 Tb53
059 72 Vlková (PRE)...................18-19 Vc54
059 71 Vlkovce (PRE)..................18-19 Vb54
980 53 Vlkovo (BAN)...................16-17 Uf57
900 44 Vlky (BRA).....................28-29 Sc60
980 44 Vlkyňa (BAN)...................34-35 Vb59
922 41 Voderady (Trnava, Drahovce) (TRN)..24-25 Se57
919 42 Voderady (Trnava, Sereď) (TRN)..24-25 Sd59
966 71 Vodňákovci....................26-27 Td58
076 72 Vojany (KOŠ)....................38 Wf57
076 22 Vojčice (KOŠ)..................20-21 We56
076 83 Vojka (KOŠ).....................38 Wf58
930 51 Vojka nad Dunajom (TRN)........28-29 Sc60
053 61 Vojkovce (KOŠ).................18-19 Vf55
059 02 Vojňany (PRE)...................6-7 Vc53
072 61 Vojnatina (KOŠ)................22-23 Xb56
020 55 Vojtašovci (TRE)...............2-3 Tb53
930 38 Vojtechovce (TRN)..............28-29 Sc60
091 01 Vojtovce (PRE).................22-23 Wd53
972 47 Voľtove štále (TRE)............26-27 Td57
067 01 Volica (PRE)....................8-9 Wf54
951 87 Volkovce (NIT).................26-27 Tc59
072 21 Voľa (KOŠ).....................20-21 We55
969 01 Vozarová (BAN).................26-27 Tf58
966 81 Vozárova (Galanta) (BAN).......32-33 Ua59
935 61 Vozokany nad Hronom (NIT)......30-31 Te60
956 04 Vozokany (Topoľčany) (TRE).....26-27 Sf57
952 01 Vráble (NIT)...................26-27 Tb59
Vrádište (TRN).................10-11 Sb56
930 25 Vrakúň (TRN)...................28-29 Sd61
820 08 Vrakuňa (BRA)..................28-29 Sb60
010 14 Vranie (ŽIL)....................2-3 Te53
093 01 Vranov nad Topľou (PRE)........22-23 Wd55
972 24 Vrbany (TRE)...................12-13 Td56
930 08 Vrbina (TRN)...................28-29 Sc60
957 17 Vrbiny (TRE)...................20-21 Wf56
076 51 Vrbnica (KOŠ)...................38 Wf58
059 72 Vrbov (PRE).....................6-7 Vc54
946 65 Vrbová nad Váhom (NIT).........30-31 Ta61
Vrbovská nad Rimavicou (BAN)...34-35 Uf58
906 06 Vrbovce (TRE)..................10-11 Sc56

A
B
C
Č
D
Ď
E
F
G
H
Ch
I
J
K
L
Ľ
M
N
O
P
R
S
Š
T
U
V
X
Z
Ž

| | | | | |
|---|---|---|---|---|
| 922 03 Vrbové (TRN) ....................24-25 Se57 | 086 41 Vyšné Raslavice (PRE)...............8-9 Wb54 | Záhorská Ves (BRA) ..............24-25 Rf58 | 013 19 Zbudza (KOŠ) ...................22-23 Wf56 | 071 01 Žabany (KOŠ) ...................22-23 Wf56 |
| 071 01 Vrbovec (KOŠ) .................38 Wf56 | 072 41 Vyšné Remety (KOŠ) .............22-23 Xa55 | 985 05 Záhrabina (BAN) .............16-17 Ue57 | Zbyňov (ŽIL) .................12-13 Td54 | 962 06 Žabica (BAN) ...................16-17 Ud57 |
| 991 31 Vrbovka (BAN)...............32-33 Uc60 | 053 71 Vyšné Repaše (PRE) ............6-7 Ve54 | Záhrabová (ŽIL) .............14-15 Ub53 | 044 41 Zdoba (KOŠ) ................20-21 Wb56 | 029 44 Žabinec (ŽIL) ..................4-5 Uc52 |
| 023 14 Vreščovka (ŽIL) ..............4-5 Tf52 | 065 02 Vyšné Ružbachy (PRE).............6-7 Vd53 | 955 01 Záhrada (NIT)................26-27 Ta57 | Zelenákovci (TRE) ..........12-13 Tc55 | 038 41 Žabokreky (ŽIL) ..............12-13 Tf54 |
| 962 06 Vrchdobroč (BAN)...........16-17 Ud57 | 982 52 Vyšné Valice (BAN) ...........34-35 Vb58 | 082 16 Záhradné (PRE) ..............8-9 Wb54 | 987 01 Zelené (BAN) ...............16-17 Ue58 | 958 52 Žabokreky nad Nitrou (TRE) ..26-27 Tb57 |
| 023 22 Vrchpredmier (ŽIL)........... 2-3 Td52 | 023 02 Vyšné Vane ..................2-3 Tf52 | 916 12 Zahradská ..................10-11 Se55 | 919 21 Zeleneč (TRN)..............24-25 Sd59 | 916 13 Žadovice ...................10-11 Se56 |
| 023 55 Vrchrieka (ŽIL) ..............2-3 Td52 | Vyšní-Jankovci (ŽIL)...........4-5 Ua53 | 979 01 Zacharovce (BAN) ...........34-35 Va58 | 947 01 Zelený Háj (NIT) ...........30-31 Tb61 | 916 16 Žadovice ...................10-11 Sd56 |
| 962 05 Vrchslatina (BAN)...........16-17 Ud57 | 044 16 Vyšný Čaj ..................20-21 Wc56 | 023 22 Zajacovci (ŽIL) .............2-3 Td52 | 907 01 Zemanovci (TRE) ...........10-11 Sd56 | 029 62 Žajovka (ŽIL) ..............4-5 Uc52 |
| 017 05 Vrchteplá (TRE) .............12-13 Td54 | 024 25 Vyšný Hámor (KOŠ) .........18-19 Vc56 | 935 01 Zajačia Dolina ..............26-27 Td59 | Zeme ......................16-17 Tf57 | 055 71 Žakarovce (KOŠ) ...........20-21 Vf55 |
| 038 31 Vrícko (ŽIL).................12-13 Ta55 | 090 34 Vyšný Hrabovec (PRE) .......22-23 We54 | 916 36 Za Jamami (TRE) ............12-13 Sf56 | 027 43 Zemianska Dedina (ŽIL) .....4-5 Uc53 | 059 73 Žakovce (PRE) .............6-7 Vc54 |
| 018 52 Vršatské Podhradie (TRE) ...12-13 Ta54 | 067 32 Vyšný Hrušov (PRE) .........22-23 Xa55 | 962 63 Zaježová (BAN) .............16-17 Ub58 | 946 14 Zemianska Olča (NIT).........30-31 Sf62 | Žakýľ (BAN) ...............16-17 Tf58 |
| 038 61 Vrutky (ŽIL)................12-13 Tf54 | 094 09 Vyšný Kazimír (PRE) .........22-23 Wd55 | 029 56 Zákamenné (ŽIL) ...........4-5 Ub52 | 018 15 Zemianska Závada (TRE) .....12-13 Td54 | 094 03 Žalobín (PRE) ..............20-21 We55 |
| 916 11 Vrzavka .....................10-11 Se56 | 023 55 Vyšný Kelčov (ŽIL)...........2-3 Te52 | 023 11 Zákopčie (ŽIL) ..............2-3 Te52 | 972 43 Zemianske Kostoľany (TRE) ..12-13 Td56 | 044 04 Žarnov (KOŠ) ..............20-21 Vf57 |
| 044 47 Vtáčkovce (KOŠ) ............20-21 Wc55 | 044 12 Vyšný Klátov (KOŠ) .........20-21 Wa56 | Zaktíčno (BAN) .............16-17 Ue57 | 913 22 Zemianske Mitice (TRE).......12-13 Ta56 | 966 81 Žarnovica (BAN)............26-27 Te58 |
| 962 25 Výbochová Poľana (BAN)....16-17 Ud58 | 090 05 Vyšný Komárnik (PRE) .......8-9 We52 | 023 02 Zákysučie (ŽIL) .............2-3 Tf52 | 913 07 Zemianske Podhradie (TRE) ..10-11 Sf55 | 966 81 Žarnovická Huta (BAN) ......26-27 Te58 |
| 059 02 Výborná (PRE) ..............6-7 Vc53 | 023 01 Vyšný Koniec (ŽIL) ..........2-3 Td52 | 937 01 Zalaba (NIT) ...............30-31 Te61 | 925 54 Zemianske Sady (TRN)........24-25 Se58 | 027 21 Žaškov (ŽIL) ..............4-5 Ub54 |
| 071 01 Vybúchanec (KOŠ) ..........22-23 We56 | 023 13 Vyšný Koniec (Čadca, Oščadnica) (ŽIL) 2-3 Tf51 | Zálagoš (NIT) ..............30-31 Td60 | 017 01 Zemiansky Kvašov (ŽIL) .....12-13 Tc54 | 082 67 Žatkovce (PRE) ............8-9 Wb54 |
| 951 25 Výčapky ....................26-27 Ta58 | 023 51 Vyšný Koniec (Čadca, Skalité) (ŽIL) ..2-3 Ua52 | 900 28 Zálesie (BRA) ..............28-29 Sb59 | 962 41 Zemiansky Vrbovok (BAN).....32-33 Ua59 | 072 16 Žbince (KOŠ) ..............20-21 Wf57 |
| 951 44 Výčapy Opatovce (NIT) ......26-27 Ta58 | 086 45 Vyšný Kručov (PRE)..........8-9 Wc53 | 059 05 Zálesie (Spišská Nová Ves) (KOŠ) ...6-7 Vc53 | 941 22 Zemné (NIT) ...............30-31 Sf61 | 044 14 Ždaňa (KOŠ) ...............20-21 Wc57 |
| 067 51 Vydraň (PRE) ...............8-9 Wf53 | 027 01 Vyšný Kubín (ŽIL) ...........14-15 Ub53 | 911 05 Zálužice (BAN) .............38 Wf56 | Zemolinsky Klecenov (KOŠ) ...36-37 Wd57 | 059 55 Ždiar (PRE) ...............6-7 Vb53 |
| 930 16 Vydrany (TRN) ..............28-29 Sd60 | 044 74 Vyšný Lanec (KOŠ) .........36-37 Wa57 | 911 05 Zálužok (BAN) ..............6-7 Vc54 | 076 34 Zemplín (KOŠ) .............36-37 We58 | Žehňa (PRE) ...............20-21 Wc55 |
| 020 53 Vydrná (TRE) ...............2-3 Tb53 | 044 25 Vyšný Medzev ..............20-21 Vf56 | 059 71 Záľubica (PRE) .............6-7 Vc54 | 076 16 Zemplínska Nová Ves (KOŠ) ..36-37 Wd57 | 053 61 Žehra (KOŠ) ...............18-19 Ve55 |
| 059 14 Vydrník (PRE)...............18-19 Vc54 | 090 11 Vyšný Mirošov (PRE) ........8-9 Wc52 | 911 05 Zamarovce (TRE) ...........12-13 Ta55 | 072 12 Zemplínska Široká (KOŠ) .....38 Wf56 | Železité Kúpele (KOŠ) .......18-19 Vd56 |
| 966 02 Vyhne (BAN) ...............26-27 Te57 | Vyšný Mlyn (ŽIL)..............4-5 Uc53 | Zámečníkovci (TRE) .........10-11 Se55 | 076 64 Zemplínska Teplica (KOŠ) ....20-21 Wd57 | 962 34 Železná Breznica (BAN) ......16-17 Tf57 |
| 946 03 Východ (NIT)...............30-31 Sf61 | Vyšný Mlyn (Dolný Kubín, Dolný Kubín) (ŽIL) ...14-15 Uc53 | 962 62 Zamlyn (BAN)...............32-33 Ua58 | 067 77 Zemplínske Hámre (PRE) .....22-23 Xa55 | 032 15 Železné (Brezno) (BAN) ......14-15 Uc55 |
| 032 32 Východna (ŽIL)..............18-19 Uf54 | 029 46 Vyšný Mlyn (Dolný Kubín, Námestovo) (ŽIL) ...4-5 Uc51 | Zámok .....................24-25 Sc58 | 076 01 Zemplínske Hradište (KOŠ) ...20-21 We57 | 982 01 Železné (Rožňava) (KOŠ) .....34-35 Vc58 |
| 023 05 Vychylovka (ŽIL) ............4-5 Ua52 | 090 11 Vyšný Orlík (PRE) ...........8-9 Wd52 | 094 15 Zámutov (PRE) .............20-21 Wf57 | 076 04 Zemplínske Jastrabie (KOŠ) ..36-37 We57 | 049 64 Železník (BAN) .............18-19 Va57 |
| 906 33 Výmoľ .....................24-25 Sc57 | 985 01 Vyšný Petrovec (BAN) .......32-33 Ua58 | 980 53 Západ (BAN) ...............16-17 Uf57 | 072 17 Zemplínsky Branč (KOŠ) .....36-37 We57 | 087 01 Železovce (NIT) ............8-9 Wc54 |
| 067 16 Výrava (PRE) ...............22-23 Wf53 | 053 74 Vyšný Skálnik (BAN) .........34-35 Uf58 | 018 56 Zápechová (TRE) ...........12-13 Ta54 | 966 42 Zimmermannov Štál (BAN) ...26-27 Td57 | 937 01 Želiezovce (NIT) ...........30-31 Td60 |
| 072 14 Vysoký Dvor (KOŠ) .........38 Xa57 | 053 74 Vyšný Slavkov (PRE) .........6-7 Vf54 | 962 11 Zapriechody (BAN) ..........16-17 Uc57 | 053 32 Zimná Dolina (KOŠ) .........18-19 Vd55 | Želmanovce-Dukovce (PRE) ...8-9 Wc54 |
| 956 35 Vysočany (TRE) ............26-27 Tb56 | 034 84 Vyšný Sliač (ŽIL) ...........14-15 Uc54 | 020 52 Záriečie (TRE) .............2-3 Tb53 | 034 31 Zimná Studňa (PRE) .........8-9 Wd54 | 962 24 Želobudza (BAN) ...........16-17 Ub57 |
| 082 74 Vysoká (PRE) ...............6-7 Vf54 | 086 02 Vyšný Tvarožec (PRE) ........8-9 Wb52 | 026 01 Záskalie (ŽIL) ..............14-15 Ub53 | 907 01 Zimovci (TRE) ..............10-11 Sd56 | 991 06 Želovce (BAN) .............32-33 Ub60 |
| 023 55 Vysoká nad Kysucou (ŽIL) ...2-3 Td52 | 013 62 Vyšný Žarnov (ŽIL) ..........2-3 Td53 | 017 05 Záskalie (Považská Bystrica) (TRE) ...2-3 Td54 | 082 52 Zlatá Baňa (PRE) ...........20-21 Wc55 | 935 02 Žemberovce (NIT) ..........26-27 Te59 |
| 072 14 Vysoká nad Uhom (KOŠ) ....38 Xa57 | 094 33 Vyšný Žipov (PRE) ...........22-23 Wd55 | 010 03 Zástranie (ŽIL) ............2-3 Te53 | 044 61 Zlatá Idka (KOŠ) ...........20-21 Wa56 | 935 57 Žemliare (NIT) .............30-31 Td60 |
| 969 01 Vysoká (Žiar nad Hronom) (BAN) ...26-27 Te58 | 922 05 Výtok (TRN) ................24-25 Sd57 | 076 53 Zatín (KOŠ) ................38 Wf58 | 946 65 Zlatá Osada (NIT) ..........30-31 Ta61 | 065 34 Žeronky (PRE) .............6-7 Vc52 |
| 900 66 Vysoká pri Morave (BRA) ....24-25 Rf59 | 906 06 Vývoz .....................10-11 Sc56 | 023 55 Zátoka (ŽIL) ...............2-3 Tc52 | 086 01 Zlaté (PRE) ................8-9 Wb52 | 991 42 Žiar (BAN) ................32-33 Ua59 |
| 962 55 Vysoké Pole (BAN) ..........32-33 Ua59 | | 036 01 Záturčie (ŽIL)..............12-13 Tf54 | 953 01 Zlaté Moravce (NIT) ........26-27 Tc58 | 965 01 Žiar nad Hronom (BAN) ......26-27 Te57 |
| 059 55 Vysoké Tatry (PRE) .........6-7 Vd54 | **X** | 956 43 Závada pod Čiernym Vrchom (TRE) ..12-13 Tc56 | 946 12 Zlatná na Ostrove (NIT) .....30-31 Sf62 | 032 05 Žiar (Dolný Kubín) (ŽIL) .....14-15 Ud54 |
| 972 13 Vyšehradné (TRE) ..........12-13 Td55 | | 054 01 Závada (Kežmarok) (PRE) ....6-7 Vd54 | 094 33 Zlatník (PRE) ..............20-21 Wd55 | 982 01 Žiar (Rimavská Sobota) (BAN)..34-35 Vb58 |
| 090 21 Vyškovce (PRE) .............8-9 Wd53 | – | 955 01 Závada (Topoľčany) (TRE) ...26-27 Ta57 | 956 37 Zlatníky (TRE) .............12-13 Ta56 | 963 01 Žibritov (BAN) .............32-33 Tf58 |
| 935 77 Vyškovce nad Ipľom (NIT) ...30-31 Tf60 | | 991 21 Závada (Veľký Krtíš) (BAN) ...32-33 Uc59 | 976 69 Zlatno (Brezno) (BAN) .......18-19 Va56 | 962 43 Žigmundov Laz (BAN) ........32-33 Ub58 |
| 032 34 Vyšná Boca (ŽIL).............14-15 Ue55 | **Z** | 094 08 Závada (Vranov nad Topľou) (PRE) ...22-23 We53 | 985 04 Zlatno (Lučenec) (BAN) ......16-17 Uc57 | 925 83 Žihárec (NIT) ..............30-31 Sf60 |
| 040 18 Vyšná Hutka (KOŠ) .........20-21 Wc56 | | 082 67 Závadka (PRE) .............8-9 Wb54 | 962 04 Zlatno (Rimavská Sobota, Hnúšťa) (BAN) ...16-17 Ue57 | 991 03 Žihľava (BAN) .............32-33 Uc59 |
| 067 34 Vyšná Jablonka (PRE) .......22-23 Xa54 | 962 63 Zábava (Krupina) (BAN).......32-33 Ub58 | 979 67 Závadka nad Hronom (BAN) ..14-15 Uf55 | 985 04 Zlatno (Rimavská Sobota, Málinec) (BAN) ...16-17 Uc57 | 985 45 Žihlava (TRE) ..............16-17 Ud57 |
| 089 01 Vyšná Jedľová (PRE) ........8-9 Wd52 | 028 01 Zábiedovo (ŽIL) .............4-5 Ud53 | 066 01 Závadka (Humenné) (PRE) ...20-21 Wf55 | 951 91 Zlatno (Topoľčany) (TRE) ....26-27 Tb58 | 946 03 Žihľavina (NIT).............30-31 Sf61 |
| 982 52 Vyšná Kaloša (BAN)..........34-35 Vb58 | 911 06 Záblatie (TRE) ..............12-13 Sf55 | 072 33 Závadka (Michalovce) (KOŠ) ..38 Xa56 | 911 05 Zlatovce (TRE) .............12-13 Sf55 | 946 03 Žihľavište (NIT) ...........30-31 Sf61 |
| 044 46 Vyšná Kamenica (KOŠ) ......20-21 Wc56 | 038 03 Záborie (ŽIL)................14-15 Tf54 | 053 33 Závadka (Spišská Nová Ves) (KOŠ) ...18-19 Vd55 | 962 25 Zlazovci (BAN) .............16-17 Uc57 | 951 92 Žikava (NIT) ..............26-27 Tc58 |
| Vyšná Korňa (ŽIL)............2-3 Td52 | 980 55 Za Borovou (BAN) ...........18-19 Uf57 | 985 53 Závadčanovci (BAN) .........16-17 Uc58 | 018 32 Zliechov (TRE) .............12-13 Tc55 | 010 01 Žilina (ŽIL) ...............2-3 Te53 |
| 049 25 Vyšná Maša .................18-19 Vc56 | 082 53 Záborské (PRE) .............20-21 Wb55 | 919 26 Zavar (TRN) ................24-25 Se58 | 013 05 Zlieň (ŽIL) .................4-5 Tf53 | 010 01 Žilinská Lehota (ŽIL) .......2-3 Te53 |
| 044 15 Vyšná Myšľa (KOŠ) .........20-21 Wc57 | 991 35 Zabry (BAN) ................32-33 Ub59 | 032 02 Závažná Poruba (ŽIL)........14-15 Ud54 | 956 52 Zlobiny (TRE) ..............12-13 Tb56 | Žip (BAN) .................34-35 Vb58 |
| 090 32 Vyšná Olšava (PRE) .........8-9 Wd54 | 913 07 Zabudišová (TRE) ...........10-11 Se55 | 053 23 Závistlivec (KOŠ)...........18-19 Vd55 | 980 52 Zmeškalka (BAN) ...........34-35 Uf58 | 082 41 Žipov (PRE) ...............20-21 Wa55 |
| 090 01 Vyšná Pisaná (PRE) .........8-9 Wd52 | 023 01 Zadedova (ŽIL) .............2-3 Tf52 | 908 72 Závod (BRA) ...............24-25 Sa57 | 949 01 Zobor (NIT) ...............26-27 Ta59 | 951 74 Žirany (PRE) ..............26-27 Te58 |
| Vyšná Pokoradz (BAN).........34-35 Uf58 | 044 02 Zádiel .....................18-19 Ve57 | 065 46 Závode (Stará Ľubovňa) (PRE)...6-7 Ve52 | 900 51 Zohor (BRA) ...............24-25 Rf59 | 044 46 Žirovce (KOŠ) .............20-21 Wc56 |
| 086 36 Vyšná Polianka (PRE) ........8-9 Wc52 | 977 01 Zadné-Halny (BAN) ..........14-15 Ud56 | 906 13 Závodnovci (TRE)...........10-11 Sc56 | 960 01 Zolna (BAN) ...............16-17 Ud57 | 946 38 Žitava (NIT) ..............30-31 Te62 |
| 034 74 Vyšná Revúca (ŽIL) .........14-15 Ua55 | 980 42 Zádor (BAN) ................34-35 Vb59 | 023 01 Závozy (ŽIL)................4-5 Tf52 | 991 22 Zombor (BAN) ..............32-33 Uc60 | 953 03 Žitavany (NIT) .............26-27 Tc58 |
| 072 41 Vyšná Rybnica (KOŠ) .......22-23 Xb56 | 010 03 Zádubnie (ŽIL) ..............2-3 Te53 | 027 05 Zázrivá (ŽIL) ..............4-5 Ua53 | 020 64 Zubák (TRE) ...............2-3 Tb54 | 951 63 Žitavce (NIT) ..............30-31 Ta59 |
| 094 07 Vyšná Sitnica (PRE)...........8-9 We54 | 985 12 Za Háj (BAN)................16-17 Ud58 | 078 01 Zbehňov (KOŠ) .............18-19 Ve57 | 027 32 Zuberec (ŽIL) ..............4-5 Ud53 | 956 42 Žitná (TRE) ...............12-13 Tc56 |
| 049 26 Vyšná Slaná (KOŠ) ..........18-19 Vb56 | 053 33 Záhájnica (KOŠ).............18-19 Va56 | 951 42 Zbehy (Nitra) (NIT) .........26-27 Sf58 | 067 33 Zubné (PRE) ...............22-23 Xa54 | 956 42 Žitná-Radiša (TRE) .........12-13 Tc56 |
| 080 06 Vyšná Šebastová (PRE) ......16-17 Wb55 | Záhava (ŽIL) ...............14-15 Ud54 | 916 16 Zbehy (Trenčín) (TRE) .......24-25 Se56 | 985 51 Zubria (BAN) ..............16-17 Ud57 | 013 31 Žižkovci (ŽIL) .............2-3 Td53 |
| 059 39 Vyšná-Šuňava (PRE) .........18-19 Va54 | 072 53 Zborov nad Bystricou (ŽIL)...38 Xb57 | 067 68 Zboj (PRE) .................22-23 Xc54 | 029 43 Zubrohlava (ŽIL) ...........4-5 Ud52 | 920 42 Žlkovce (TRE) .............24-25 Se58 |
| 090 23 Vyšná Vladiča (PRE) .........8-9 We53 | 991 06 Záhorce (BAN) ..............32-33 Uc60 | 067 14 Zbojné (PRE) ..............8-9 Xa54 | 935 04 Zuhračka (BAN) ............26-27 Te58 | 946 32 Žltý Dom (NIT) ............30-31 Td62 |
| 086 21 Vyšná Voľa (PRE) ...........8-9 Wc53 | 906 31 Záhorie ...................24-25 Sc57 | 020 51 Zbora (TRE) ...............2-3 Tb53 | 960 01 Zvolen (BAN) ..............16-17 Ud57 | Žotia (NIT) ...............30-31 Td60 |
| 935 31 Vyšné nad Hronom (NIT) .....30-31 Td60 | Za Horou (KOŠ) .............18-19 Ve55 | 086 33 Zborov (PRE) ..............8-9 Wb52 | 962 01 Zvolenská Slatina (BAN) .....16-17 Ub57 | 913 03 Žrnove (TRE) .............10-11 Sf55 |
| 059 84 Vyšné Hágy (PRE) ...........6-7 Va54 | 841 06 Záhorská Bystrica (BRA) .....24-25 Sa59 | 023 03 Zborov nad Bystricou (ŽIL)...2-3 Tf52 | 969 01 Zvolte ....................16-17 Tf58 | 080 01 Župčany (PRE) ............20-21 Wa56 |
| 053 34 Vyšné Hrable ...............18-19 Vc56 | | 935 55 Zbrojníky (NIT)..............30-31 Te60 | 919 01 Zvončín (TRN) .............24-25 Sd58 | 966 71 Župkov (BAN) .............26-27 Td57 |
| 067 11 Vyšné Ladičkovce (PRE) ......20-21 Wf54 | | 067 01 Zbudská Belá (PRE) .........8-9 Wf54 | 913 03 Zvrátená (TRE) ............10-11 Sf55 | Žužňovo (BAN) ............16-17 Ub58 |
| 032 15 Vyšné Malatíny (ŽIL) ........14-15 Uc54 | | 067 12 Zbudské Dlhé (PRE) .........22-23 Wf54 | | |
| 032 23 Vyšné Matiašovce (ŽIL).......4-5 Ud54 | | 067 13 Zbudský Rokytov (PRE) ......8-9 Wf54 | | |
| 072 51 Vyšné Nemecké (KOŠ) ......38 Xb57 | | | | |
| 040 01 Vyšné Opátske (KOŠ) ........20-21 Wb56 | | | | |

Design: fpm – factor product münchen (Cover) / Stilradar, Stuttgart

→ 2014     © 2010 MAIRDUMONT, D-73751 Ostfildern (2.) Printed in Germany     01-131300

1:4 500 000 / 1cm = 45km

Photo: Satellitenaufnahme, Europa (getty images/GSO Images)

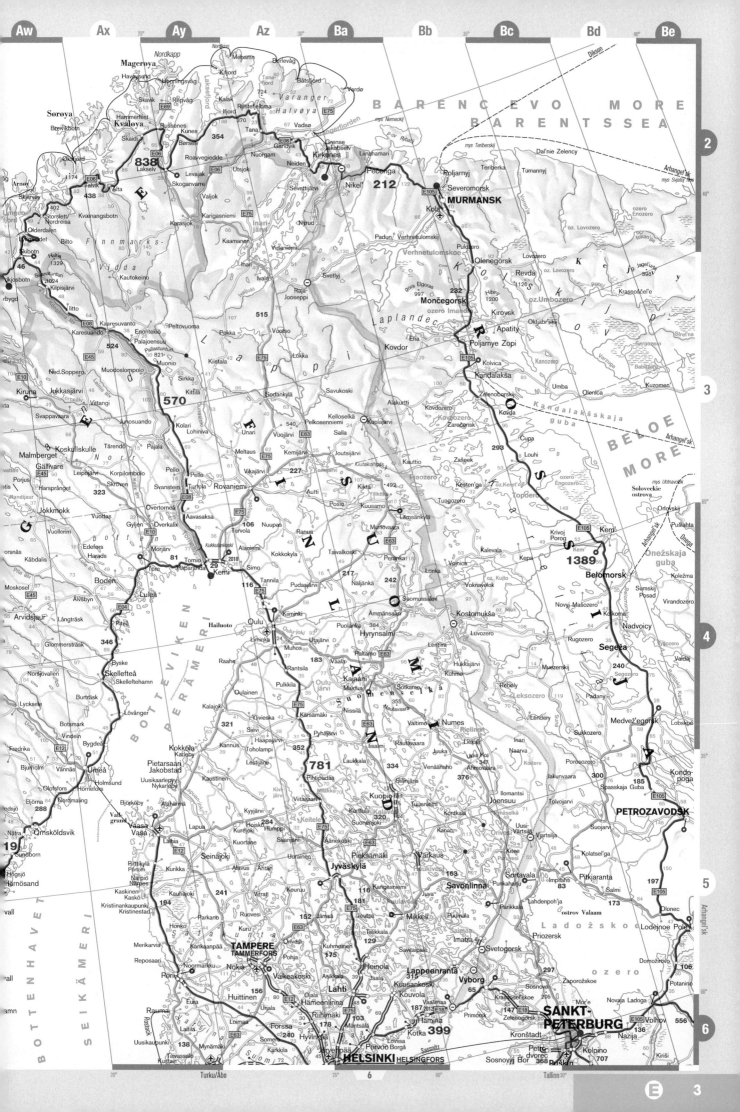

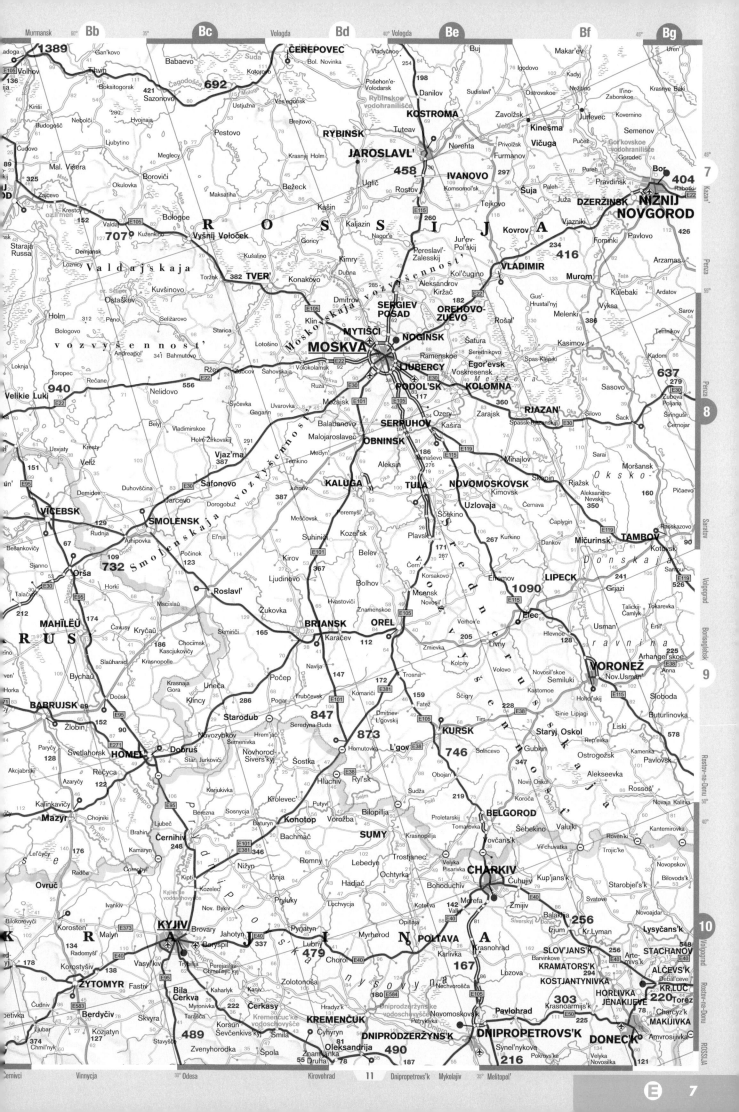

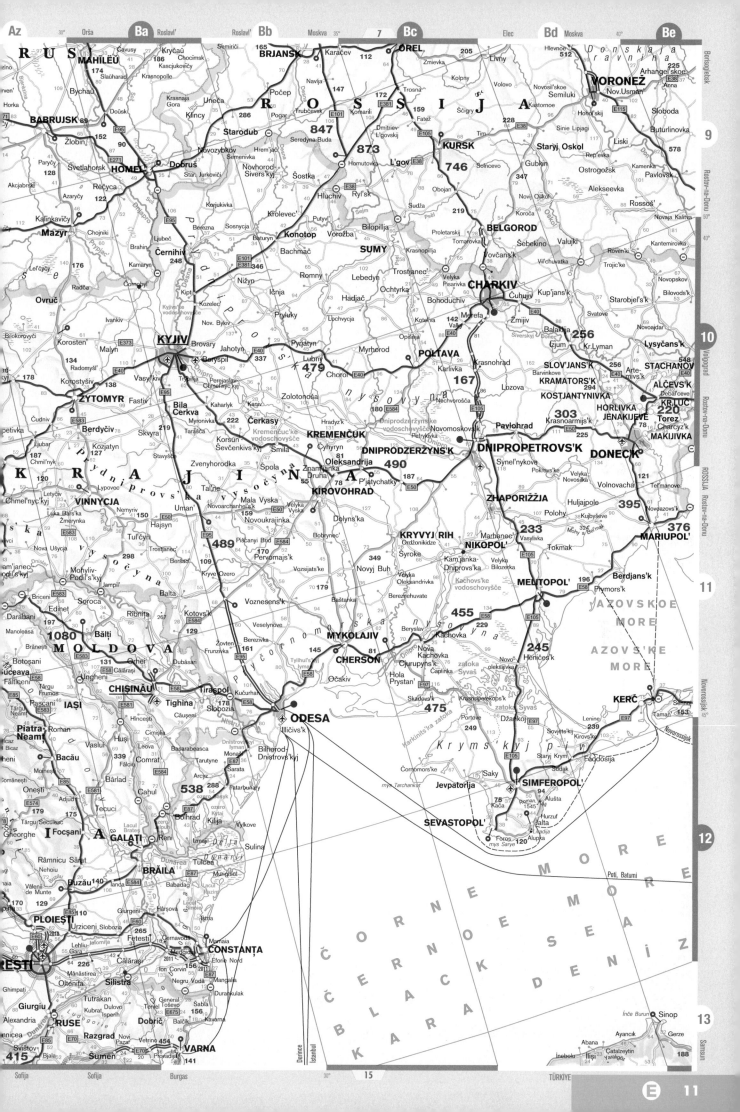

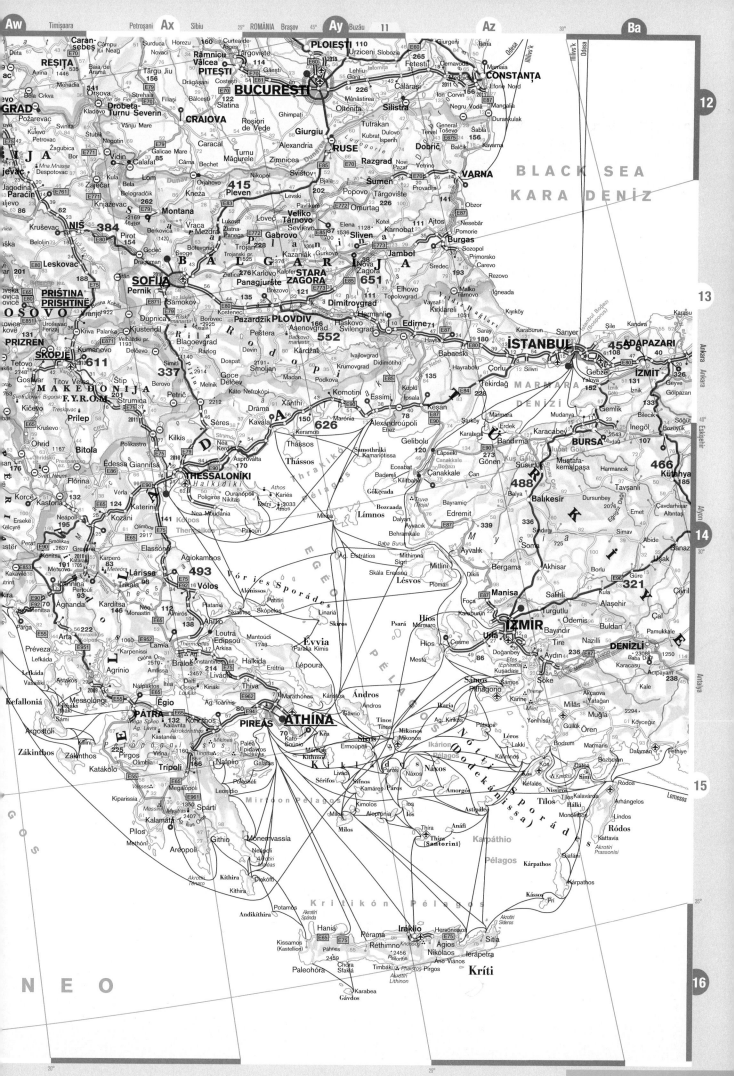

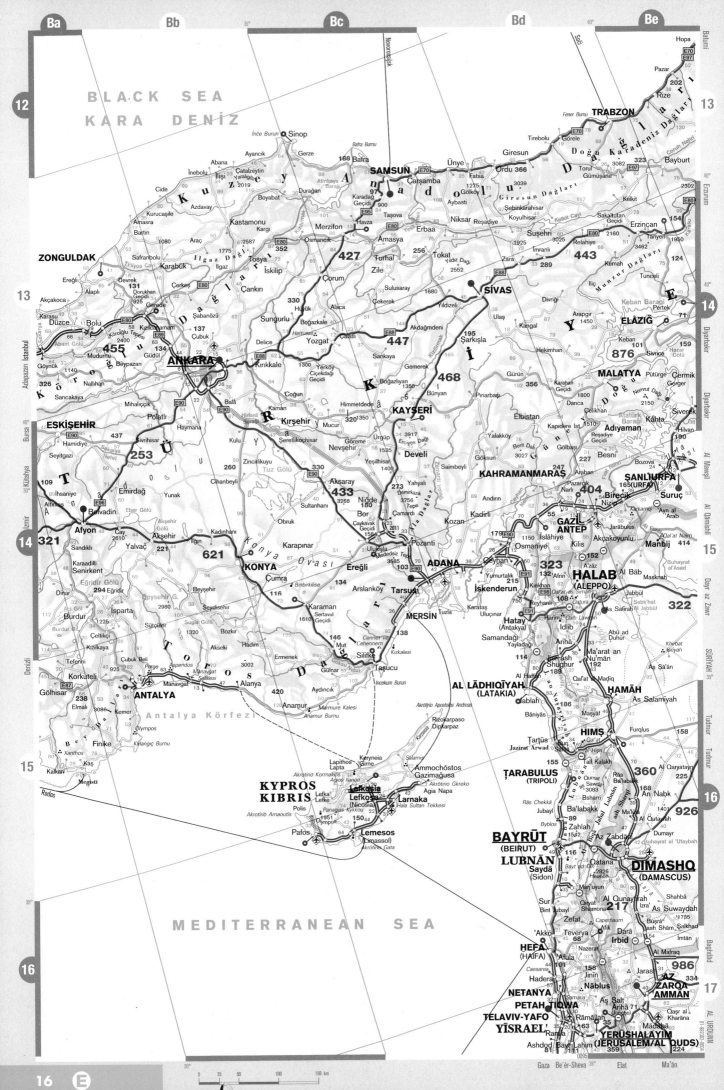